지하철로 떠나는 서울 & 근교 여행

지하철로 떠나는 서울 & 근교 여행

지은이 최미선·신석교
펴낸이 임상진
펴낸곳 (주)넥서스

초판 1쇄 발행 2011년 8월 30일
초판 8쇄 발행 2014년 4월 15일
2판 1쇄 발행 2015년 7월 20일
2판 5쇄 발행 2019년 11월 1일
3판 1쇄 발쇄 2020년 11월 5일
3판 6쇄 발행 2025년 5월 15일

출판신고 1992년 4월 3일 제311-2002-2호
주소 10880 경기도 파주시 지목로 5
전화 (02)330-5500 팩스 (02)330-5555
ISBN 979-11-90927-84-0 13980

출판사의 허락 없이 내용의 일부를
인용하거나 발췌하는 것을 금합니다.

가격은 뒤표지에 있습니다.
잘못 만들어진 책은 구입처에서 바꾸어 드립니다.

www.nexusbook.com

1년 365일 지하철로 만나는 숨은 여행지

오늘은 몇 호선을 타볼까?

지하철로 떠나는 서울&근교 여행

글 최미선 · 사진 신석교

오늘은 몇 호선을 타볼까?

오늘은 몇 호선을 타볼까?

넥서스BOOKS

지하철을 타고 만나는
도심 속 숨은 장소들.
그곳에는 우리가 미처 몰랐던
소·중·한· 풍경이 있습니다.

> 여는 글

등잔 밑이 어둡다?

그렇습니다. 주변을 밝혀 주는 등잔불은 정작 자신의 바로 밑은 어둠에 가려 제대로 보지도, 느끼지도 못합니다. 여행에서 저 역시 마찬가지였던 것 같습니다. 서울에서 태어나 수십 년간 줄곧 서울에서만 살다 보니 제게 서울은 여행지가 아니었습니다. 강원도에서 충청도, 경기도, 전라도, 경상도, 제주도까지. 거기다가 뉴욕, 파리, 런던, 프라하, 아바나, 바르셀로나……. 내가 사는 곳이 아닌 다른 곳만이 여행지였습니다. 하지만 누군가는 그 서울을 보고자 먼 길을 달려옵니다. 조선왕조 500년 도읍지였던 역사 깊은 도시, 서울은 그 어느 나라의 도시와 비교해도 결코 뒤처지지 않는 매력적인 곳입니다. 그런데 정작 내가 몸담고 있는 서울에는 왜 그리도 무심했을까요?

언젠가 담양 대나무숲을 보고자 달려갔습니다. 늦은 저녁에 도착해 한 식당에서 저녁을 먹으며 주인에게 "대나무숲이 어디쯤인가요?" 하고 물었죠. 돌아온 대답은 "아, 맨 대나무 천진데 뭐 볼 거 있다고 왔다요."라는 말이었습니다. 늘 접해서 생긴 익숙함으로 인한 무심함……. 그분도 저도 내 주변 것들에 대한 소중함을 몰랐던 겁니다.

또 다른 등잔을 들이밀고 내가 살고 있는 서울을 찬찬히 들여다보고 싶어졌습니다. 지하철을 타고 요리조리 걸어 다니며 틈틈이 서울 구경을 다녔습니다. 서울 시내 곳곳에 거미줄처럼 연결된 지하철은 막힘 없이 씽씽 달리니 차 밀릴 걱정, 주차할 곳 염려 없이 복잡한 서울을 손쉽게 다가갈 수 있게 해 주었습니다.

어느 날은 걸음을 옮길 때마다 숨은 볼거리들이 쏙쏙 나타나는 아기자기한 골목길을 걸어 다녔고, 어느 날은 미술관과 박물관을 찾아다니며 문화 예술의 향기를 맛보았습니다. 또 어느 날은 생동감 넘치는 젊음의 거리, 대학가를 기웃거렸습니다. 도심 속의 산소 같은 존재인 공원과 숲을 찾아 자연 속에서 한껏 여유도 즐겨 보고 오로지 서울에서만 볼 수 있는 조선 시대 궁궐 탐험도 했지요. 도심 속의 사찰은 종교를 떠나 차분하게 둘러보며 나를 돌아보기에 좋은 마음의 쉼터가 되

SEOUL

어 주었습니다.

　3년여 동안 그렇게 마음이 내키면 훌쩍 떠났던 서울은 정말이지 넓고도 깊은 도시였습니다. 똑같은 거리 같지만 그 안의 계절이 다르고 아침저녁이 다르고 시시각각 없어지고 새로운 것들이 그 자리를 채우고 그 안의 사람이 달라지고……. 보고 또 봐도 지겹지 않았습니다. 그러는 동안 무심코 스쳐 지났던 것들이 판도라의 상자에 숨어 있다 하나둘 튀어나오듯 새롭게 발견될 때마다 새삼 신기하고 재미있어 요즘도 틈나는 대로 지하철을 타곤 합니다. 그뿐인가요? 지하철 노선이 점점 다양해지면서 이젠 서울 근교의 웬만한 곳은 당일치기로 다녀올 수 있게 되었습니다. 인천 차이나타운, 수원 화성, 오이도, 남한산성, 아산 온천, 남이섬에 춘천까지……. 웬만한 해외여행이 부럽지 않습니다.

　누군가와의 약속도, 마땅히 할 일도 없어 집에만 틀어박혀 주말을 보내기에는 따사로운 봄빛이, 비 오는 여름날의 운치가, 눈부신 가을 햇살이, 소복소복 내리는 하얀 겨울 눈이 아깝다면 지하철을 타고 훌쩍 떠나 보세요. 사람 냄새 물씬 풍기는 재미있는 시장 구경도 하고, 도심을 관통하는 청계천 물길을 따라 걸어도 보고, 자박자박 낙엽을 밟으며 덕수궁 돌담길을 거닐다 미술관에서 예술 작품도 감상하고, 파리의 어느 골목도 부럽지 않은 신사동 가로수길 노천카페에 앉아 차 한잔의 여유도 누려 보세요. 지하철에서 내려 목적지를 향해 걷다 보면 적당히 운동도 되고, 세심하게 주변을 둘러볼 수 있는 걷기 여행은 아마 뜻하지 않은 재미와 즐거움을 안겨 줄 것입니다.

최미선

006 **여는 글_** 등잔 밑이 어둡다?
016 한눈에 보는 서울 지하철 노선도

★PART1
지하철로 떠나는 아름다운 길 & 골목 여행

020 과거와 현재, 동양과 서양이 절묘하게 어우러진 길 _삼청동길
3호선 경복궁·안국 | 5호선 광화문

026 오랜 역사의 숨결을 느낄 수 있는 전통문화의 거리 _인사동길
1호선 종각·종로3가 | 3호선 안국 | 5호선 종로3가

034 한국 근대사의 아련한 낭만이 묻어나는 거리 _정동길
1·2호선 시청

042 소박하면서도 고고한 옛 정취가 남아 있는 길 _성북동길
4호선 한성대입구

050 걸음걸음 시간을 거슬러 옛 풍경을 만나는 길 _부암동길
3호선 경복궁

058 600여 년의 세월을 품고 있는 유서 깊은 길 _북악산 서울성곽길
3호선 경복궁·안국 | 4호선 혜화

064 시원한 물길 따라 걷기 좋은 도심 속의 산책로 _청계천길
5호선 광화문

072 탁 트인 전망 속에서 역사의 흔적을 엿보는 길 _아차산 생태숲길
5호선 광나루

078 인왕산과 하늘이 맞닿은 그림 같은 길 _인왕스카이웨이
3호선 경복궁

084 느긋하게 걸으며 만나는 살아 있는 박물관 _북촌한옥마을길
3호선 안국

090 서울인 듯 서울 아닌 정감 있고 호젓한 서울 동네길 _서촌길
3호선 경복궁

096 책과 커피가 유혹하는 도심 숲길 _경의선 숲길
중앙·6호선 효창공원

★ PART2
지하철로 떠나는 도심 속 공원 & 숲 산책

104 　서울을 한눈에 내려다볼 수 있는 최고의 조망지 _남산공원
　　　4호선 명동

110 　색다른 공간 속에서 예술 작품을 감상하는 산책길 _신라호텔 야외조각공원
　　　3호선 동대입구

116 　숲 산책로를 따라 걸으며 만나는 조선의 슬픈 역사 _장충단공원
　　　3호선 동대입구

122 　서울의 하늘과 가장 가까운 곳에서 만나는 아름다운 야경 _하늘공원 & 노을공원
　　　6호선 월드컵경기장

128 　부담 없이 둘러보며 쉴 수 있는 서울 속 휴식처 _서울숲
　　　분당선 서울숲

134 　아름다운 자연과 사람들이 조화를 이룬 최고의 출사지 _올림픽공원 & 몽촌토성
　　　8호선 몽촌토성

140 　도시의 소박한 단면을 만날 수 있는 동화 같은 장소 _낙산공원
　　　4호선 혜화

146 　이색적인 정원과 산책로가 있는 피크닉 명소 _선유도공원
　　　2·9호선 당산 | 9호선 선유도

152 　봄이면 개나리가 넘실거리는 향기로운 산 _응봉산공원
　　　중앙선 응봉

158 　고운 낙엽이 아름다운 가을 산책길을 선사하는 숲 _양재 시민의 숲
　　　3호선 양재 | 신분당 양재시민의숲

164 　문화와 자연, 사람이 어우러진 서울 속 새로운 휴식처 _북서울 꿈의숲
　　　4호선 미아삼거리 | 6호선 돌곶이

168 　동물원과 놀이, 문화를 모두 즐기는 파라다이스 _서울어린이대공원
　　　7호선 어린이대공원

174 　푸른 숲의 기운이 넘쳐 나는 도시 속 쉼터 _낙성대공원
　　　2호선 낙성대

178 　수려한 산세가 비치는 호수를 거닐 수 있는 산책로 _관악산 호수공원
　　　2호선 서울대입구

182 　벚꽃과 철쭉 향이 가득한 호숫가 산책로 걷기 _석촌호수공원
　　　2·8호선 잠실

186 꽃과 동물, 예술 작품을 모두 만날 수 있는 곳 _서울대공원
4호선 대공원

190 개운산 자락을 감싸며 느긋하게 걷는 산책길 _개운산공원
4호선 길음

196 당당한 위용을 자랑하는 동양 최대의 인공폭포 _용마폭포공원
7호선 용마산

200 애국지사의 슬픈 발자취를 따라 걷는 길 _서대문 독립공원
3호선 독립문

★PART3
지하철로 떠나는 박물관 & 미술관 나들이

208 우리나라를 대표하는 유물들을 만나는 공간 _국립중앙박물관
4호선·중앙선 이촌

214 서울의 과거와 미래를 만날 수 있는 자리 _서울역사박물관
5호선 광화문

220 슬픈 전쟁의 역사를 되짚어 볼 수 있는 곳 _전쟁기념관
4·6호선 삼각지

226 허준 선생의 업적과 한의학 역사를 만나는 장 _허준박물관
9호선 가양

232 화폐의 역사를 보고 경제 의식도 쌓을 수 있는 곳 _화폐금융박물관
2호선 을지로입구

238 한국 현대미술의 본모습을 볼 수 있는 공간 _성곡미술관
5호선 광화문

242 생활 속에서 미술을 만나는 친밀한 공간 _서울메트로미술관
3호선 경복궁

★ PART4
지하철로 떠나는 궁궐 & 왕릉 여행

248 한국 궁의 아름다움을 여실히 보여 주는 곳 _경복궁
　　3호선 경복궁 | 5호선 광화문

256 한국을 넘어 세계적으로 인정받는 세계 문화유산 _창덕궁
　　3호선 안국 | 1·3·5호선 종로3가

262 100년 전 조선 왕조의 슬픈 역사와 만나는 자리 _창경궁
　　4호선 혜화

268 조선 시대의 왕과 왕비의 넋을 기리는 곳 _종묘
　　1·3·5호선 종로3가

274 조선 왕조의 슬픈 역사와 문화의 향기를 맡는 곳 _덕수궁
　　1·2호선 시청

280 도심 속 아담한 궁궐에서 즐기는 호젓한 나들이 _경희궁
　　5호선 광화문

286 고종의 아버지, 흥선대원군의 위세를 엿볼 수 있는 곳 _운현궁
　　3호선 안국 | 1·3·5호선 종로3가

290 성종과 중종이 잠든 곳으로 떠나는 여유로운 산책길 _선정릉
　　2호선·분당선 선릉

296 소나무 향을 온몸으로 느끼며 걷는 숲길 _태릉
　　6호선 화랑대

302 영화 같은 이야기가 발길을 이끄는 곳 _정릉
　　4호선 성신여대입구

★ PART5
지하철로 떠나는 도심 속 사찰 여행

310 한국 불교의 구심점에서 불교의 향기에 심취하기 _조계사
　　1호선 종각 | 3호선 안국

314 법정 스님의 발자취를 따라 무소유에 대한 깨달음 얻기 _길상사
　　4호선 한성대입구

318 북한산 줄기 따라 신비로운 기가 서린 절 _진관사
     3호선 연신내

322 한적한 숲길에서 새소리에 취해 걷기 _관음사
     2·4호선 사당

328 한걸음 내디디면 도시의 번잡함을 덜어 내는 길 _화계사
     우의신설 화계

334 도심 속 조용한 숲에서 여유를 누릴 수 있는 곳 _봉은사
     9호선 봉은사

★PART6
지하철로 떠나는 도심 속 이색 명소

342 서울 속 이슬람 문화의 정기를 만날 수 있는 성소 _서울중앙성원
     6호선 이태원

348 명장 관우와 함께 삼국지 속으로 떠나는 여행 _동묘 & 벼룩시장
     1·6호선 동묘앞

354 회색빛 도심 속에 자리 잡은 사랑의 호수 _건국대학교 일감호
     2·7호선 건대입구

358 천주교의 슬픈 역사와 아름다운 풍경을 만나는 공간 _절두산 성지
     2·6호선 합정

364 선사시대의 생활상을 살펴보며 역사를 배우는 곳 _서울 암사동 유적
     8호선 암사

368 현대의 서울 속에 남아 있는 조선 시대의 마을 _남산골 한옥마을
     3·4호선 충무로

374 하늘에 몸과 마음의 안녕을 빌며 걷는 길 _환구단
     1·2호선 시청

378 새로운 형식과 공간으로 태어난 복합문화공간 _이화여대 ECC
     2호선 이대

382 서울 시민이 사랑하는 광장 1번지 _광화문광장
     5호선 광화문

388 기찻길 침목마다 여유로움이 가득한 길 _항동 기찻길
     7호선 천왕

394 도심 속 문화 예술의 오아시스 _동대문디자인플라자
     2·4·5호선 동대문역사문화공원

★PART7
지하철로 떠나는 당일치기 근교 여행

- 402 느긋한 걸음으로 걸으며 만나는 자연과 역사 _남한산성
  8호선 산성
- 408 100년 전 거리 지나 동심의 세계를 만나는 곳 _인천 근대역사문화거리
  1호선 인천
- 414 한국 성곽 예술의 꽃이라 부르는 화성 산책길 _수원화성
  1호선 수원
- 422 우아한 연꽃이 만발하는 세미원의 여름 나들이 _양수리 세미원
  중앙선 양수
- 426 싱싱한 해산물도 맛보고 바닷바람도 쐬는 곳 _오이도
  4호선 오이도
- 432 자연이 품은 절 속으로 들어가는 설렘 가득한 여행 _운길산 수종사
  중앙선 운길산
- 438 숲과 계곡을 따라 다양한 예술 작품을 만나는 숨바꼭질 _안양예술공원
  1호선 관악 | 1호선 안양
- 442 꽃과 낙엽, 눈꽃이 아름답게 피어나는 호숫가 산책 _일산호수공원
  3호선 정발산
- 446 계곡을 지나 숲 속 절로 오르는 즐거움 _망월사
  1호선 망월사
- 450 아픈 역사를 딛고 다시 태어난 힐링 산책 코스 _영종도 영종진공원
  공항철도 영종
- 456 잔잔한 호수를 보며 연인과 함께 걷는 길 _분당 율동공원
  분당선 서현
- 462 서울에서 가까운 인천 앞바다를 마음껏 누리는 곳 _월미도
  1호선 인천
- 466 우렁찬 물줄기를 바라보며 가슴까지 시원해지는 길 _구곡폭포 & 문배마을
  경춘선 강촌
- 470 섬 속에 숨겨진 아름다운 동화 속 나라 여행 _남이섬
  경춘선 가평
- 476 대한민국을 대표하는 5일장의 명소 _성남 모란장
  8호선·분당선 모란

한눈에 보는 서울 지하철 노선도

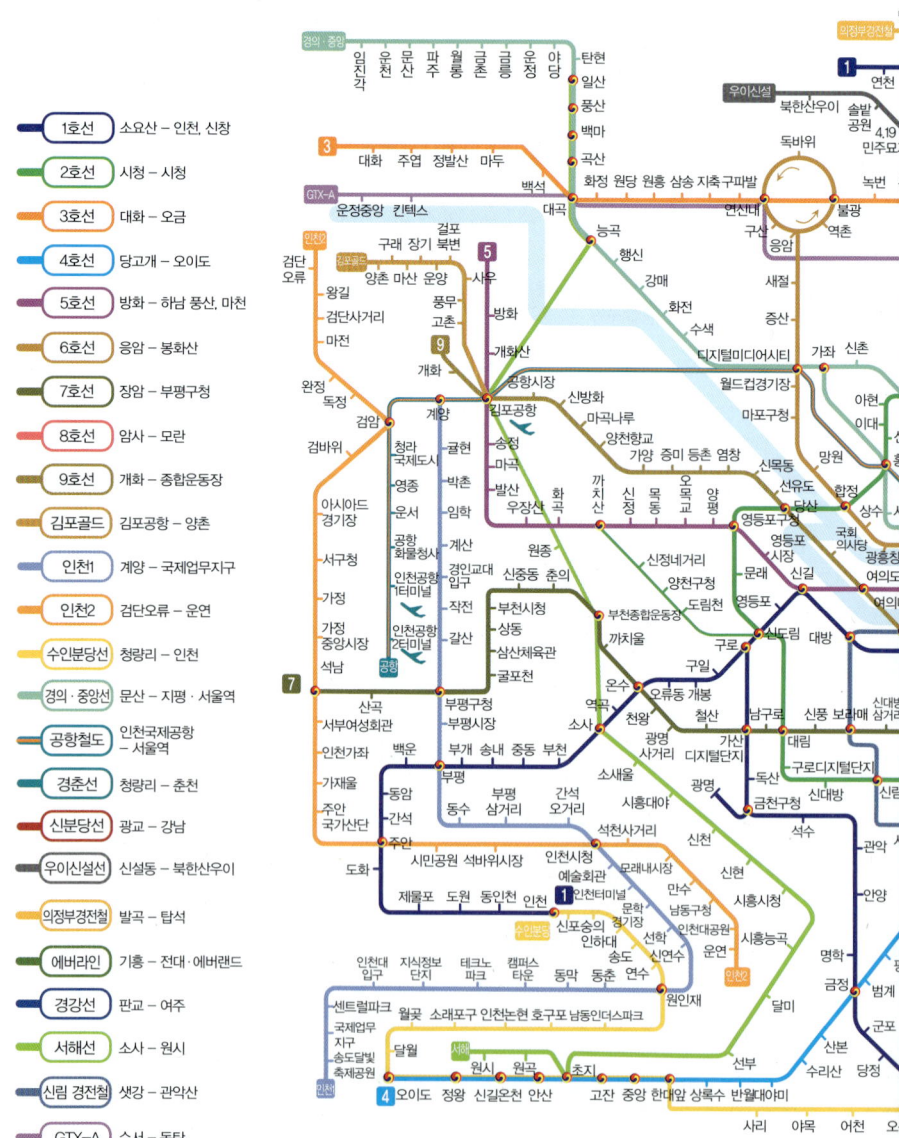

삼청동길 과거와 현재, 동양과 서양이 절묘하게 어우러진 길
인사동길 오랜 역사의 숨결을 느낄 수 있는 전통문화의 거리
정동길 한국 근대사의 아련한 낭만이 묻어나는 거리
성북동길 소박하면서도 고고한 옛 정취가 남아 있는 길
부암동길 걸음걸음 시간을 거슬러 옛 풍경을 만나는 길
북악산 서울성곽길 600여 년의 세월을 품고 있는 유서 깊은 길
청계천길 시원한 물길 따라 걷기 좋은 도심 속의 산책로
아차산생태숲길 탁 트인 전망 속에서 역사의 흔적을 엿보는 길
인왕스카이웨이 인왕산과 하늘이 맞닿은 그림 같은 길
북촌한옥마을길 느긋하게 걸으며 만나는 살아 있는 박물관
서촌길 서울인 듯 서울 아닌 정감 있고 호젓한 서울 동네길
경의선숲길 책과 커피가 유혹하는 도심 숲길

★ PART 1

지하철로 떠나는
아름다운 길 & 골목 여행

01 삼청동길

과거와 현재, 동양과 서양이
절묘하게 어우러진 길

- 3 경복궁
- 3 안국
- 5 광화문

삼청동길⁾ 광화문 옆 동십자각에서 삼청터널에 이르는 2.9km 구간을 말한다. 예부터 삼청동은 궁궐과 고관들이 사는 마을 사이에 있는 완충구역이자 궁궐의 꽃과 과일을 담당하는 장원서, 궁궐에 물을 대는 복정 우물터, 총포를 담당하는 와기도감, 그림을 담당하는 도화서 등 궁궐과 관련된 중인들의 공간이었다. 삼청동이라는 이름은 신선이 사는 세 곳의 궁전을 모시는 삼청전이 있던 데서 유래하였다고도 하고 산과 물, 인심이 맑다고 하여 붙은 것이라는 두 가지 설이 있다.

연인과 손잡고 한적한 길을 거닐다

청와대 인접 지역이라는 특성으로 인해 개발되지 못하고 수십 년 전의 모습을 고스란히 간직하고 있는 삼청동은 근래에 들어 오히려 과거의 향수를 엿볼 수 있는 명소로 떠오르면서 찾는 발걸음이 부쩍 많아졌다. 경복궁 앞 동십자각에서 삼청공원으로 이어지는 삼청동길은 과거와 현재, 푸근하고 속 깊은 동양미와 세련된 서양미가 절묘하게 어우러져 묘한 매력을 발산한다.

삼청동으로 이어지는 경복궁 돌담길(삼청로) 건너편은 금호미술관, 갤러리 현대, 빛갤러리, 학고재, 국제갤러리 등 세련된 갤러리가 줄줄이 자리해 일명 '미술관거리'로 불리기도 한다. 곧게 뻗은 도로를 따라 플라타너스와 은행나무가 빼곡하게 들어차 있고, 갤러리마다 유명작가에서부터 참신한 신인작가들의 다양한 작품들을 어느 때든 감상할 수 있다는 것도 이 길만의 매력이다. 경복궁 돌담길 끝, 청와대로와 갈라지는 길목 오른편으로 들어서면 진선북카페를 시작으로 삼청동길의 매력이 본격적으로 드러난다. 왕복 2차선

1. 가을이 되면 삼청동 거리는 온통 노란 은행잎으로 뒤덮인다. 2. 골목마다 아기자기한 볼거리가 가득하다. 3. 고풍미와 현대미가 공존하는 삼청동길

보너스 볼거리

정독도서관

삼청동길 초입 삼청파출소 옆 골목 끝을 빠져나가면 정독도서관이 있다. 도서관 건물 앞 운동장 터를 정원처럼 조성해 등나무터널과 나무 그늘 아래 벤치에 앉아 호젓하게 쉬어가기에 좋다.

삼청공원

삼청동길 끝자락에 있는 삼청공원 또한 노송과 잣나무, 아카시아, 벚나무 등이 울창한 숲을 이루고 있어 도심 한복판에서 싱그러운 자연을 만끽하기에 그만이다. 입구에서 900m 정도 올라가면 나오는 말바위쉼터에서는 해질 무렵 노을에 휩싸인 서울의 야경을 보는 맛이 일품이다.

의 좁은 도로변은 물론 비좁은 골목을 따라서 빛바랜 기와를 이고 오밀조밀 들어선 한옥마다 개성만점의 숍과 카페, 갤러리를 볼 수 있다. 세계장신구박물관, 북촌생활사박물관 등 이색 박물관도 구석구석에 자리해 보는 재미가 쏠쏠하다. 아울러 삼청동길 끝자락에는 삼청공원이 있어 울창한 수림과 흙길을 따라 산책하기에 좋다.

삼청동은 어느 계절에 가도 볼거리가 풍성하지만 은행잎이 거리를 온통 노랗게 물들이는 늦가을 풍경이 일품이다. 특히 은행잎이 거리를 수북하게 메워 걷기 좋은 으뜸 명소로 꼽히는 11월 초·중순 즈음에는 '삼청로 문화축제'도 열린다. 길 초입에 자리한 삼청감리교회와 길 끝의 삼청공원, 곳곳의 카페와 갤러리에서 다양한 음악회가 열리는가 하면 골목골목에 둥지를 튼 개성만점의 갤러리에서는 저마다 다양한 테마 전시회를 열어 깊어가는 가을의 낭만에 흠뻑 젖어들 수 있다.

놓치면 아쉬운 볼거리

삼청동은 한적한 분위기와 달리 곳곳에 소소한 볼거리가 가득하다. 특히 작지만 알찬 박물관이 여러 곳 있어 자꾸만 발길을 붙잡는다. 독특한 아이디어와 색다른 콘셉트로 시선을 사로잡는 다양한 볼거리 속으로 들어가 보자.

세계장신구박물관

삼청동길 초입, 삼청파출소 옆 골목으로 들어서서 50m가량 가면 나오는 세계장신구박물관에는 아프리카, 아시아, 중남미, 유럽 각국의 전통 장신구 1,000여 점이 전시되어 있다. 짐승의 뼈와 가죽, 깃털, 조개, 나무 등으로 만든 원시적인 장신구부터 청동기, 금속, 보석에 이르기까지 섬세하고 화려한 장신구들의 유래와 의미는 물론 다양한 민족 문화와 예술성을 두루 엿볼 수 있다. 뿐만 아니라 시기별로 열리는 특별전을 통해 더욱 흥미로운 장신구의 세계에 빠져들 수 있다.

관람 시간 10:00~18:00
관람료 어른 10,000원, 청소년·어린이 5,000원 / 예약제 관람
문의 02-730-1610

북촌생활사박물관

세계장신구박물관에서 안쪽으로 더 들어가면 나온다. 북촌한옥마을에서 100여 년간 대를 이어온 서울 토박이들이 실생활에서 사용해 온 손때 묻은 옛 생활물품들을 두루 엿볼 수 있는 공간이다. 박물관 주인 스스로 '북촌고물쟁이'라 일컬을 만큼 안으로 들어서면 오래된 향기가 묻어나는 물건들로 수북하다. 텃밭이 있는 일반 가정집 분위기를 고스란히 살려 만든 박물관 내 아담한 마당에 조르르 놓인 장독대와 가마솥 등을 비롯해 옛 생활 용품들이 아련한 향수를 불러일으킨다. 맷돌질과 다듬이질, 방아 찧기 등 옛 물건들을 직접 사용해 볼 수 있는 체험 공간도 마련되어 있다.

관람 시간 10:00~18:00(11~2월 17:00까지), 연중무휴
관람료 일반·학생 5000원
문의 02-736-3957

개성만점 쇼핑거리

다양한 먹을거리

전통적인 것은 물론 젊은이들의 트렌드를 반영한 다양한 쇼핑 아이템들을 만나볼 수 있는 삼청동 쇼핑 골목 속으로 가 보자.

구수한 한식에서 분위기 좋은 와인바까지, 시대를 초월해 맛으로 공감할 수 있는 삼청동만의 맛집을 찾아가 보자.

삼청동에서는 쇼핑도 즐겁다. 삼청동의 독특한 분위기를 찾아 들어오는 발걸음이 부쩍 많아지자 곳곳에 현대식 건물이 적잖이 들어서 옛 모습이 다소 변질되긴 했으나, 좁은 골목을 따라 늘어선 소박한 가게들은 외양과 달리 개성 있는 디자인, 독창적인 아이템으로 무장했다. 패션 숍과 구두 가게, 앙증맞은 액세서리점들을 지나다 보면 하나쯤 사고 싶은 유혹을 떨쳐 버리기 힘들다. 옷가게, 구둣가게, 액세서리점, 기념품점, 꽃가게 등은 세련된 디자인과 강렬하거나 은근한 색감 등으로 눈길을 끌어 돌아보다 보면 인테리어 감각도 익힐 수 있다.

구수하고 담백한 수제비가 별미인 삼청동수제비(02-735-2965), 홍합밥으로 유명해 식사 때가 되면 항상 길게 줄을 서 있는 청수정(0507-1412-8288), 시원한 김치말이국수로 이름난 눈나무집(02-739-6742), 즉석두부전문점인 온마을(02-738-4231), 맛깔스럽고 푸짐한 한정식집인 편안한 집(02-735-0092) 등 한식을 맛볼 수 있는 곳이 부지기수이다. 또한 삼청동 터줏대감격인 스파게티 전문점 수오래(02-739-2122), 소박한 그릇에 나오는 단팥죽과 그윽한 향으로 기분을 편안하게 해 주는 전통차를 판매하는 서울서둘째로잘하는집(02-734-5302)을 비롯해 아기자기한 카페가 수두룩하다.

02
인사동길
오랜 역사의 숨결을 느낄 수 있는
전통문화의 거리

① 종각　③ 안국　⑤ 종로3가

인사동길》 종로2가와 종로3가 사이 탑골공원 왼쪽 옆에서 인사동을 지나 안국동 사거리에 이르는 800m 남짓의 거리를 일컫는다. 인사동은 조선 시대 한성부의 관인방(寬仁坊)과 대사동(大寺洞)의 가운데 글자인 인(仁)과 사(寺)를 따서 부른 것이 지명의 유래가 되었다.

지하철로 가는 길

1. 3호선 안국역 6번 출구에서 나온 방향으로 50m가량 가면 안국동 사거리가 나오는데 여기서 왼쪽으로 접어들자마자 인사동길이 시작된다. 이 지점에는 인사동관광안내소(02-731-1676)가 있어 인사동에 관련된 정보를 얻기에 좋다.

2. 1호선 종각역 3번 출구로 나가 쭉 앞으로 걷다가 금강제화 건물에서 왼쪽으로 들어간다.

3. 1호선 종로3가역 1번 출구나 5호선 종로3가역 5번 출구에서 탑골공원 방향으로 가다가 인사동길로 접어든다.

한국의 아름다운 얼굴을 만나다

한국의 전통문화와 소박한 삶이 묻어나는 인사동길은 보는 것만으로도 즐거운 곳이다. 유리창 너머로 보이는 우아한 도자기들, 천장에 대롱대롱 매달려 있는 빗자루만 한 붓, 고운 한복이 빛을 발하는 전통 인형, 낡은 화로와 기품 있는 불상, 투박하지만 정감 넘치는 석물, 오랜 세월의 그윽함이 묻어나는 고서화, 앙증맞은 기념품까지……. 그야말로 살아 있는 거리의 박물관이다. 물론 개중에는 국적불명의 것도 더러 있어 아쉬움을 주기도 하지만 인사동이 한국의 대표적인 전통문화 거리임에는 이견이 없다.

고미술상가를 비롯해 골동품, 한지공예, 화랑, 전통기념품점, 전통찻집 등이 골목을 가득 메우고 있는 인사동은 일제강점기 때 형성되어 1970년대 초까지 성시를 이루던 골동품상가가 다소 수그러든 이후, 1980년대부터 화랑들이 속속 들어서면서 다양한 예술 작품을 엿볼 수 있는 문화의 거리로 자리 잡았다.

한국의 전통문화와 소박한 삶이 묻어나는 인사동길에는 평일에도 내·외국인들이 몰려들어 북새통을 이룬다.

1. 오래된 화방들이 가진 독특한 느낌이 인사동의 한 얼굴을 보여 준다. 2. 인사동 뒷골목은 호젓하게 거닐며 둘러보기에 좋다. 3,4. 인사동을 돌아다니다 보면 구석구석 재미있는 소품과 독특한 골동품을 보는 재미도 쏠쏠하다. 5. 인사동 길에 선 솜씨를 뽐내는 외국인 거리 화가도 볼 수 있다.

대로변 사이의 골목에는 한정식을 파는 소박한 한옥이 다닥다닥 붙어 있어 정겹게 느껴진다. 이곳은 1987년 전통문화의 거리로 지정되면서 한국을 상징하는 공간이자 외국인들이 즐겨 찾는 명소가 되었다.

쌈지길에 오신 것을 환영합니다

특히 인사동길 한복판에 자리한 쌈지길은 '인사동 속의 또 다른 작은 인사동'을 상징하며 새로운 명소로 떠오른 곳이다. 지하 1층부터 지상 4층에 이르는 건물을 따라 타원형으로 형성된 500m가량의 통로를 걷다 보면 한국의 멋이 담긴 공예품과 더불어 다양한 현대공예품점이 빼곡하게 들어서 있어서 보는 재미가 아주 쏠쏠하다. 지하 1층은 아랫길, 1층은 첫걸음

길, 2층은 두오름길, 3층은 세오름길, 4층은 네오름길이라 부른다. 아랫길은 체험공방과 식당, 첫걸음길은 디자이너 아트 상품, 두오름길은 전통작가 공예상품, 세오름길은 패션의류가 주를 이루고 네오름길은 패션잡화 코너와 카페가 있다. 건물에 '길'이라는 명칭을 붙인 이유는 직접 가 보면 알 수 있다. 수평적 길의 선입관을 버리고 수직적 길을 새롭게 표현한 공간으로 완만한 경사도의 통로를 따라 한 걸음 한 걸음 옮기다 보면 어느새 옥상에 있는 하늘정원에 이른다. 이곳에서 여기서 인사동 골목 구석구석을 내려다보는 맛도 그만이다.

보너스 볼거리

낙원악기상가

인사동 사거리에서 낙원악기상가로 들어서면 통기타, 전자기타, 바이올린, 키보드, 피아노, 색소폰 등 다양한 악기를 구경하는 재미가 쏠쏠하다. 여기저기서 기타, 색소폰, 드럼 등 별별 악기 소리가 들려와 흥겨움을 더한다. 악기상가 건너편에서 안국동 방향으로 가다 보면 흥선대원군의 저택이자 고종이 왕위에 오르기 전까지 살았던 운현궁도 관람할 수 있다.

좁은 공간을 효율적으로 이용한 쌈지길. 아래에서부터 차근차근 올라가다 보면 인사동을 내려다 볼 수 있는 하늘공원에 닿는다.

쌈지길 옥상에 있는 사랑의 담장

놓치면 아쉬운 볼거리

한국의 전통문화와 소박한 삶이 있는 인사동

한국의 얼굴이라 할 수 있는 인사동은 전통문화의 향취를 느낄 수 있는 곳들이 많아 외국인은 물론 내국인도 많이 찾는다. 특히 독특한 아이템으로 꾸민 미술관에서 전통적인 한국의 아름다움을 느낄 수 있는 곳, 한국 현대 미술을 알 수 있는 곳이 많다.

경인미술관

인사동 한복판 수도약국 옆 골목으로 들어선 후 왼쪽 골목으로 꺾으면 나오는 경인미술관은 인사동의 숨은 보석 같은 쉼터이다. 사시사철 다양한 기획전이 열리는 문화의 공간이자 예술인들의 만남의 장소로도 유명할 뿐만 아니라 봄·가을에는 야외 콘서트도 열린다. 5개의 전시관은 저마다 독특한 외관의 개별 독채로 구성되어 있고 야외정원, 전통찻집(다원) 등도 있다. 특히 3전시관은 조선 후기 철종의 부마이자 태극기 제작자로 알려진 박영효의 저택이었던 곳으로, 그 옆에 있는 속칭 서울의 8대가 중 하나로 이름난 조선 시대 양반가의 건축양식을 덤으로 엿볼 수 있다. 3전시관 옆에 자리한 전통찻집에서는 은은하게 울려 퍼지는 국악 소리를 들으며 전통차를 마시기에 좋다.

관람 시간 10:00~18:00, 1월1일, 설·추석 휴관
관람료 무료
문의 02-733-4448

나이프갤러리

수도약국 맞은편 골목에 위치한 나이프갤러리는 30여 년 동안 세계 각국에서 칼들을 수집해서 전시한 곳으로, 우리나라를 비롯한 세계 각국의 칼 4,000여 점을 볼 수 있다. 조선 시대 여인의 지조를 상징하던 은장도를 비롯해 국가별로 전시된 칼 전시 코너를 통해 각국의 '칼 문화'를 엿볼 수 있다. 특히 '영화 속의 검' 코너는 가장 인기 있는 곳으로 영화 〈반지의 제왕〉에 나오는 전설의 검을 비롯해 〈스타워즈〉의 광선검, 〈람보〉, 〈인디아나 존스〉, 〈글래디에이터〉 등에 등장했던 다양한 검을 두루 엿볼 수 있다.

관람 시간 10:00~17:30, 설·추석 휴관
관람료 무료
문의 02-735-4431

인사아트센터

쌈지길 맞은편에 자리한 인사아트센터는 인사동을 거닐다 훌쩍 들어가서 다양한 예술작품을 감상하기에 좋은 곳이다. 1층에서 6층까지 층마다 다른 전시회를 여는데 특별기획전을 제외한 대부분의 작품을 무료로 관람할 수 있다는 게 또 하나의 매력 포인트이다. 뿐만 아니라 5층에는 인사동 전경을 한눈에 내려다볼 수 있는 야외 테라스가 마련되어 있다. 인사동을 걷다 보면 돈 없이 마땅히 휴식을 취할 만한 공간이 별로 없는데 이곳은 누구나 무료로 들어설 수 있는 오아시스 같은 쉼터이다.

관람 시간 10:00~19:00, 설·추석 휴관
문의 02-736-1020

다양한 먹을거리

나무기둥처럼 곧게 뻗은 인사동 중앙로를 벗어나 요리조리 미로처럼 형성된 골목길에는 고만고만한 한옥들이 자리하고 있다. 그 안에 구석구석 둥지를 틀고 있는 것은 대부분 항정식집이나 전통찻집들이다. 학교종이 땡땡땡, 깔아놓은 멍석, 줄 없는 거문고 소리, 모깃불에 달 그스름라, 낮에 나온 반달, 흐린 세상 건너가기, 밖시 몰고 온 제비, 싸립문을 밀고 들어서나…… 가게들의 이름도 저마다 정겹고 재미있다.

신옛찻집

오랜 세월 묵묵히 인사동을 지켜 온 터줏대감 중 하나가 바로 신옛 찻집이다. 특히 실내 구석구석 세월의 흔적이 묻어나는 옛 물건들로 가득해 골동품 박물관이라 해도 손색이 없다. 따뜻한 온돌방에 앉아 전통 차의 향기를 음미하며 잠시나마 몸도 마음도 편안한 휴식을 취할 수 있다.

문의 02-732-5257

아름다운차박물관

전통차, 중국차, 말차, 서양식 홍차까지 이름도 종류도 다양한 차를 맛볼 수 있는 한옥 찻집이다. 차분한 분위기의 한옥에서 차를 마시며 느긋한 시간을 갖기 좋은 곳으로 겉은 바삭하고 속은 쫄깃한 녹차가래떡도 별미다. 박물관이란 명칭에 걸맞게 다양한 다기와 차와 관련된 제품을 구경하는 재미도 쏠쏠하다.

문의 02-735-6678

정선할매곤드레밥 본점

어머니가 정성스럽게 차려 주신 집밥을 먹는 것 같은 곳이다. 정식은 2인분부터 주문이 가능하지만, 비교적 부담 없는 가격으로 생각보다 훨씬 알찬 한정식을 먹을 수 있다. 다양한 반찬 종류에 행복하고, 강된장이나 양념장을 넣어 쓱쓱 비벼 먹는 곤드레밥은 먹고 또 먹어도 숟가락을 놓기 힘든 맛이다. 맛도 맛이지만 뭘 먹어도 좋은 건강 밥상으로 집밥이 그리운 이들에게 인기 만점인 곳이다.

문의 02-734-1215

인사동항아리수제비

정선할매곤드레밥 골목 안쪽에 있다. 뜨끈한 수제비에 알싸한 김치를 곁들여 먹는 맛이 일품이다. 비 오는 날에는 푸근한 한옥 분위기에서 노릇노릇하게 구운 해물파전에 동동주 한잔을 마시기 좋은 곳이다.

문의 02-735-3361

인사동에는 맛있는 먹을거리가 정말 많아!

03 정동길

한국 근대사의
아련한 낭만이 묻어나는 거리

1 시청
2 시청

지하철로 가는 길

1. 1호선 시청역 2번 출구로 나가면 바로 덕수궁 대한문 입구이다. 대한문을 바라보고 왼쪽으로 난 길이 정동길이 시작되는 지점이다.

2. 2호선 시청역 12번 출구로 나와 오른쪽으로 몇 걸음 옮기면 대한문 입구이다.

정동길〉〉 덕수궁 대한문 옆 돌담길을 시작으로 정동제일교회를 지나 경향신문사 앞까지 이어지는 1km 남짓 거리이다. 19세기 말, 20세기 초 덕수궁을 중심으로 서구 열강들과 일본의 거점지이기도 했던 정동은 열강들의 힘 겨루기로 인해 우리 근대사의 가장 치열했던 시간을 고스란히 담고 있는 역사 공간이기도 하다.

돌담길을 거닐며 사랑을 속삭이다

덕수궁 돌담길을 따라 이어지는 정동길은 사시사철 낭만이 가득한 풍경으로 주말이면 많은 사람들로 북적거린다. 특히 낙엽이 우수수 내려앉는 가을, 돌담과 어우러져 하얀 눈으로 곱게 덮인 겨울 풍경은 정동길의 숨은 매력 중 하나이다. 가로수 사이로 요리조리 휘어지는 정동길은 다른 곳과 달리 차도보다는 보행로가 더 넓은, 걷는 이들을 위한 길이기도 하다. 덕수궁 대한문 왼쪽에서 시작되어 경향신문사 앞까지 이어지는 정동길에는 서울시립미술관과 한국 최초의 감리교 교회당인 정동제일교회, 전통 국악의 매력을 느낄 수 있는 정동극장, (구)러시아공사관 등이 있어 볼거리가 쏠쏠하다.

다양한 볼거리와 함께 호젓함이 묻어나는 덕수궁 돌담길은 연인들의 데이트 장소로도 인기가 높다. 한때는 연인이 이 길을 걸으면 이별한다는 설도 있었다. 그도 그럴 것이 1980년대까지만 해도 가정법원이 있던 탓이기도 하다. 이혼 절차를 밟기 위해서는 어쩔 수 없이 이 길을 걸어야 했기 때문에 파생된 말이겠지만 요즘은 콩닥거리는 가슴을 안고 사랑을 시작하

정동길을 걷다보면 간혹 말을 타고 지나는 수문장들의 이색적인 모습도 볼 수 있다.

기 위해 걷는 이들이 대부분이다. 특히 저녁이 되면 바닥에 점점이 박혀 있는 조명의 은은한 불빛이 정동길의 운치를 더한다.

정동제일교회를 지나 이화여고까지

정동제일교회를 지나 이화여고 담장을 따라 가는 길목엔 은행나무가 줄이 늘어서 있다. 은행잎이 하늘거리는 모습, 거리에 떨어진 모습 모두가 낭만적이라서, 온통 노란 은행잎으로 물든 가을날에 걸으면 더욱 운치만점이다. 이화여고를 따라 길게 이어진 담장 끝자락, 100주년 기념관 앞에 있는 문은 조선 시대 전통 양식인 이화여고의 옛 교문으로 1923년경 이전 복원 시 일본풍에 의해 교란되었던 것을 원래의 형태로 복원한 것이다.

역사를 품은 터줏대감 고목

이화여고 옆 창덕여중 앞에는 무수한 은행나무 틈 속에 위엄 있는 자태로 솟아오른 늙은 회화나무 한그루가 있다. 수령 520여 년을 훌쩍 넘긴 묵직한 이 고목은 격동기의 근대사의 아픔은 물론 그 이전부터 지금에 이르기까지 정동길의 희노애락을 묵묵하게 지켜봐온 터줏대감이다. 회화나무 앞 주한 캐나다대사관 앞에는 정동길을 걷다 잠시 숨을 고르기 좋은 쉼터가 마련되어 있다. 대사관을 지나 경향신문사 건물에는 멀티플렉스 영화관도 있다.

보너스 볼거리

경희궁

정동길 끝 경향신문사 앞에서 도로를 건너 광화문 방향으로 몇 걸음 옮기면 경희궁을 둘러볼 수 있다. 경희궁 자리는 원래 인조의 생부인 정원군의 사저였으나 광해군이 이곳에 서려 있다는 왕기를 눌러 없애기 위해 빼앗아 궁궐을 지었다. 1624년 인조가 이곳으로 거처를 옮긴 이후 철종에 이르기까지 280여 년 동안 이궁으로 사용됐고, 특히 영조는 치세의 절반을 이곳에서 보냈을 만큼 창덕궁과 더불어 위세를 보인 곳이다.

관람 시간 09:00~18:00(공휴일 10:00~18:00), 매주 월요일, 1월 1일 휴무 입장료 무료
문의 02-724-0274

서울역사박물관

경희궁 옆에는 조선 시대를 중심으로 선사시대부터 현대에 이르기까지 서울의 역사와 문화, 생활상을 한자리에서 엿볼 수 있는 서울역사박물관도 자리해 동시에 둘러보기에 좋다.

관람 시간 09:00~18:00 입장료 무료(일부 기획전은 유료) 문의 02-724-0274

1. 정동제일교회는 지금도 여전히 고딕 양식의 예스러운 멋이 남아 있다. 2. 정동길은 언제 가도 한적하게 담소를 나누며 거닐 수 있어 좋다. 3. 길을 걷다 보면 만나게 되는 (구)러시아공사관

애인과 손잡고 걷기에 좋은 정동길.
특히 봄이나 가을 밤에
선들 불어오는 바람을 벗 삼아 걸으면
사랑이 샘솟을 것이다.

놓치면 아쉬운 볼거리

정동길은 정갈하면서도 소박한 볼거리가 많은 것이 특징이다. 무엇보다 길에서 마주치는 것들 대부분 역사의 흔적을 담고 있어 보기만 해도 가슴이 뭉클해진다. 정동길에서 잠시 시간을 넘어 옛 조선을 만나 보자.

서울시립미술관

덕수궁 돌담길이 휘어지는 길목에 위치하며 도심 속의 문화예술 터전이자 휴식 공간으로 인기가 높다. 광복 후 대법원으로 사용되던 건물 전면부를 고스란히 보존하여 지은 미술관은 1920년대 건축물의 고풍미와 현대적인 세련미를 동시에 뿜어낸다. 실내에 들어서면 상설전시관 천경자실과 5개의 기획전시실이 있는데 다양하고 독특한 기획 전시가 열려 언제나 볼거리가 풍성하다. 야외에는 다양한 형태의 조각품을 엿보며 산책하기 좋은 공간이 조성되어 있다.

관람 시간 평일 10:00~20:00(주말 19:00까지)
관람료 전시별로 다름
문의 02-2124-8800

정동제일교회

서울시립미술관 앞에 자리한 정동제일교회는 기독교 전파와 교육을 목적으로 온 미국인 선교사 아펜젤러 목사가 세운 국내 최초의 감리교 교회당이다. 배재학당을 설립하기도 한 아펜젤러는 조선 말기인 1885년, 정동에 자신의 사택으로 한옥을 구입한 후 한국인 신자들과 처음으로 예배드렸는데 이것이 교회의 시초이다. 이후 1887년 한옥을 개조하여 벧엘교회당이라는 이름으로 본격적인 교회의 모습을 갖추기 시작했다. 아울러 1897년에 영국 빅토리아풍 고딕양식의 붉은 벽돌 건물로 건립된 후 신자가 점점 늘어나면서 1926년 증축한 것이 현재의 정동제일교회 건물이다. 이국적인 분위기가 풍겨나는 정동제일교회는 한국 최초의 서양식 개신교 건물로 불리며 대한민국의 사적 제256호로 지정되어 있다.

문의 02-753-0001

(구)러시아공사관

정동제일교회를 지나 이화여고 정문 맞은편 언덕에 위치한 (구)러시아공사관은 1890년에 지은 르네상스풍의 건물로 1895년 명성황후 시해사건이 일어나자 이듬해 2월부터 1년 동안 고종이 세자와 함께 피신해 있던 곳이다. 공사관 지하에는 밀실과 좁은 비밀통로가 있는 것으로 밝혀졌는데 이 자리는 원래 경운궁의 영역으로 탑의 동북쪽 지하실이 경운궁으로 연결되었다는 이야기도 전해 온다. 이처럼 러시아공사관의 입지와 건축 구조는 19세기 말 정치 상황과 깊이 연관되어 있다고도 볼 수 있다. 당시 고종은 일본 세력을 견제하기 위해 서양 세력을 이용하려 하였는데, 그중 러시아를 특히 중시했다. 일제에 의해 명성황후가 시해된 후 고종이 러시아공사관으로 피신한 것도 그 일환 중 하나이며 이로 인해 친일 내각이 무너지고 친러 내각이 조직되었다. 이 건물은 광복 직후 소련영사관으로 사용되어 오다 6·25전쟁 때 대부분 파괴되고 현재는 3층 규모의 탑과 지하층 일부만 남아 있다.

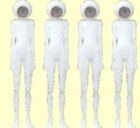

다양한 먹을거리

정동극장
국내 최초의 근대식 극장인 원각사를 복원한 곳으로 시기마다 다양한 공연이 펼쳐진다. 야외 마당은 누구나 쉬었다 갈 수 있는 휴식 공간인데, 옆에는 카페도 있다. 정동극장 공연 당일 티켓을 보여 주면 CAFE 정담의 모든 음료를 10% 할인해 준다.
관람 시간 09:00~18:00, 매주 월요일 휴관

중명전
정동극장을 지나자마자 골목 안쪽에 있는 중명전은 왕실도서관으로 지은 이층 벽돌건물이다. 중명전 일대는 서양 선교사들의 거주지였다가 1897년 경운궁(현 덕수궁)을 확장할 때에 궁궐로 편입되었으나 경운궁 본궁과 이 일대 사이에 이미 미국공사관이 자리를 잡고 있어 별궁처럼 사용되었다. 1905년 을사 늑약을 체결한 비운의 현장인 동시에 1907년 헤이그 만국평화회의에 고종이 특사를 파견한 곳이기도 하다.
관람 시간 10:00~17:00, 매주 월요일, 설 · 추석 당일 휴관

어반가든
이탈리안 레스토랑으로 실내에 들어가면 미니 식물원 같아서 분위기가 싱그럽다. 특별한 날에 가면 딱 좋은 레스토랑이다. 붉은 벽돌 벽면과 천장, 유리창에 반짝반짝 빛나는 작은 조명들이 널려 있어 크리스마스를 낀 겨울에 더 분위기가 있다.
문의 02-777-2254

덕수정
정동극장 옆에 위치한 이 집은 외관은 허름하지만 30여 년간 한자리를 지켜온 정동길의 터줏대감 맛집으로 점심시간이면 직장인들이 길게 줄을 서는 곳이다. 매콤한 오징어볶음, 얼큰한 순두부도 일품이지만 가장 입소문을 탄 인기메뉴는 부대찌개다.
문의 02-755-0180

정동전망대 다락 카페
서울시청 서소문청사 13층에 숨어있는 카페로 덕수궁과 정동 일대가 한눈에 내려다보이는 전망 좋은 곳이다. 서울의 옛 모습이 담긴 사진들이 가득한 이곳은 시내 한복판 치곤 커피와 음료 값이 비교적 착해(2000~3000원대) 알음알음 찾는 이들이 많다.
문의 02-2133-1125

04
성북동길

소박하면서도 고고한
옛 정취가 남아 있는 길

4 한성대입구

성북동길 〉〉 지하철 4호선 한성대입구역 6번 출구에서부터 삼청각으로 이르는 메인도로를 중심으로 골목골목 펼쳐진 길을 통칭하여 성북동길이라 한다. 성북동은 이름 있는 재벌가들과 각국의 대사관저와 공관이 곳곳에 있어 서울에서도 알아주는 '부자동네'로 명성이 높은 동네다. 하지만 성북동 토박이 주민들은 6·25전쟁 이후 이곳 산동네에 터를 꾸린 서민들이 대부분으로 1960년대 후반부터 부자들의 고급 주택이 하나둘 나타나기 시작하면서 묘한 대조를 이루게 되었다. 골목길 곳곳마다 옛 문인들의 숨결이 담겨 있는 옛집과 미술관, 아담하고 예쁜 카페와 음식점들이 오밀조밀 들어서 있어 차분하게 걸으며 구경하는 재미가 쏠쏠하다.

🚇 지하철로 가는 길

4호선 한성대입구역 6번 출구로 나와 나온 방향으로 걷다 보면 선잠단지, 간송미술관, 수연산방이 나오고 수연산방 인근에는 만해 한용운 선생이 기거했던 심우장이 있다. 선잠단지 앞 도로 건너편 안쪽에서 최순우 옛집을 볼 수 있다. 이렇게 한 바퀴 돌아보는 거리는 약 2.5km이다.

1970년대의 옛 성북동을 만나다

성북동 나들이는 지하철 4호선 한성대입구역에서부터 시작된다. 한성대입구역 6번 출구로 나와 200m가량 앞으로 쭉 걸어 가면 동구마케팅고등학교 팻말 바로 앞에 담장이 있는데 〈미워도 다시 한 번〉, 〈하숙생〉 등 1960~70년대 영화포스터 그림이 담장을 따라 그려진 모습이 재미있다. 왕복 6차선에 이르는 넓은 도로변을 따라 걷다 보면 아직도 30~40년 전의 모습을 간직한 옛날 가게들이 적잖이 늘어서 있는 모습을 볼 수 있다. 사진관, 시계방, 미용실, 방앗간, 기름집 등 명칭도, 글씨체도, 그림도 1970~80년대 분위기 그대로인 간판들이 줄을 잇는다. 상점과 간판을 통해 옛 추억의 향수를 고스란히 느낄 수 있는 거리이다.

6번 출구에서 600m 정도 걸으면 길가에 태극무늬가 새겨진 홍살문이 눈길을 끄는 선잠단지가 있다. 조선 성종 2년(1471년)에 창시된 선잠단은 옷감 짜는 일이 중요하던 시절에 누에 농사의 풍년을 빌기 위해 제사를 지내던 곳이다. 매년 봄마다 왕비가 친히 와서 제를 올렸으나 1908년 선잠단 신위를 사직단으로 옮긴 후 지금은 50여 그루의 뽕나무만 무성한 채 터만 남아 있다.

선잠단지 터는 옛 영화를 묻은 채 묵묵히 자리를 지키고 있다.

> 태어난 시기와 형태가 다른 건물들이 어우러져 성북동만의 독특한 분위기를 자아낸다.

골목마다 소박하지만 정겨운 일상을 만날 수 있다.

1. 소설가 이태준의 예술혼이 밴 수연산방 2. 자연과 하나된 예술 속에서 무릉도원의 참맛을 느낄 수 있는 간송미술관 3. 아담한 만해산책공원 마당에는 만해 한용운 선생의 꼿꼿한 모습을 그대로 담아 낸 조각상이 있다.

간송미술관을 지나 심우장에 닿다

선잠단지와 성북파출소를 지나 오른쪽 길로 들어서면 간송미술관이 자리하고 있다. 간송미술관에서 돌아 나와 삼청각으로 오르는 길로 접어들면 일제 강점기 당시의 소설가 이태준 선생의 집인 수연산방도 볼 수 있다. 아울러 수연산방 앞에는 성북구립미술관이 자리하고 있어 시기마다 다양한 전시도 관람할 수 있다.

수연산방에서 150m가량 더 올라가면 만해산책공원이 있다. 만해 한용운 선생이 고무신을 신고 의자에 앉아있는 이 아담한 마당에는 〈님의 침묵〉 시판도 갖춰져 있다. 이곳에서 만해 한용운이 살았던 심우장 가는 길은 좁고 가파른 오르막 계단 골목길로 이어진다. 요리조리 꼬불꼬불 연결된 골목길에 다닥다닥 붙어있는 집들은 아직도 연탄을 쓸 만큼 허름하지만 왠지 모를 정겨움을 자아낸다. 심우장 위쪽으로는 북정마을 사람들이 운영하는 구멍가게에서 커피 한잔 하며 숨을 고르기 좋은 북정마당 쉼터가 있다.

심우장으로 다시 돌아 나와 한성대입구역 5번 출구 방향으로 내려오다 보면, 대한민국 여성 1호 이발사로 유명한 이덕훈 할머니가 운영하는 유서 깊은 이발소와 소박하면서도 한국의 전통 조경이 조화롭게 어우러진 최순우 옛집도 둘러볼 수 있다. 이렇듯 한적한 서울 뒷골목을 거닐며 아기자기한 볼거리와 사람 사는 풍경을 엿보기에 손색없는 곳이 바로 성북동길이다.

한성대입구역에서 성북동길을 따라 걷다보면 길가에 조지훈 시가 담긴 조지훈쉼터가 있다.

보너스 볼거리

길상사
한성대입구역 6번 출구로 나와 선잠단지를 지나자마자 오른쪽으로 꺾어지는 도로를 따라 600m가량 올라가면 길상사가 나온다. 길상사는 '무소유'의 깨달음을 주고 떠난 법정스님이 머물렀던 곳이자, 천재 시인 백석과 길상사의 전신인 고급 요정 대원각의 여주인 김영한의 아름다운 사랑 이야기가 전해지는 곳이다. 도심 한복판에서 새와 물 소리, 숲의 정취를 고스란히 느낄 수 있다.

놓치면 아쉬운 볼거리

수연산방(왼쪽)과 심우장(오른쪽)

최순우 옛집

전형필, 한용운, 이태준, 최순우 등 슬픈 역사의 현실 속에서도 나라를 아끼고 사랑한 사람들의 발자취가 고스란히 남아 있는 성북동. 그들이 살았던 공간을 거닐며 슬픈 역사와 고즈넉한 전통의 문화를 몸으로 느껴 보자.

간송미술관

고 전형필(1906~1962년) 선생이 1938년에 세운 국내 최초의 사립 박물관이다. 우리나라 근대 3대 부자 가운데 한 사람이었던 간송 전형필은 나라를 지키는 길은 문화재를 보존하는 것이라 생각하여 일제강점기 때 일본으로 빠져나가던 문화재들을 사들였다. 그가 평생 적지 않은 사재를 털어 민족문화재를 수집해온 결과 지금의 간송미술관이 탄생했다. 박물관 내에는 훈민정음을 비롯한 국보급 문화재와 김홍도, 신윤복, 정선, 김정희, 장승업 등의 보물급 미술작품, 서예, 도자기, 불상, 석물 등 한국미술사 연구에 소중한 자료가 수두룩하다. 하지만 아쉽게도 간송미술관은 매년 5월과 10월, 딱 2차례에 걸쳐 2주 동안 정기전시회를 열 때만 무료로 개방한다.

문의 02-762-0442

최순우 옛집

국립중앙박물관장을 지낸 최순우(1916~1984년) 선생이 1976년부터 작고하기 전까지 살았던 집이다. 1920년대에 지어진 전통한옥으로 2002년 성북동 재개발로 한때 헐릴 위기에 처했으나 시민들의 모금운동을 통해 복원되어 '시민문화유산 1호'라는 별칭을 얻었다. 이곳은 그의 저서 《무량수전 배흘림기둥에 기대서서》가 집필된 산실이기도 하다. 최순우 옛집 처마 밑에는 '두문즉시심산', 즉 문을 닫아걸면 이곳이 바로 깊은 산중이라는 의미의 글귀가 담긴 현판이 눈길을 끌고 아담한 마당에 조성된 정원과 단아한 정취가 돋보이는 곳이다. 특히 돌 의자와 돌 식탁이 놓인 뒷마당 풍경이 매력적이다.

관람 시간 4~11월 매주 화~토요일 10:00~16:00
입장료 무료
문의 02-3675-3402

심우장

독립운동가이자 시 〈님의 침묵〉으로 유명한 승려 시인 만해 한용운 선생이 3·1운동으로 옥고를 치르고 나온 후 1933년부터 1944년까지 살았던 집이다. 심우장(尋牛莊)이라는 명칭은 깨달음의 경지에 이르는 선종(禪宗)의 열 가지 수행 단계 중 하나인 '자기의 본성인 소를 찾는다'라는 심우(尋牛)에서 유래한 것이다. 지대가 높아 마당에 서면 성북동 동네가 한눈에 보이지만 정작 한옥에서는 보기 드문 북향집이다. 남향으로 할 경우 일제총독부를 마주 보는 것이 싫어 선생이 고의로 총독부를 등지고 지었기 때문이다. 현재 성북구가 인수해서 관리하고 있다. 심우장 내에는 만해의 초상화와 연구논문집, 옥중공판기록 등을 비롯해 그가 사용하던 소박한 물품들이 놓여 있다. 그가 서재로 쓰던 방문 위에는 함께 독립운동을 했던 서예가 오세창이 쓴 '심우장' 현판이 걸려 있고 마당에는 만해가 직접 심었다는 꽃 꽂은 향나무가 눈길을 끈다. 관람료는 무료이다.

수연산방

〈가마귀〉, 〈달밤〉, 〈복덕방〉 등의 단편소설을 통해 한국현대소설의 바탕을 다진 소설가로 평가되는 상허 이태준의 옛집이다. 그는 1933년부터 1946년까지 이곳에 머물면서 〈달밤〉, 〈돌다리〉, 〈황진이〉 등의 작품을 집필했다. 서울시민속자료로 지정된 이곳은 현재 그의 손녀가 전통찻집으로 운영 중이다. 낡은 나무 대문을 지나 안으로 들어서면 나무와 꽃이 가득한 마당에 장독대와 우물, 고풍미가 흐르는 건물 등이 어우러진 모습이 현대적인 커피숍에서는 느낄 수 없는 아늑함과 정겨움을 안겨 준다.

문의 02-764-1736

개성만점 카페거리

다양한 먹을거리

한적한 골목 곳곳에 분위기 있는 카페들이 자리하고 있다. 현대적인 감각은 물론 중세풍에 이르기까지 다양한 느낌의 카페에서 잠시 여유를 부려보는 것도 좋다.

고즈넉한 성북동길을 걷다 보면 어느새 배가 고파진다. 분위기 있는 카페와 달리 서민적이고 푸짐한 먹을거리 골목으로 가 보자. 한 그릇의 따뜻한 음식으로 몸과 마음이 기분 좋게 채워질 것이다.

일상

간송미술관 들어가는 입구 옆에 자리한 카페다. 다양하고 신선한 원두커피를 맛볼 수 있는 커피 전문점으로 수제 초콜릿과 베이글, 케이크 등을 곁들여 먹는 맛이 일품이다.

문의 02-762-3114

수연산방 앞에 자리한 금왕돈까스(02-763-9366)는 원래 택시기사들이 즐겨 찾는 곳이었으나 그 맛과 양이 소문나면서 성북동에 돈가스 바람을 일으켰다. 일명 세숫대야 돈가스라 칭하는 돈가스는 크기도 상당할 뿐만 아니라 맛도 좋아 젊은이들 사이에서도 인기가 높다. 금왕돈까스 인근에 토종된장찌개와 보리쌈밥이 맛있는 선동보리밥(02-743-2096), 성북동만두전문점(02-747-6234), 누룽지백숙, 메밀수제비, 메밀비빔밥 등을 맛볼 수 있는 성북동누룽지백숙(02-764-0707), 깊고 진한 국물이 일품으로 서울에서 가장 맛있는 설렁탕집 가운데 한 곳으로 소문난 성북설렁탕(02-762-3342) 등 내공 깊은 맛집이 꽤 많다.

나폴레옹과자점 본점

4호선 한성대역 5번 출구에서 가까운 나폴레옹과자점은 서울 3대 빵집으로 유명하다. 또한 서울 미래 유산 인증을 받은 유서 깊은 곳이다. 여느 빵집과 달리 빵 종류가 아주 많고, 2층에는 카페테리아가 있어 빵을 좋아하는 사람들은 가 볼 만한 집이다.

문의 02-742-7421

05 부암동길

걸음걸음 시간을 거슬러
옛 풍경을 만나는 길

③ 경복궁

지하철로 가는 길

3호선 경복궁역 3번 출구로 나와 50m 전방에 있는 버스정류장에서 7022번, 1020번 마을버스를 타고 부암동주민센터 앞에서 내린다.

부암동길》 청와대 위쪽에 자리한 부암동은 청와대 인근의 삼청동이나 효자동과 달리 비교적 이름이 덜 알려진 동네로 한적하면서도 아기자기한 볼거리가 많다. 북한산과 인왕산 자락에 둘러싸인 부암동은 2m 높이의 부침바위(付岩)가 있었기에 유래된 명칭으로, 조선 초기에는 세종대왕의 셋째아들인 안평대군이 꿈속의 무릉도원 같다 하여 무계동이라 칭한 후 산속에 무계정사라는 이름의 정자를 지어 심신을 단련하기도 했다. 부암동길은 부암동주민센터 위쪽 능금나무길을 따라 올라가 부암동 끝자락에 위치한 백사실계곡과 계곡 위 서울의 두메산골로 통하는 뒷골에 이르는 길을 통칭한다.

가을의 정취가 듬뿍 밴 부암동 골목을 누비다

부암동 산책의 출발점은 부암동주민센터 앞이다. 버스를 타고 부암동주민센터 앞에서 내려 몇 걸음 거슬러 올라가면 왼쪽으로 능금나무길이라는 작은 팻말이 있는 것을 볼 수 있는데 이 길이 바로 부암동길이 시작되는 곳이다. 왼쪽으로 꺾어지는 길 입구에는 클럽 에스프레소가 자리하고 있다. 왼쪽으로 접어들자마자 자하손만두를 끼고 가는 도로가 있지만 부암동 산책로는 도로 왼쪽 옆 '산모퉁이' 카페 이정표가 있는 길로 들어서야 한다. 이 길로 접어들어 50m가량 가면 두 갈래 길이 나온다. 빨간 벽돌 담장에 '동양방앗간'이라는 옛날 풍의 글씨가 쓰인 집을 끼고 왼쪽으로 50m 내려가면 환기미술관, 오른쪽으로 가면 산모퉁이 카페 가는 길이다. 수십 년 전의 분위기가 고스란히 묻어나는 동양방앗간 앞에는 송편, 증편, 조랭떡, 꿀떡, 약식, 무지개떡, 백설기, 시루떡 모두 만들어 준다고 조목조목 써 있는 모습이 정겹다.

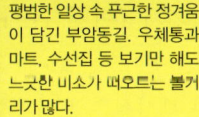

평범한 일상 속 푸근한 정겨움이 담긴 부암동길. 우체통과 마트, 수선집 등 보기만 해도 느긋한 미소가 떠오르는 볼거리가 많다.

산모퉁이 카페 이정표를 따라가는 길목 또한 높이 쌓인 돌 축대를 타고 오른 담쟁이덩굴과 이끼가 가득 낀 모습에서 오랜 세월의 흔적을 고스란히 느낄 수 있다. 한 걸음씩 오를 때마다 부드러운 곡선의 산자락이 서서히 모습을 드러내는 풍경도 푸근하다. 구불구불 적당히 굽어져 이어지는 길은 한눈에 모든 것을 보여 주지 않는다. 살짝 모퉁이를 돌 때마다 새로운 풍경이 그림처럼 나타나서 마치 전시장을 걸으며 새로운 미술작품을 감상하는 느낌이랄까.

오르다 보면 기와집으로 구성된 이색적인 이탈리안 레스토랑이자 공연장을 겸한 Art For Life도 자리하고 있다. 이곳을 지나면 곳곳에 텃밭이 들어앉은 빈집 터가 등장하면서 점점 도심의 풍경을 벗어난다. 좀 더 오르면 노란 폭스바겐 차가 눈길을 끄는 집 한 채가 덩그러니 놓여 있다. 이곳이 바로 드라마 〈커피프린스 1호점〉으로 유명해진 산모퉁이 카페이다.

백사실계곡의 싱그러운 자연 속으로 들어가다

산모퉁이를 지나 200m 정도 더 올라가면 오른쪽은 북악스카이웨이, 왼쪽은 응선사 가는 길인데 백사실계곡은 응선사 방향으로 내려간다. 응선사를 지나면 막다른 집을 두고 두 갈래 길이 나오며 오른쪽이 백사실계곡 가는 길이다. 이때부터 주택은 전혀 없는 도심 속의 비밀정원이 펼쳐진다. 서울에서는 보기 드물게 천연기념물인 버들치와 도룡뇽, 가재 등이 서식한다는 백사실계곡은 초입부터 구불구불 솟아오른 소나무의 향이 코끝에 상큼하게 와 닿는다. 백사실은 '오성과 한음'의 오성인 백사 이항복의 별장이 있던 곳이라 하여 붙여진 명칭이다. 지금은 난간지주와 작은 연못만이 덩그러니 남아 있지만 무성한 숲과 맑은 계곡물은 싱그럽다.

뒷골마을은 개울을 따라 거슬러 올라가면 된다. 개울을 따라 5분 정도 걸어 오르면 뒷골마을 모습이 서서히 드러난다. 청와대가 코앞에 있어서 모든 개발이 금지되어 서울 도심인데 아직도 농사를 짓는다. 산속에 폭 파묻힌 채 옹기종기 모여 있는 10여 가구의 집들의 굴뚝에서는 연기가 모락모락 피어나고 장독대와 켜켜이 쌓인 연탄, 돌담 너머로 배추, 감자, 고추밭 등이 가득한 풍경은 수십 년 전의 모습 그대로 멈춘 듯하다. 한 걸음 한 걸음 내디딜수록 시간을 거슬러 올라 옛 풍경이 선사하는 푸근함과 정겨움을 느낄 수 있는 곳, 이것이 바로 부암동 산책의 묘미이다.

보너스 볼거리

청운공원
정자와 산책로, 윤동주 시인의 언덕으로 구성된 청운공원은 서울 시내가 한눈에 내려다보이는 전망 좋은 곳으로 서울우수조망명소로 지정되었다. 특히 저녁이면 남산타워를 비롯해 빼곡하게 들어찬 도시의 건물들에서 뿜어내는 불빛이 아름답다.

부암동길 ● 055

부암동에서는 자연이 선사하는 고즈넉한 감동을 느낄 수 있다.

놓치면 아쉬운 **볼거리**

환기미술관(왼쪽)과 산모퉁이 카페(가운데)

Art For Life

문화 예술의 향기가 가득한 부암동은 카페에서도 특색 있는 볼거리를 만날 수 있다. 맛있는 차를 마시며 미술작품을 보거나 맛있는 음식과 함께 흥겨운 콘서트까지 즐길 수 있다. 분위기에 젖어 부암동의 매력에 흠뻑 취하여 보자.

환기미술관

한국적 서정주의를 바탕으로 한 고유의 예술 세계를 정립했고 한국 추상미술의 제1세대라고 할 수 있는 수화 김환기(1914~1974년)를 기리고자, 부인인 고 김향안 여사가 1992년에 설립한 미술관이다. 김환기의 작품 상설전시관을 비롯해 시기별로 다양한 기획전을 연다. 아담한 미술관 내 정원을 산책하는 맛이 좋다. 전시관과 더불어 카페테리아, 아트숍도 자리하고 있다.

관람료 전시회마다 다름
문의 02-391-7701

Art For Life

한옥을 개조한 이탈리안 레스토랑 겸 공연장이다. 녹슨 철제 대문 안에 들어선 고즈넉한 한옥과 현대적이고 독특한 예술 작품들이 묘한 조화를 이루는 이곳에서는 정통 이탈리안 음식과 함께 다양한 공연을 즐길 수 있다. '삶을 축제로!'라는 모토를 바탕으로 토요일 오후 5시에는 하우스콘서트, 일요일 오후 8시에는 이벤트와 함께 하는 사랑의 테이블콘서트, 화요일 오후 7시에는 스페셜콘서트로 구성하여 식사와 함께 공연을 관람한 후 뒤풀이까지 흥겨운 자리가 이어진다.

문의 02-3217-9364

산모퉁이

원래 목인박물관 관장의 작업실 겸 작품을 모아 두던 집이었는데 드라마 〈커피프린스 1호점〉에서 최한성(이선균)의 집으로 등장하면서 일명 '한성이네 집'으로 유명해졌다. 드라마 종영 후 많은 사람들의 요청에 의해 갤러리 카페로 변신했다. 북악산과 인왕산을 비롯해 서울을 내려다볼 수 있는 전망 좋은 곳에서 차와 와인 등을 마시며 여유로운 시간을 보낼 수 있는 곳이다. 독특한 석조물과 다양한 예술품을 감상할 수 있다.

문의 02-391-4737

다양한 먹을거리

외국의 어느 카페에 온 듯한 느낌을 주는 클럽 에스프레소와 따끈한 국물이 마음까지 훈훈하게 만들어 주는 자하손만두(맨아래)

강북의 새로운 트렌드로 자리 잡은 부암동 골목에는 분위기 좋은 카페는 물론 맛 좋은 음식점도 많다. 추천하는 장소 외에도 맘에 드는 곳을 골라 느긋하게 맛을 음미해 보자.

클럽 에스프레소

부암동의 랜드마크로 불리는 대표적인 커피 전문점으로 세계 35개국의 다양한 커피를 맛볼 수 있어 커피 마니아들에게 인기가 높다. 붉은 벽돌과 투박한 나무로 꾸며진 아늑한 실내에 들어서면 원산지별로 수북히 담긴 원두와 진한 커피 향이 코끝을 자극한다. 주인이 수집한 커피 관련 전시품을 구경하는 것도 재미있고 원두를 구입할 수도 있다.

문의 02-764-8719

자하손만두

담백하고 시원한 손만두국과 물만두 전문점이다. 푹 삶아 낸 양지 국물에 조랭이떡과 직접 빚은 만두를 넣어 끓여 낸 만둣국은 간장 외의 조미료는 전혀 넣지 않아 맛이 깔끔하고 담백한 것이 특징으로 후식으로 수정과가 곁들여 나온다. 녹두를 곱게 갈아 부쳐 낸 녹두전도 고소한 맛이 별미이다.

문의 02-379-2648

06
북악산 서울성곽길

600여 년의 세월을 품고 있는
유서 깊은 길

③ 경복궁　③ 안국　④ 혜화

북악산 서울성곽길 〉〉 서울성곽은 조선 왕조를 개국한 태조가 한양으로 수도를 옮기고 나서 1395년 경복궁과 종묘, 사직단을 건립한 후 한양을 방어하기 위해 쌓은 성곽이다. 북악산, 낙산, 남산, 인왕산을 잇는 성곽의 길이는 18.2km이다. 토성이었던 것을 세종 때 석성으로 고쳐 쌓고 숙종 때 재정비한 이후 수백 년간 성곽으로서의 면모를 유지해 왔지만 19세기 말부터 일제에 의해 야금야금 헐려 나가면서 현재 인왕산과 북악산 산지 성곽, 남산과 낙산 일부를 포함해 10.5km가량만 남게 되었다. 북악산 서울성곽길은 성균관대학교 위쪽 와룡공원을 지나 말바위안내소(쉼터)~숙정문~백악마루~창의문에 이르기까지 4.3km 구간을 말한다. 1968년 1월 21일 북한측의 청와대 기습사건 이후 출입이 통제되어 오다 2007년에 개방되었다.

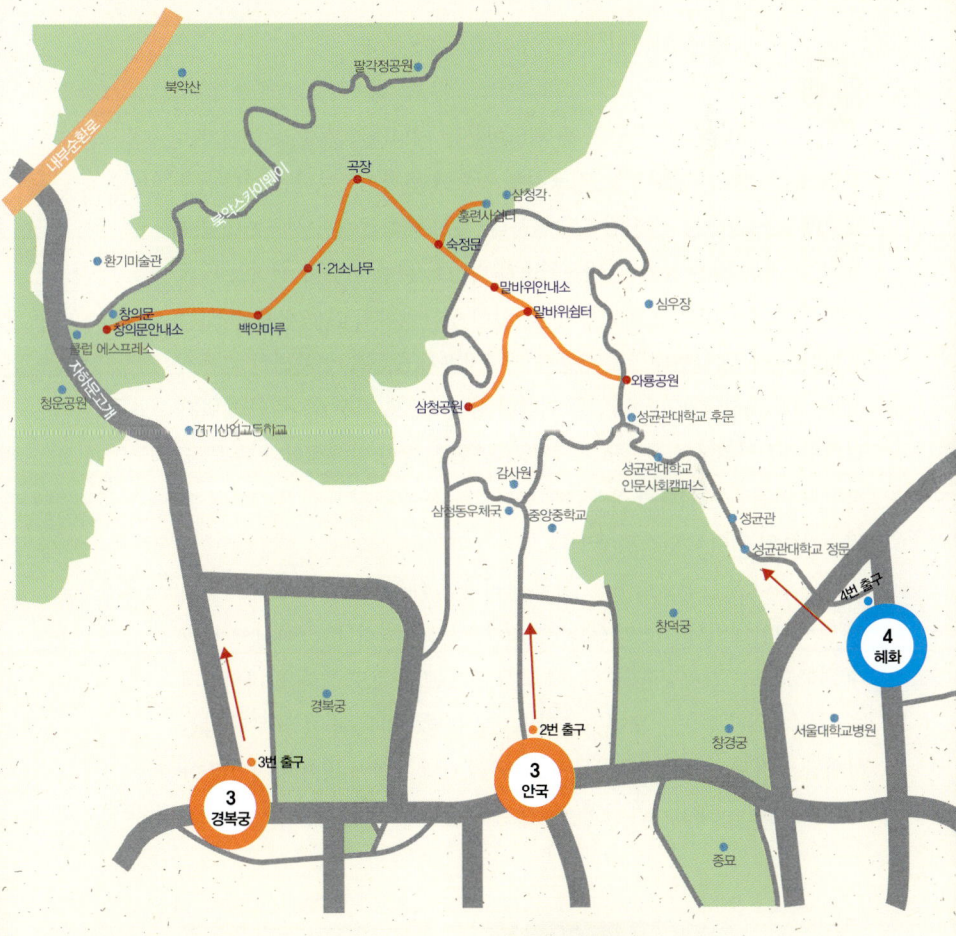

🚇 지하철로 가는 길

1. 3호선 경복궁역 3번 출구로 나와 0212, 1020번 마을버스를 타고 자하문 고개에서 내리면 바로 창의문안내소 앞이다.
2. 3호선 안국역 2번 출구로 나와 02번 마을버스를 타고 성균관대학교 후문에서 내려 100m가량 올라가면 와룡공원을 지나 말바위안내소가 나온다.
3. 4호선 혜화역 4번 출구로 나와 성균관대학교 캠퍼스를 거쳐 후문으로 나와 와룡공원, 말바위안내소로 간다.

북악산 이용 안내

출입 시간 4~10월 09:00~15:00, 11~3월 10:00~15:00, 일요일과 공휴일 다음날은 출입 불가

문의 말바위안내소 02-765-0297, 창의문안내소 02-730-9924(주민등록증을 제시하고 출입신청서를 작성한 후 출입증을 받아야 함)

서울을 지키는 성곽길 둘레를 따라 걷다

서울성곽길 코스 중 백악마루를 지나 창의문으로 내려가는 길은 줄곧 가파른 계단길로, 성곽길을 걸으려면 창의문보다는 말바위안내소에서 시작하는 것이 훨씬 수월하다. 특히 혜화역에서 성균관대학교를 거쳐 가는 길은 볼거리, 먹을거리가 다양할 뿐만 아니라 캠퍼스 내의 젊음과 조선 시대 최고의 교육기관이었던 성균관까지 더불어 볼 수 있는 장점이 있다. 성균관대학교 정문을 지나자마자 오른쪽에 자리한 고풍스러운 느낌의 성균관과 돌담길을 지나면 최신식으로 지은 600주년 기념관 건물이 600년의 시차를 두고 나란히 공존한 모습이 이색적이다. 후문 주차장과 연결되는 법학관 옥상에서 바라보는 서울 풍경 또한 멋스러워 캠퍼스커플의 데이트 명소로 꼽힌다.

후문을 지나 오른쪽으로 100m가량 올라가면 와룡공원이 나오며 이곳에서 말바위안내소까지는 약 600m 거리다. 성곽 외벽길 끝, 목재데크 전망대 왼쪽으로는 말바위쉼터가 있어 잠시 들러 보는 것도 좋다. 말바위쉼터는 서울 시내가 한눈에 보이는 조망명소로 유명하며 특히 해 질 무렵 남산타워를 중심으로 붉게 물든 서울 풍광을 보기에 그만이다. 말바위쉼터 아래편으로 900m 내려가면 삼청공원으로 연결된다.

성균관대학교 안에 있는 명륜당(왼쪽)을 지나 법학관 옥상(오른쪽)에 오르면 멋진 서울 풍경을 볼 수 있다.

말바위쉼터에서는 시원하게 펼쳐진 서울 시내를 볼 수 있다.

말바위쉼터에서 돌아 나와 성벽길을 따라가면 말바위안내소가 나온다. 이곳에서 400m가량 가면 숙정문이다. 이 길목에는 구불구불 잘 생긴 소나무를 비롯해 다양한 나무들이 무성하게 우거져 싱그럽기 그지없다. 성벽 아랫녘은 영락없이 복잡한 서울이지만 이곳은 자연 그대로의 세상이다. 40여 년간의 출입 통제로 사람의 손길을 타지 않은 자연이 고스란히 보존되어 있기 때문이다. '엄숙하게 다스린다'라는 의미의 숙정문은 한양 사대문 중 북대문으로, 출입 용도가 아닌 사대문의 격식을 갖추기 위해 세운 문이다. 지형이 험하기도 했지만 북문을 열어 놓으면 음기가 들어 한양 부녀자들의 풍기가 문란해진다 하여 문을 닫아 두었다는 이야기도 있다.

숙정문을 지나 걷다 보면 성벽을 기어오르는 적을 막기 위한 방어시설인 곡장도 볼 수 있다. 곡장 위로 오르면 길게 뻗은 성곽 담장 끝에 서울 시내가 한눈에 내려다보인다. 성곽길과 어우러진 서울 시내가 제법 근사해 보이지만 아쉽게도 사진촬영 금지구역이다. 성곽길 내에서는 보안상 사진촬영이 제한된 장소에서만 가능하다. 곳곳에 사복군인들이 서 있고 감시 카메라도 많아 몰래 찍는 것은 절대금물이다.

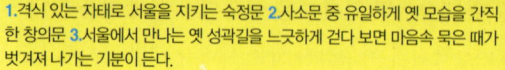

1. 격식 있는 자태로 서울을 지키는 숙정문 2. 사소문 중 유일하게 옛 모습을 간직한 창의문 3. 서울에서 만나는 옛 성곽길을 느긋하게 걷다 보면 마음속 묵은 때가 벗겨져 나가는 기분이 든다.

놓치면 아쉬운 볼거리

성균관

극소수의 수재들만 입성할 수 있었던 조선 시대 최고의 국립대학으로, 학교인 동시에 사당이라는 점이 특징이다. '가장 좋은 교육은 스승을 닮는 것'이라는 유교 교육 이념에 입각해 학문 공간인 명륜당과 더불어 최고의 스승인 공자와 그의 제자, 조선 성리학 대가들의 신위를 모시고 제시를 지내는 대성전(보물 제141호)을 중심으로 유생들이 기숙하던 동재와 서재, 도서관 역할을 하던 존경각, 교육 경비로 쓰이는 돈과 곡식의 출납을 담당하던 양현고 등이 오밀조밀 자리하고 있다. 건물로 둘러싸인 마당에는 수령 500여 년의 은행나무(천연기념물 제59호)가 눈길을 끄는데 공자가 은행나무 밑에서 제자들을 가르쳤다는 이야기가 전해져 성균관이나 향교 같은 국립교육기관에는 어김없이 은행나무가 있다고 한다.

문의 02-760-1472

곡장을 지나 좀 더 걷다 보면 남북으로 갈린 우리 민족의 가슴 아픈 역사를 품고 있는 소나무 한 그루가 서 있어 눈길을 끈다. 1968년 1월 21일 북한 공작원들이 청와대 습격을 목적으로 침투했을 당시 총격전이 벌어진 끝에 15발의 총탄 자국이 남아 일명 '1·21소나무'라 불린다. 소나무를 지나 계단길을 오르면 북악산 정상인 백악마루(342m)이다. 북악이 아닌 백악이라 칭한 이유는 북악산이 백악(白岳)이라는 이름으로도 불렸기 때문이다. 이곳에 서면 광화문 일대를 중심으로 서울 시내가 한눈에 내려다보여 '서울우수조망명소'로 지정되었다.

백악마루를 지나 창의문으로 내려가는 길은 줄곧 가파른 계단길이지만 한 걸음 한 걸음 걷는 동안 길게 이어진 성곽과 함께 발밑으로 펼쳐지는 풍광이 일품이다. 창의문은 서대문과 북대문 사이에 위치한 북소문으로 조선 시대 당시 이 일대의 자하동계곡의 이름을 빌어 자하문이라 부르기도 한다. 사소문 가운데 유일하게 옛 모습을 간직하고 있는 창의문은 1623년 인조반정 때 세검정에서 칼을 씻고 창의문을 통해 궁으로 들어가 반정에 성공한 유서 깊은 곳으로, 인조반정 당시 공신들의 이름을 새겨놓은 현판이 걸려 있다. 창의문 아랫녘 마을버스정류장 앞에는 1·21 사태 당시 총격전을 벌이다 전사한 최규식 경무관을 기리는 동상이 서 있다.

07
청계천길

시원한 물길 따라 걷기 좋은
도심 속의 산책로

5
광화문

청계천길[»] 한때 가난한 서민들의 삶과 애환이 깃들었던 청계천. 이후 청계천 복개로 인해 그들의 궁핍했던 삶이 밀려나고 오랫동안 회색빛으로 가득했던 청계천이 이제는 도심 속의 녹색공간으로 다시 태어났다. 청계천길은 광화문 네거리 동아일보 사옥 앞에 있는 청계광장에서 시작해 동대문구 용두동 인근에 있는 고산자교에 이르기까지 청계천 물길을 따라 5.5km가량 이어지는 길을 일컫는다.

서울시민들이 사랑한 길을 따라 걷다

높은 빌딩이 병풍처럼 둘러친 사이로 폭 파묻혀 흐르는 작은 물줄기는 풀 한 포기가 그리운 도심 사람들의 청량제가 되기에 충분하다. 도심 한복판에 흐르는 맑은 물과 폭포수처럼 시원하게 떨어지는 물줄기는 때론 보는 것만으로도, 때론 듣는 것만으로도 시원하다. 그 물속에서 요리조리 헤엄치는 물고기들을 볼 수 있다는 것도 신기할 따름이다. 풀숲을 넘나들며 짹짹대는 참새들의 소리도 정겹다. 냇가 여기저기 하얗게 핀 찔레꽃에서 솔솔 풍겨 나오는 꽃 향기는 고급 향수보다 더욱 향기롭다. 복잡한 도심 한복판에서 이렇듯 시골에서나 볼 수 있음직한 냇물 풍경을 마주할 수 있으니 얼마나 다행인가.

'한국의 아름다운 길 100선'에 꼽혔다는 청계천은 늘 분주하다. 이른 아침에는 인근 주민들의 상쾌한 아침 운동길이 되고, 한낮에는 점심을 마친 샐러리맨들의 가벼운 산책로가 되고, 오후에는 엄마를 따라 나온 아이들의 놀이터가 되고, 저녁이면 감미로운 분위기를 찾아 들어오는 연인들의 데

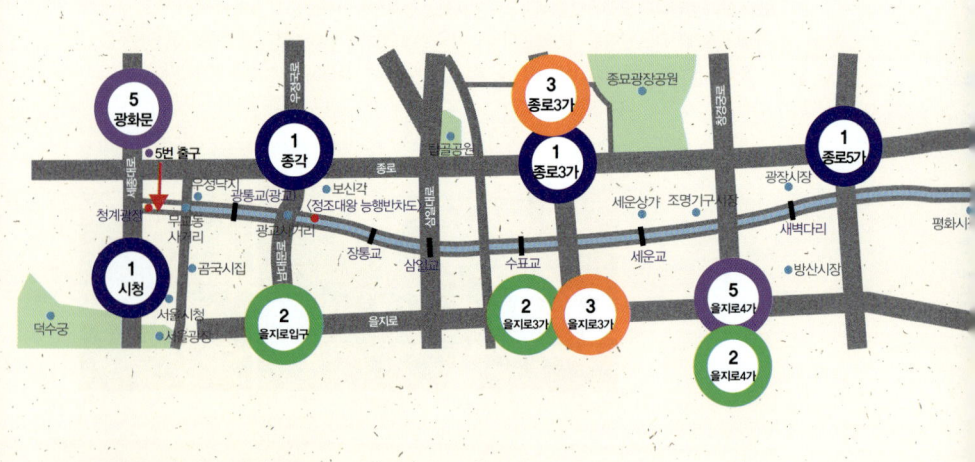

놓치면 아쉬운 볼거리

청혼의 벽

두물다리 옆에는 하트 모양으로 꾸며진 청혼의 벽이 있다. 두물다리는 두 개의 물길(성북천, 정릉천)이 청계천과 합류하는 '만남'을 상징하는 의미로 다리 형태도 두 물길이 만나는 모양으로 되어 있다. 청혼의 벽은 두 개의 물길이 합류해 한 줄기가 되듯 사랑하는 연인들이 감미로운 조명과 분수가 가동되는 분위기를 배경으로 사랑을 고백하고 의미 있는 프러포즈를 할 수 있도록 설치한 것이다.

조명·분수 가동 시간 4월~11월 매일 12:00~21:00 (50분 가동, 10분 휴식)

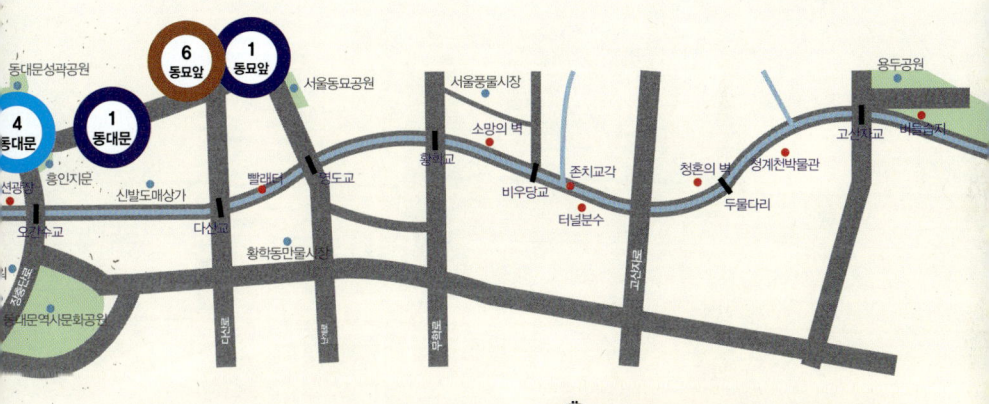

지하철로 가는 길
5호선 광화문역 5번 출구로 나가면 동아일보 사옥 앞으로 청계천길이 시작된다.

이트 장소가 된다. 간간히 홀로 물가에 앉아 책을 읽는 이들이 있는가 하면 징검다리를 건너며 추억의 사진을 찍는 이들, 깃발을 따라 줄줄이 이어지는 단체여행객도 심심찮게 보인다. 가족끼리 오순도순, 연인끼리 다정하게, 정다운 친구끼리, 아님 혼자여도 사색을 즐기며 천천히 걷다 보면 마음이 한결 가벼워진다. 이렇듯 청계천 물줄기는 남녀노소 가릴 것 없이 어느새 모든 이들의 소중한 휴식처가 되고 있다.

길이 10km가 조금 넘는 청계천은 왕십리 너머에서 중랑천과 합쳐 한강으로 빠진다. 청계천 산책은 어느 곳에서 시작해도 무방하지만 대개 광화문 네거리 동아일보 사옥 앞에 있는 청계광장에서 시작해 동대문구 용두동 인근에 있는 고산자교까지 5.5km 코스를 걷는 게 일반적이다. 그 위로 총 22개의 다리가 놓여 있는데 그 사이사이로 다양한 볼거리를 심어 놓아 걷는 데 그다지 지루하지 않다. 물가를 걷다가 중간 중간 징검다리를 지그재그로 건너며 물위를 넘나드는 재미도 쏠쏠하다. 그러다 시원한 그늘이 드

리운 다리 밑 냇가에서 잠시 쉬었다 가면 금상첨화이다. 아울러 청계천변 위로 세운상가를 비롯해 우리나라에서 가장 오래된 재래종합시장이라는 광장시장, 패션의 원조라 자부하는 평화시장, 예쁜 조명기구시장, 신발도매시장, 서울풍물시장 등 품목에 따른 시장이 줄줄이 있어 덤으로 쇼핑도 즐길 수 있다.

산책길의 마지막 코스를 찍다

산책길의 마지막 코스인 고산자교 인근에는 청계천박물관이 자리하고 있고 문화관 건너편에는 1960년대 청계천 판자촌을 재현한 허름한 건물이 서 있다. 만화가게, 구멍가게, 연탄가게 등으로 구성된 이곳에는 옛 추억을 새록새록 떠오르게 하는 요소들이 가득해 비록 가난하게 살았어도 마음만은 훈훈했던 그 시절을 회상해 보기에 좋다. 저녁이면 은은하게 퍼지는 조명으로 인해 더욱 감미롭고 푸근하게 다가오는 청계천은 겨울이면 청계광장을 중심으로 밤하늘을 화려하게 수놓는 '빛의 축제'가 펼쳐지며 환상적인 분위기를 연출한다.

아이들에게는 새로운 볼거리를, 어른들에게는 아련한 추억을 떠올리게 만드는 만화가게

청계천박물관

청계천길을 걷다 보면 다양한 볼거리를 만나지만 그중에서도 청계8경은 빼놓지 말아야 한다. 청계천에 얽힌 다양한 사연과 이야기가 담긴 8경을 찾다 보면 어느새 길은 끝자락에 다다른다. 8경 여행의 마지막에는 청계천박물관에 들러 청계천의 역사를 살펴볼 수 있다.

청계천박물관

옛 시절의 청계천과 지금의 모습을 비교해 가며 청계천 복원 사업에 대한 상세한 설명을 엿볼 수 있는 곳이다. 건물 입구에서 4층으로 연결되는 긴 에스컬레이터를 타고 올라가 4층부터 천천히 내려오며 관람한다. 처음에 마주하는 1관에서는 6·25전쟁 후의 혼돈과 가난했던 모습이 담긴 청계천의 과거와 현재의 모습을 다양한 형태로 보여 준다. 아래로 내려와 만나는 2관은 조선 시대로 거슬러 올라간 청계천의 모습과 3D 입체 영상으로 볼 수 있는 청계천 투어 전시관 등으로 구성되어 있다. 이어서 '에코청계천'을 관람한 후 내려오면 1층에 아트숍과 카페 등의 편의시설이 있다.

관람 시간 평일 09:00~19:00(주말 18:00까지)
관람료 무료 문의 02-2286-3410

청계8경

청계광장 청계천이 시작되는 세종로에 조성된 광장이다. 4m 아래로 떨어지는 2단 폭포가 시원스럽고 삼색 조명의 캔들 분수가 어우러져 밤이 되면 더욱 멋스럽다. 아울러 폭포 양편에는 우리나라 8도를 각각 대표하는 돌로 제작된 '팔석담'이 있는데 이곳에 동전을 던지고 소원을 빌면 이루어진다 하여 물밑은 동전밭으로 빼곡하다.

광통교 조선 태종(이방원)이 태조(이성계)의 비(妃) 신덕왕후의 무덤을 정릉으로 옮기고 남은 묘지석을 거꾸로 쌓아 만든 다리이다. 도성 최대의 다리로 정월대보름에는 다리 밟기와 연 날리기 장소로 유명했다.

정조대왕 능행반차도 조선 22대 임금 정조가 모친인 혜경궁 홍씨의 회갑을 기념하고 아버지 사도세자의 묘를 참배하기 위해 화성으로 가는 행렬을 도자 벽화로 재현한 것이다. 광교와 삼일교 사이에 옮겨 놓은 길이 186m, 높이 2.4m에 달하는 〈정조대왕 능행반차도〉는 단원 김홍도 등 당대의 일류 화가들의 작품을 바탕으로 구성한 것으로 왕조의 위엄과 질서를 장엄하게 표현하면서도 자유분방한 인물묘사가 돋보인다. 왕실 기록화이자 한 폭의 풍속화를 연상시키는 이 반차도는 당시 행차의 격식과 복식, 악대구성 등을 살필 수 있는 귀중한 역사적 가치를 지닌다.

패션광장 동대문 인근 오간수교를 중심으로 형성된 곳으로 주변에 두산타워, 밀리오레 등 패션전문상가가 즐비하다. 직물을 소재로 한 색동 벽과 화려한 조명을 받아 춤추듯 솟아오르는 패션분수가 볼거리이며, 패션쇼도 심심찮게 열린다.

빨래터 다산교와 영도교 사이에 옛 아낙네들의 애환이 담긴 빨래터의 모습을 재현해 놓은 곳이다.

소망의 벽 황학교와 비우당교 사이에 2만여 명의 시민들이 제각각 자신들의 소망과 염원을 직접 쓰고 그려 넣은 타일을 모아 50m 길이로 조성된 곳이다.

존치교각 & 터널분수 청계고가도로를 철거하면서 교각 중 3개를 기념으로 남겨 두어 청계천 복원의 역사적 의미를 되새기고자 한 곳이다. 분수에서 뿜어져 나온 물줄기가 조명과 함께 터널을 이루는 모습이 독특하다.

버들습지 버드나무와 갯버들, 꽃창포 등 각종 수생식물을 옮겨 심어 만든 생태 공간으로 청계천 마지막 다리인 고산자교 하류에 조성되어 있다.

다양한 먹을거리

청계천 주변으로는 다양한 카페와 맛집을 찾아볼 수 있다. 식심인들을 위한 음식점들은 맛도 좋고 가격도 저렴해 여행자의 발걸음을 가볍게 만들어 준다.

청계천길 초입 무교동사거리에 자리한 우정낙지(02-720-7991)는 무교동 낙지 명가 중 하나로 매콤한 낙지볶음과 찌그러진 양은냄비에 가득 담긴 조개탕의 시원한 국물 맛이 일품이다. 여기에 두툼한 계란말이와 파전도 낙지와 함께 먹기에 좋고 낙지만두도 별미이다.

우정낙지 길 건너편 무교동 길목에 위치한 곰국시집(02-756-3249)은 양지를 푹 삶아 낸 맑은 곰국에 국수를 말아 내오는 곳으로 국물맛이 고소하고 담백해 점심시간에는 길게 줄을 서야 먹을 수 있다.

마전교 앞에서 계단 위로 올라오면 바로 앞에 광장시장이 있다. 시장 안에 들어서면 광장시장의 명물인 마약김밥(고추냉이에 찍어 먹는 꼬마김밥)을 비롯해 각종 야채를 입맛대로 골라 쓱쓱 비벼먹는 양푼이비빔밥, 즉석 손칼국수와 김치만두, 빈대떡 등 먹을거리가 아주 다양한 먹자골목이 형성되어 있다.

숨은 이야기

광통교에 얽힌 사연

광통교는 조선 왕조 시조인 태조 이성계의 계비 신덕왕후의 아픔이 묻혀 있는 다리이다. 원래 흙으로 만들어졌는데 폭우로 유실되자 태종 이방원이 신덕왕후의 능을 옮기는 과정에서 묘에 사용되었던 돌들로 다리를 다시 세웠다고 한다. 왕비의 묘에 사용되었던 돌을 다리 건설에 사용한다는 것은 있을 수 없는 일이었다. 이는 당시 왕권장악에 있어 정적 관계에 있던 계모 신덕왕후를 증오한 이방원이 사람들로 하여금 짓밟고 다니게 하기 위함이었다. 뿐만 아니라 신덕왕후 능에 있던 신장석 또한 다리에 사용되었는데 그중 일부가 거꾸로 놓여 있다. 신장석에는 세련된 당초 문양이 새겨져 고려 말에서 조선 초기 전통 문양의 아름다움을 보여 주고 있는데 이런 문양석이 거꾸로 놓여 있는 것은 당시 신덕왕후에 대한 이방원의 미움의 정도를 파악할 수 있는 대목이라 전해진다.

영도교에 얽힌 사연

영도교는 단종이 왕위를 빼앗기고 귀양 갈 때 그의 비인 정순왕후와 이별한 다리로 알려져 있다. 두 사람이 이별한 후로 두 번 다시 못 만났다는 뜻에서 '영이별다리'로 불리다 세월이 흐르면서 '영원히 건너가신 다리'라는 의미에서 '영도교'라는 이름을 지니게 되었다고 한다.

〈정조대왕 능행반차도〉에 정조가 보이지 않는 이유

〈정조대왕 능행반차도〉에 1779명의 인파와 779필의 말이 등장하지만 정작 주인공인 정조는 보이지 않는다. 이는 당시 반차도 그림 규칙상 왕을 그리지 못하게 되어 있기 때문이라고 한다. 어머니인 혜경궁 홍씨가 탄 가마가 나타나고 바로 뒤에 정조가 탄 좌마가 따른다고 되어 있지만 좌마 옆에 그려진 양산과 부채로 왕이 있는 것을 가늠할 수 있을 뿐이다.

아차산 생태숲길 》아차산은 해발 300m가 채 안 되는 야트막한 산으로 오르는 길도 완만하고 정비가 잘 되어 있어 등산이라기보다 가볍게 산책하기에 좋은 곳이다. 삼국시대의 전략적 요충지였던 아차산은 고구려의 온달장군이 전사한 역사의 현장이자 남한에서 고구려 유물이 가장 많이 출토된 의미 깊은 곳이다. 아차산 생태숲길은 광나루역을 들머리로 해서 아차산 생태공원~아차산 소나무숲~아차산성길~낙타고개~고구려정~해맞이광장~아차산 정상~대성암~낙타고개~계곡길~만남의 광장으로 돌아 나오는 것이 일반적인 코스(약 6.7km)로 쉬엄쉬엄 걸어도 3시간이면 충분하다.

08
아차산 생태숲길

탁 트인 전망 속에서
역사의 흔적을 엿보는 길

⑤ 광나루

지하철로 가는 길

5호선 광나루역 1번 출구로 나와 200m 전방에서 광장중학교 방면 오른쪽 길로 접어든다. 알록달록한 색감의 산뜻한 벽화가 그려진 광장중학교 담장을 지나 광장초등학교를 끼고 왼쪽으로 가면 좁은 골목길 안에 집 몇 채가 있다. 막다른 길처럼 보이지만 담장 왼편으로 아차산 생태공원 가는 길이 나 있다. 광나루역에서 생태공원까지는 900m로, 도보로 15분 정도 걸린다.

주요 지점

- 용마산
- 아차산4보루(정상)
- 아차산3보루
- 아차산2보루
- 대성암
- 아차산5보루
- 아차산1보루
- 해맞이광장
- 고구려정
- 낙타고개
- 아차산성
- 만남의 광장
- 아차산 소나무숲
- 워커힐길
- 아차산 생태공원
- 워커힐피자힐
- 솥루암적물입상
- 광나루터
- 광장초등학교
- 다야
- 광장중학교
- 콩마당
- 천호대로
- 1번 출구
- 광진청소년수련관
- 광진교

5 광나루

아름다운 아차산의 숲길을 걷다

아차산 초입에 조성된 아차산생태공원은 7천여 평의 공간 안에 소나무숲, 나비정원, 습지원, 황토길 등 테마별로 다양하게 구성되어 아기자기하다. 공원 첫걸음에 만나는 곳은 나무계단 밑의 아담한 연못이다. 용머리가 불쑥 솟아나와 용소라 부르는 연못을 한 바퀴 돌아 올라가면 오른쪽에 고구려역사홍보관을 볼 수 있다. 생태공원을 둘러보고 주차장 매점 옆에 '자생식물관찰로'라 쓰인 팻말을 따라 돌계단을 올라가면 소나무숲길이 나온다. 구불구불 아름드리 소나무가 우거진 길을 150m가량 올라 평탄한 숲길을 걷다 보면 아차산성이 보이기 시작한다.
백제가 세우고 고구려가 빼앗았다가 신라가 최종 점령한 아차산성 곳곳에는 보루가 조성되어 있다. 보루는 적의 움직임을 살피거나 방어하기 위해 능선을 잇는 봉우리에 만든 요새로 삼국시대 당시 고구려가 만든 것이다. 산성길을 따라 한 굽이 넘으면 내리막과 오르막이 번갈아 길게 이어지

바윗길을 헤치고 올라가야 하므로 가급적 등산화나 운동화를 신는 것이 좋고 뾰족구두는 절대 금물이다.

1. 학교 담벼락에는 정겨운 벽화가 그려져 있어 벽화를 감상하며 걷는 맛이 쏠쏠하다.
2. 해 질 녘 고구려정에서 바라본 시내 풍경이 일품이다.
3. 풍광이 좋아 봄·가을에는 등산객들의 발길로 붐빈다.
4. 근처에 절이 있으므로 들러도 좋다.

는 나무계단길이 펼쳐진다. 이곳이 바로 그 모양새가 마치 낙타의 등과 같다 하여 이름 붙은 낙타고개이다. 가운데 폭 파묻힌 길목에는 널찍한 나무마루 쉼터가 있어 잠시 숨을 고르다 가기에 좋다. 낙타고개를 지나자마자 왼편으로 살짝 비켜 들어가면 고구려정이 나온다. 정자 밑으로 넓게 펼쳐진 암반에 걸터앉아 한강을 중심으로 시원스럽게 펼쳐진 서울을 내려다볼 수 있다.

고구려정에서 다시 돌아 나와 낙타고개에서 이어지는 길을 따라가다 보면 큼지막한 무덤을 사이에 두고 두 갈래 길로 나뉜다. 오른쪽은 대성암, 왼쪽은 해맞이광장으로 가는 길이다. 이곳에서 해맞이광장을 지나 아차산 정상으로 이르는 길을 광개토대왕길이라 하는데 이 길목에 보루들이 줄줄이 늘어서 있다. 두 갈래 길에서 왼쪽 나무계단을 따라 올라가면 구불구불 바위길이 펼쳐진다. 넓고 완만한 바위길을 오르다 보면 유독 넓은 바위마당이 있는데 이곳이 바로 해맞이광장이다. 매년 1월 1일 해맞이행사가 열리는 곳으로 신년을 맞이하려는 사람들로 북적거린다. 이곳 역시 서울우수조망명소로 지정된 곳으로 유유히 흐르는 한강 줄기와 서울 시내를 한눈에 굽어보다 보면 가슴이 절로 확 트이는 느낌이다.

해맞이광장에서 10분 정도 오르면 제1보루에 이어 평탄한 소나무숲길 끝에 5보루가 나온다. 이곳을 지나면 다시금 완만한 바위길로, 목재데크 전망대 밑에는 바위틈을 비집고 나온 소나무가 눈길을 끈다. 오랜 세월이 흐르는 동안 사방으로 뻗은 가지가 우아하면서도 강인한 자태를 보여 '아차산 명품소나무 제1호'로 명명되었다. 그 위쪽으로 '명품소나무 제2호'도 있지만 그 모양새가 1호만 못하다.

아울러 둘레 450m로 아차산 줄기의 보루 중 가장 큰 것으로 알려진 3보루를 지나면 왕릉처럼 완만하게 솟아오른 구릉 형태의 여느 보루들과 달리, 성벽을 쌓아 분위기가 사뭇 다른 4보루가 나오는데 이곳이 바로 아차산 정상이다. 정상이라고는 하지만 앞쪽에 더욱 높이 솟아 있는 용마산이 있어 정상이라는 느낌은 별로 들지 않는다.

이곳에서 다시 돌아 내려오다 '대성암 300m'라는 이정표를 따라 왼쪽으로 들어서면 넓게 펼쳐진 바위면 아래로 한강이 시원스럽게 보인다. 대성암으로 내려가는 길목에는 바위길과 돌길이 많아 오를 때와는 다른 분위기이다. 산줄기에 폭 파묻힌 마당 끝에 자리한 대성암은 분위기가 아담하고 호젓하다. 이곳에서 내려다보는 한강 풍경 또한 일품인데 암자측에서 편안히 앉아 구경할 수 있도록 의자를 조르르 내놓은 배려가 고맙다.

대성암에서 돌아 나와 낙타고개 쉼터에서 오른쪽 내리막 계단길로 내려가면 계곡길이 이어지고 그 길 끝이 아차산 생태공원 주차장이다. 이 길목

아차산 생태숲길 초입에 조성된 연못(용소) 산책로도 느긋하게 한 바퀴 둘러보는 것이 좋다.

에는 약수터도 곳곳에 자리하고 홀쭉이형, 뚱뚱이형, 얼굴은 크고 다리는 짧은 가분수형 등 거울 곡면에 따라 자신의 모습이 다양하게 비치는 재미있는 요술거울도 있다.

다양한 먹을거리

광나루역 1번 출구에서 광장중학교 가는 길목 안쪽에는 다양한 음식점들이 많다. 그중 콩과 두부 요리 전문점인 **콩마당(02-2201-3965)**에서는 직접 만든 두부와 돼지고기 수육을 곁들인 보쌈정식을 비롯해 김치순두부와 해물순두부, 두부스테이크 등을 맛볼 수 있다. 광장중학교 담장이 끝나는 지점에 민속국시, 항아리수제비, 비빔칼국수, 파전 등을 판매하는 **다야(02-453-7833)**가 있다. 광나루역 4번 출구에서 도보 15분 거리에 있는 **메이탄(02-454-6688)**은 중국집 하면 떠오르는 메뉴와 달리 뚝배기알찜뽕, 해물잡채밥, 피넛삼겹살 등 독특한 중국 음식을 맛볼 수 있는 곳이다.

지하철로 가는 길

3호선 경복궁역 1번 출구에서 나온 방향으로 300m가량 걸으면 사직공원 입구이다.

인왕스카이웨이 》 인왕스카이웨이는 수도 방위와 관광도로의 차원에서 건립된 도로이다. 경복궁 왼쪽에 자리한 사직공원을 거쳐 단군성전 옆 인왕산을 끼고 구불구불 올라가는 도로 옆 숲길을 따라 청운공원과 창의문까지 연결되는 2.4km가량의 코스를 말한다.

인왕산을 따라 푸른 자연을 만나는 길목

조선을 개국한 태조 이성계는 한양으로 수도를 옮긴 후 우선 경복궁 건설과 함께 경복궁 동쪽에는 종묘를, 서쪽에는 사직단을 설치했다. 인왕산 남동쪽 기슭에 자리한 사직단은 토지의 신인 사(社)와 곡식의 신인 직(稷)에게 제사를 올리기 위한 시설이다. 농업이 나라의 근간이었던 조선 시대에 사직에게 복을 기원하는 사직단은 국가의 운명을 좌우하는 중요한 요소로 성역과도 같은 곳이었다. 하지만 일제강점기에 공원 조성을 구실로 상당 부분 훼손되었고, 이것을 1960년대 후반에 복구하여 지금의 모습을 갖추게 되었다. 현재 사직단 정문인 사직문은 보물 제177호, 사직단은 사적 제121호로 지정되어 있다.

사직단 정문 우측으로 난 길을 따라 들어가면 왼쪽에 사직단이 있는데 안으로 들어갈 수는 없고 입구에서만 들여다볼 수 있다. 사직단을 끼고 뒤편으로 들어서면 널찍한 운동장이 펼쳐진다. 운동장 안쪽에는 신사임당과 아들 율곡 이이의 동상이 나란히 서 있는 모습이 눈길을 끈다. 율곡 이이 동상 왼쪽 옆으로 난 계단길을 따라 올라가면 우리 겨레의 시조이자 우리

사직공원을 지나 단군성전에 이르면 쭉 뻗은 인왕스카이웨이가 펼쳐진다.

민족의 상징인 단군을 모신 사당인 단군성전이 자리하고 있다. 1960년대에 사직단을 복구하면서 세워진 단군성전 내에는 단군의 영정과 함께 삼국의 초대 왕들의 신위도 모셔져 있다. 매년 개천절이면 이곳에서 성대한 단군제가 거행된다.

단군성전 앞 출입문 밖으로 나가 오른쪽으로 들어서면 인왕스카이웨이가 펼쳐진다. 초입의 두 갈래 길에서 오른쪽으로 내려가면 조선 시대의 활터이던 황학정이 있어 잠시 들렀다 가는 것도 좋다. 황학정에서 다시 돌아나와 도로 옆 목재데크 길로 들어서면 본격적으로 인왕스카이웨이가 시작된다. 청운공원까지 연결되어 있는 이 길은 목재데크 길을 지나 폭신한 느낌의 보도와 흙길 등으로 이어져 걷기 좋을 뿐만 아니라 호젓한 분위기도 그만이다.

구불구불 소나무가 어우러진 길을 따라 걷다 보면 황학정이 내려다보이는 지점에서 큼지막한 돌판에 새겨진 '등과정' 표시를 볼 수 있다. 조선 시대 5대 활쏘기장 중 하나인 등과정은 조선 시대 무사들의 궁술 연습장으로 유명했던 곳이다. 등과정 터를 지나 나무계단을 따라 숲 위로 오르면 벤치와 간단한 운동기구가 있는 쉼터가 있어 잠시 쉬었다 가기에도 좋다.

1. 전망 좋은 곳에 자리한 윤동주 시인의 언덕 2. 인왕스카이웨이를 걷다 보면 저 멀리 남산도 바라다보인다.

쉼터 아래 배드민턴장을 지나면 폭신한 보도가 끝나면서 부드러운 흙길이 이어진다. 나무가 우거진 오솔길을 걷다 보면 간간히 차 소리가 들리기도 하지만 분위기는 고즈넉하다. 포효하는 대형 호랑이 모형물과 초소를 지나 숲 속에 들어앉은 큼직한 바위 위에서 서울 시내를 한눈에 내려다보는 맛도 일품이다.

호젓한 숲 산책로 끝에 자리한 청운공원에 들어서면 정자를 중심으로 오른쪽은 인왕산에서 굴러온 바위와 산책로가 나 있고 왼쪽은 '윤동주 시인의 언덕'으로 오르는 길이다. 야트막한 시인의 언덕은 서울 시내가 한눈에 내려다보이는 전망 좋은 곳이다. 언덕 위 큼지막한 돌판에는 윤동주의 대표적인 시 〈서시〉가 새겨져 있다. 그의 시구처럼 죽는 날까지 하늘을 우러러 한 점 부끄럼 없게 산다는 게 쉽지는 않겠지만 이곳에 올라 옛 시인의 주옥같은 글을 음미하다 보면 그렇게 살도록 노력해야겠다는 생각도 새삼 든다. 시인의 언덕을 지나 내려가면 길 건너편에 창의문이 있고 커피전문점인 클럽 에스프레소가 있어 그윽한 향의 커피 맛을 즐기며 산책을 마무리할 수 있다.

놓치면 아쉬운 볼거리

고종이 활을 쏘며 심신을 단련시켰던 황학정. 현재를 살아가는 사람들도 여전히 그 자리에서 활을 쏘며 몸과 마음을 정화시킨다. 직접 활을 쏘며 마음의 안정을 찾아보자.

황학정

1898년 궁술 연습을 위해 고종의 어명으로 지어진 활터로 고종도 자주 방문하여 활쏘기를 즐겼다고 한다. 황학정은 원래 경희궁 내 회상전 북쪽에 있었지만 일제강점기 때 일본 학교를 짓기 위해 경희궁이 헐려 나가면서 1922년 지금의 자리로 옮겨졌다. 황학정이 새로 둥지를 튼 현재의 터는 조선 전기부터 무인들의 궁술 연습지로 유명했던 5대 사정(射亭) 가운데 하나인 등과정이 있던 곳이다. 하지만 5개의 사정을 비롯해 이름 있는 활터는 일제강점기 때 우리의 전통무술인 활쏘기를 금지하여 거의 사라지면서 유일하게 황학정만 그 맥을 이어 왔다. 지금도 황학정은 우리나라 궁술을 계승하는 회원을 중심으로 한 궁술연마장으로 사용되고 있다.

다양한 먹을거리

부근의 직장인들을 위한 맛집이 구석구석에 있다. 어느 곳에 들어가도 저렴하게 한 끼를 해결할 수 있다.

경복궁역에서 사직공원으로 가는 대로변 안쪽에는 세종마을 음식문화거리가 길게 펼쳐져 있다. 전통 시장 골목 같으면서도 구석구석 개성이 강한 독특한 음식점이 많다. 서촌계단집(02-737-8412)은 벌교왕꼬막, 통영생굴회, 쭈꾸미숙회 등의 신선한 제철 해산물로 소문난 곳이다. 아시아쿠진(02-722-9922)은 향이 강하지 않아 우리 입맛에도 잘 맞는 태국식 누들과 덮밥 등을 판매하는 곳으로 '혼밥'을 하기에도 좋다. 부드러운 고기와 숙주, 양파, 호박을 곁들인 와규철판구이를 비롯해 안주가 맛있다고 소문난 철판남(070-8776-6001)도 있다. 골목 끝자락에 있는 라면집빵(02-738-7865)은 〈백종원의 3대 천왕〉에 소개된 바 있는 곳으로, 20가지가 넘는 라면 중 하나를 골라서 반반김밥을 곁들여 먹기 좋다.

10
북촌한옥마을길

느긋하게 걸으며 만나는
살아 있는 박물관

③ 안국

북촌한옥마을길 》 경복궁과 창덕궁 사이에 위치한 북촌한옥마을은 서울의 대로인 종로 북쪽에 있다 하여 붙은 명칭이다. 하급관리들이 주로 남산 기슭에 형성된 남촌에 살았던 것에 반해 궁에서 가까운 북촌마을은 당대의 권문세가들이 모여든 귀족촌으로 명성이 높은 곳이었다. 청와대 인접 지역으로 인한 개발 규제와 한옥 보존 구역으로 지정되어 지금까지도 우리의 전통 주거문화를 고스란히 머금고 있는 살아 있는 박물관으로 각광받고 있다.

지하철로 가는 길

3호선 안국역 2번 출구로 나와 150m 정도 가면 헌법재판소를 지나 재동초등학교 앞 사거리가 나온다. 사거리에서 직진하면 북촌한옥마을길이 시작된다.

한옥과 한옥이 만든 길 위를 걷다

굽이굽이 미로 같은 골목길 사이로 전통 한옥들과 아기자기한 박물관, 공방들이 곳곳에 자리한 북촌마을은 국내는 물론 외국인 관광객들에게도 인기가 높은 곳이다. 한옥마을이 시작되는 재동초등학교 앞 사거리를 지나면서부터는 다른 거리에서는 좀처럼 볼 수 없는 소나무 가로수길이 펼쳐진다. 겨울이 되면 나뭇잎을 모두 떨군 채 앙상한 가지만 남아있는 다른 거리와 달리 한겨울에도 푸른 잎이 종종 붙어있는 이곳 소나무 길은 예나 지금이나 변함없는 모습을 간직한 북촌마을과 잘 어울리는 느낌이다.

재동초등학교 사거리에서 100m가량 오면 왼쪽으로 북촌박물관이 자리하고 있다. 북촌박물관은 옛것이 지닌 아름다움의 가치를 소개하는 곳이다. 조선 시대의 생활용품들을 통해 당시의 문화생활을 엿볼 수 있는 곳으로 시기별로 다양한 주제로 전시회를 열고 있다. 아울러 박물관 앞에 언뜻 지나치기 쉬울 만큼 작지만 그 의미는 큰, 구한말 천도교 지도자이자 3·1운동을 이끈 독립운동가였던 손병희 선생 집터란 표식도 있다.

북촌박물관을 지나면 도로 양편에 한옥을 개조하여 꾸민 카페와 갤러리,

소박한 미술관들이 많으므로 느긋하게 둘러보자.

좁은 골목과 대로를 오가는 한옥마을길에서는 집과 가게, 한옥이 운치 있게 어우러져 있다.

옷가게, 전통 도자기점, 꽃집 등 눈에 확 띄지는 않지만 아기자기하고 예쁜 점포들이 많다. 그 대로변에서 왼쪽으로 나 있는 북촌로11길로 접어들면 가회동 31번지를 마주하게 된다. 북촌마을 중에서도 한옥들이 비교적 잘 보존되어 있는 골목길로 북촌의 대표적인 거리라 일컫는 곳이다.

북촌로11길 골목으로 들어서 골목 안쪽에 있는 붉은색 4층 벽돌 건물 왼쪽으로 올라가면 반석빌라 바로 뒤에 좁은 골목길이 숨어있다. 이곳은 부드러운 곡선미를 자아내는 기와지붕들이 사방으로 머리를 맞대고 있는 북촌의 모습을 내려다보는 북촌4경 포인트다. 북촌4경 골목길을 내려와 왼쪽으로 꺾으면 일직선으로 길게 뻗은 경사진 골목길이 펼쳐진다. 밑에서 올려다보는 것이 북촌5경, 위에서 내려다보는 것이 곧 북촌6경이다. 특히 6경 포인트는 한옥 사이로 곧게 뻗은 길 끝에 남산타워를 비롯해 서울 시내 전경이 한 눈에 들어와 북촌의 백미로 꼽히는 곳이다.

길게 이어진 골목길을 따라 다닥다닥 붙어있는 한옥의 기와지붕들이 처마를 맞대며 부드러운 곡선을 빚어내는가 하면 똑같은 집인 것 같지만 대문과 문고리, 창문 문창살, 무늬를 새겨놓은 담장 등은 저마다 그 모습이 다 다르다. 조선 시대 당시 북촌마을에서도 권세가 있고 없고는 담장에 꽃장식이 있는지 없는지로 식별했다고도 한다.

북촌6경 포인트 오른쪽의 부드럽게 휘어지는 골목 너머로 남산타워가 보

1. 한옥마을길을 대표하는 정갈하고 고풍스러운 골목 풍경 2. 빛바랜 기와들이 모여 고즈넉한 북촌만의 풍경을 만들어낸다. 3. 북촌생활사박물관 안팎으로 아기자기한 옛 소품들을 만날 수 있다. 4. 천주교 가회동성당의 고풍스러운 자태가 돋보인다. 5. 오래된 역사만큼 여유로움이 느껴지는 이해박는집 치과

놓치면 아쉬운 볼거리

동림매듭공방
조선 시대 궁중에서 매듭 일을 한 시왕고모의 기술을 전수받은 시아버지의 대를 이어 40여 년간 매듭 일에 전념해 온 심영미 관장이 운영하는 곳이다. 아담한 한옥 내에 구성된 박물관 내에는 노리개, 허리띠, 복주머니를 비롯해 옛 유물과 유물 재현품, 현대적 감각에 맞게 창조된 창작물 등 화려하고 고운 색깔과 섬세한 손길이 묻어나는 다양한 매듭 작품을 구경하며 직접 만들어 보는 체험도 할 수 있다.

문의 02-3673-2778

가회민화박물관
250여 점의 민화와 750여 점의 부적, 기타 민속자료 등 1,500여 점의 유물을 소장한 곳으로 아담하지만 구경하는 재미가 쏠쏠하다. 상상의 동물을 통해 사악한 기운을 막고 잡귀를 쫓는 것을 의미하는 영수화를 비롯해 꽃과 새가 어우러진 화조도 등에는 옛 사람들의 진솔한 감정이 담겨 있다. 아울러 마당에서 직접 부적을 찍거나 기와 탁본 뜨기, 민화부채 그리기 등의 체험도 할 수 있다.

관람 시간 10:00~18:00, 매주 월요일 휴관
입장료 일반·학생 5000원
문의 02-741-0466

다양한 먹을거리

헌법재판소를 지나 재동초등학교 사거리에서 왼쪽으로 들어서면 나오는 몽중헌(02-730-2051)은 고소하고 담백한 딤섬으로 유명한 곳으로 단품 중국요리는 물론 코스별로 맛깔스럽게 나오는 정통 중국 요리를 맛볼 수 있는 곳이다. 북촌박물관 인근에 있는 북촌백년토종삼계탕은 유명인들과 전국 각지의 미식가들이 찾아오는 소문난 삼계탕 맛집이다.

이는 곳은 북촌7경 포인트다. 북촌7경 골목길 입구를 지나 삼청동이 내려다보이는 전망대에서 오른쪽으로 몇 걸음 더 가면 '맑은 하늘길' 이정표가 담긴 가파른 계단길이 나왔다. 이 계단으로 들어서 골목길로 내려가다 보면 커다란 바윗덩이를 통째로 깎아 만든 돌계단이 바로 북촌8경이다. 이 골목을 빠져나오면 삼청동길이다.

북촌로11길 골목으로 들어가지 않고 북촌로를 따라 올라가다 보면 소박하면서도 기품 있는 건물이 돋보이는 가회동성당이 나온다. 성당을 지나 조금 더 가면 한옥을 개조한 소나무갤러리와 '이 해박는 집'이라 이름 붙은 독특한 분위기의 한옥치과를 연이어 볼 수 있다. 벽면에는 손으로 이를 뽑는 모습을 담은 빛바랜 흑백사진이 눈길을 끄는데 이는 독일인 의사가 1903년에 찍은 것으로 우리나라에서 가장 오래된 치과 치료 관련 사진이라 한다.

반면 북촌로11길 입구 건너편에는 가회민화박물관이 자리하고 있다. 그곳에서 몇 걸음 옮겨 북촌로12길로 접어들면 다시금 고만고만한 한옥이 늘어선 골목길이 이어진다. 그 길을 따라 동림매듭공방과 색실문양누비공방을 지나면 북촌3경 포인트가 있다. 그 골목을 빠져나오면 〈겨울연가〉 촬영지로 유명한 중앙고등학교가 나온다. 중앙고등학교 앞에 뻗은 계동길도 아기자기한 볼거리가 많다. 북촌1경과 2경 포인트는 창덕궁 인근에 있다.

11 서촌길

서울인 듯 서울 아닌
정감 있고 호젓한 서울 동네길

③ 경복궁

서촌길〉〉 경복궁 서쪽에 있다 하여 서촌이라고 이름 붙여진 이곳은 인왕산과 북악산을 잇는 성곽 안쪽에 옹기종기 모여 있는 통인동, 옥인동, 제부동 등을 아우르는 길이다. 조선 시대 경복궁을 중심으로 북촌이 지체 높은 양반들의 주거지였다면 서촌은 중인들이 모여 살던 동네였다.

지하철로 가는 길

3호선 경복궁역 3번 출구로 나와 통의동 백송터와 통인시장을 거쳐 인왕산자락에 숨어 있는 수성동 계곡까지 둘러보는 것이 서촌길의 대표적인 코스다.

자분자분, 좁은 골목길을 걷는 맛이 있는 곳

서울의 중심인 광화문이 코앞에 있음에도 오래된 한옥들이 보존되어 있는 서촌은 무엇보다 서울의 복잡한 분위기가 나지 않아 편안하다. 서촌 곳곳엔 좁은 골목길이 유난히 많다. 산줄기 밑 터에 빼곡히 들어선 집들 사이로 미로처럼 연결된 이 좁은 골목들은 그 자체가 수백 년 세월이 담긴 유서 깊은 흔적이다. 딱히 명소가 있는 건 아니지만 아늑하고 서정적인 옛 정취가 담겨 있는 서촌의 매력은 이 좁은 골목길들을 자분자분 걷는 맛에 있다.

경복궁역 3번 출구로 나와 스타벅스 옆 벽화 골목으로 들어가자마자 왼쪽 골목길로 들어가면 통의동 백송터가 나온다. 통의동 백송은 국내 백송 중 가장 크고 아름다운 나무였으나 1990년 여름 태풍으로 넘어져 고사하여 현재는 밑둥만 남아 있다. 지금은 그 후손 4그루를 둘레에 심어 혈통을 잇고 있다. 백송터 골목에서 빠져나와 오른쪽 아트사이드갤러리 옆 공터를 끼고 이어지는 통의동 한옥마을 골목길로 들어서면 좁은 골목 안에 오래된 한옥들과 현대식 주택이 어우러진 모습이 이색적이다.

통의동 한옥마을 골목길을 둘러보고 통인 사거리로 나와 횡단보도 건너 오른쪽으로 가면 통인시장이다. 횡단보도 건너자마자 오른쪽 코너에는 '세종대왕 나신 곳'이라는 돌 안내판이 있는데, 이 때문에 서촌을 세종마을이라 일컫기도 한다. 재래시장의 분위기가 물씬 풍기는 통인시장 골목을 빠져나와 정면에는 서촌에서 가장 인기 있는 골목길이 이어진다.

서촌길 골목에 담겨 있는 소박하고 아기자기한 풍경들

서촌길 끝자락에 있는
수성동 계곡은
울창한 숲길을 따라
호젓하게 산책하기에 그만이다.

소설가 이상을 비롯해 시인 윤동주와 서정주, 화가 이중섭과 박노수 등이 예술혼을 불태우며 살았던 흔적이 남아 있다. 수십 년 세월을 이어온 작은 서점과 이발소, 사람 사는 냄새가 물씬 풍기는 정겨운 시장, 아기자기한 공방과 카페들이 오밀조밀 어우러져 하나하나 구경하며 걷다 보면 지루할 틈이 없다.

통인시장을 빠져나와 왼쪽 자하문로 7길로 접어들면 60여 년 동안 자리를 지켜 온 대오서점이 나온다. 아담한 한옥 마당 안에 책들이 빼곡하게 들어찬 대오서점은 드라마 〈상어〉에서 암살자가 운영하는 서점으로 등장하면서 유명해진 곳이다.

정면으로 뻗은 옥인길에는 저마다 개성이 다양한 공방과 카페들이 몰려 있고 박노수미술관도 자리하고 있다. 이 길 끝자락엔 조선 시대 최고의 화가 중 한 명인 겸재 정선(1676~1759)의 진경산수화 〈수성동〉의 무대이자 자연의 아름다움을 고스란히 보여 주는 수성동 계곡이 살포시 숨어 있다. 계곡 초입에 놓인 돌다리를 중심으로 펼쳐지는 풍경은 〈수성동〉 화폭에 담긴 풍경과 똑같아서 신기하다. 기린교라 부르는 이 돌다리는 조선 시대 도성 내에서 통돌로 만든 가장 긴 다리였다는 점에서 높은 평가를 받는다. 2010년 옥인아파트를 철거하고 계곡을 복원하는 과정에서 시멘트에 묻혀 있던 것을 찾아낸 것이라니 참으로 반가운 일이다.

수성동 계곡의 모습을 한 폭에 담은 겸재 정선의 〈수성동〉

놓치면 아쉬운 볼거리

다양한 먹을거리

저렴한 가격으로 입맛대로 골라 먹기 좋은 통인시장은 먹방 핫플레이스로 새롭게 떠올랐다.

종로구립미술관으로 활용되고 있는 박노수미술관은 서촌길 탐험 중 잠시 쉬어 가기 좋은 곳이다.

박노수미술관

일제 강점기의 대표적 친일파인 윤덕영이 자신의 딸을 위해 1930년대에 지은 이 집은 온돌방과 복도, 응접실 등으로 구성된 이층집이다. 한국, 중국, 서구 양식이 혼합된 구한말의 건축 양식을 엿볼 수 있다. 1972년부터 동양화가 박노수 선생이 소유했기에 박노수미술관이란 이름이 붙었지만 현재는 종로구립미술관으로 활용되고 있다.

관람 시간 10:00~18:00, 월요일·1월 1일·설날·추석 당일 휴무
입장료 어른 3,000원, 청소년 1,800원, 어린이 1,200원
문의 02-2148-4171

원조 기름 떡볶이로 유명한 통인시장은 다양한 음식을 요것조것 골라 사 먹는 재미가 쏠쏠한 곳으로 식사 때가 아니더라도 늘 사람들로 북적인다. 통인시장 안에 있는 고객만족센터에서 엽전(한 개에 500원)을 구매하면 1회용 도시락통을 주는데, 이 도시락통을 들고 시장 안을 다니면서 도시락 카페 가맹점인 반찬가게, 분식점, 떡집 등에서 엽전을 내고 취향에 맞는 음식을 조금씩 사서 먹을 수 있다. 세종마을 음식문화거리 또한 많은 음식점들이 줄을 이어 걸음 끝에 요기하기에 좋다.

12
경의선 숲길

책과 커피가 유혹하는
도심 숲길

6 효창공원 / 중앙 효창공원

경의선 숲길 » 서울과 신의주를 잇던 경의선 노선 중 서울역에서 수색역 구간을 지하화하면서 생긴 폐철로 부지를 공원으로 조성한 곳이다. 용산구 용산문화센터에서 마포구 가좌역에 이르는 경의선 숲길의 거리는 6.3km 정도다.

지하철로 가는 길

걷는 방향에 따라 지하철 6호선 효창공원앞역 3번 출구 또는 중앙선 가좌역 1번 출구가 출발점이다. 그 사이에 조성된 경의선 숲길 안에 공덕역, 서강대역, 홍대입구역이 연결되어 있어서 마음 내키는 구간만 걷기에도 좋다.

철길을 활용한 도심 속 휴식 공간

서울과 신의주를 잇던 경의선은 1906년에 탄생했다. 북한 철로가 막힌 지금은 경의·중앙선으로 문산역까지만 운행한다. 경의선 숲길은 이 노선 중 용산과 가좌역 구간이 2005년에 지하로 바뀌면서 방치된 철길을 활용한 도심 속 휴식 공간이다. 경의선 숲길은 옛 철길의 흔적이 너무 적은 게 아쉽긴 하지만 구간마다 울창한 가로수 터널이 이어져 한여름에도 걷기 좋다. 그리고 아파트 단지와 주택가 사이를 파고든 공원 벤치와 곳곳에 자리한 아기자기한 카페가 많아 마음에 드는 곳에 들어가 느긋한 시간을 보내기에 안성맞춤이다.

서강대역 인근에는 철로에 귀를 대고 있는 소년과 철길을 걷는 소녀 조형물이 있는데, 사진 촬영지로 인기가 많다. 이곳을 지나 대흥동과 창전동을 연결하는 '서강 하늘다리'를 건너면 과거 기차가 지날 때마다 땡땡거리는 신호음과 함께 차단기가 내려가던 곳이라 하여 이름 붙은 '땡땡거리'도 만나게 된다. 땡땡거리에는 철길 건널목 차단기가 잘 보존되어 있고, 철도 역무원과 철길을 건너려 기다리는 아기 엄마 조형물 등이 있어서 소소한 볼거리를 제공해 준다. 이 부근은 과거 인디 밴드 1세대들의 작업실이 모

1. 효창공원역 3번 출구 앞 횡단보도를 건너면 새창고개 입구가 있다. 2. 새창고갯길을 지나면 경의선 숲길 안내 센터 앞에 공덕역이 있다. 3. 공덕역에서 경의선 숲길로 다시 접어들면 염리동과 대흥동을 연결하는 구간이 나온다. 4. 경의선 숲길을 걷다 보면 옛 철로에 귀를 대고 있는 소년과 철길을 걷는 소녀 조형물이 나온다. 사진 촬영지로 인기다. 5. 대흥동과 창전동을 연결하는 육교(서강 하늘 다리)다. 6. 옛 철길 건널목 차단기와 다양한 조형물이 있는 곳으로 사진 촬영 장소로 인기가 있다.

연트럴파크란 애칭이 붙은 연남동 구간. 널찍한 잔디 마당을 두고 카페와 식당이 밀집되어 있다.

7. 서강역이 들어선 와우교 아래부터 길게 이어지는 경의선 책거리로, 책과 연관된 독특한 조형물이 많다. 8. 연남동 구간은 핫한 카페와 식당이 많아 사람들이 많이 찾는 곳이다. 9. 길게 늘어진 은행나무길은 특히 가을이면 노란 은행잎이 흩날리는 낭만 산책로로 유명하다.

놓치면 아쉬운 볼거리

경의선 책거리

와우교와 홍대입구역 6번 출구 사이에 250m 가량 이어지는 경의선 책거리는 말 그대로 책을 테마로 한 복합 문화 공간으로 경의선 숲길에서 가장 인기 있는 곳이다. 여기저기에 널린 열차 모양의 부스는 독서 문화를 북돋기 위해 인문산책, 문학산책, 여행산책, 예술산책 등으로 테마를 나누어 책을 전시·판매하는 곳이다. 이곳에선 북 콘서트와 같은 다양한 책 관련 이벤트도 진행한다.

문의 02-3673-2778

다양한 먹을거리

경의선 숲길 공덕동 구간에 자리한 **커피향 깊은 그 한옥(02-714-7722)**과 **사심가득(070-4124-4497)**은 오래된 한옥 분위기가 고스란히 살린 카페로 간단한 먹거리와 더불어 차를 마시거나 맥주나 와인을 한잔하기에 좋은 곳이다. 특히 연남동에는 맛집이 수두룩하다. 김치찌개가 맛있는 집이라는 **낭풍(02-326-2170)**은 적당한 가격에 맛도 좋고 양도 푸짐해 점심 시간에는 손님들로 줄을 잇는 곳이다. **연남동잠깐(02-3142-7942)**은 수저로 떠먹은 독특한 파스타와 고소한 로제파스타가 별미인 이탈리안 음식점이다.

여 있던 곳으로도 유명하다.

땡땡거리를 지나면 와우교 밑에서부터 경의선 책거리가 길게 이어진다. 경의선 책거리가 시작되는 와우교 밑에는 서강역이라 이름 붙인 앙증맞은 간이역이 설치되어 있다. 이 앞에선 가끔 버스킹이 펼쳐지기도 한다. 경의선 책거리 끝에서 도로를 건너면 연남동 구간이 시작된다.

연남동 구간은 경의선 숲길에서 가장 활기찬 곳이다. 뉴욕의 센트럴파크를 빗대어 '연트럴파크'란 애칭이 붙은 이곳은 널찍한 잔디 마당을 사이에 두고 카페와 식당이 밀집되어 있어 언제나 사람들로 붐비고, 주말이면 공원 잔디밭에 돗자리를 펴고 피크닉을 즐기는 사람들이 많다. 인근에 공항철도역이 있어 외국인 관광객들도 꽤 많이 드나드는 곳이다.

이 일대는 과거 홍제천 지류인 세교천 물길이 흐르던 곳이었기에 공원을 따라 가늘고 길게 조성된 인공 물길이 청량감을 더해 준다. 또한 길게 이어진 은행나무 길은 특히 가을이면 노란 은행잎이 흩날리는 낭만 산책로로 유명하다. 은행나무길이 끝날 즈음 보이는 연서지하통로 위로는 경의·중앙선 철길을 오가는 열차를 볼 수 있다. 연서지하보도 앞 야트막한 언덕을 넘으면 머리 위로 내부순환도로가 펼쳐진다. 횡단보도 건너 직진하면 가좌역, 오른쪽으로 내려가면 홍제천 물길이 이어진다.

남산공원 서울을 한눈에 내려다볼 수 있는 최고의 조망지
신라호텔 야외조각공원 색다른 공간 속에서 예술 작품을 감상하는 산책길
장충단공원 숲 산책로를 따라 걸으며 만나는 조선의 슬픈 역사
하늘공원 & 노을공원 서울의 하늘과 가장 가까운 곳에서 만나는 아름다운 야경
서울숲 부담 없이 둘러보며 쉴 수 있는 서울 속 휴식처
올림픽공원 & 몽촌토성 아름다운 자연과 사람들이 조화를 이룬 최고의 출사지

낙산공원 도시의 소박한 단면을 만날 수 있는 동화 같은 장소
선유도공원 이색적인 정원과 산책로가 있는 피크닉 명소
응봉산공원 봄이면 개나리가 넘실거리는 향기로운 산
양재시민의숲 고운 낙엽이 아름다운 가을 산책길을 선사하는 숲
북서울 꿈의숲 문화와 자연, 사람이 어우러진 서울 속 새로운 휴식처
서울어린이대공원 동물원과 놀이, 문화를 모두 즐기는 파라다이스
낙성대공원 푸른 숲의 기운이 넘쳐 나는 도시 속 쉼터
관악산 호수공원 수려한 산세가 비치는 호수를 거닐 수 있는 산책로
석촌호수공원 벚꽃과 철쭉 향이 가득한 호숫가 산책로 걷기
서울대공원 꽃과 동물, 예술 작품을 모두 만날 수 있는 곳
개운산공원 개운산 자락을 감싸며 느긋하게 걷는 산책길
용마폭포공원 당당한 위용을 자랑하는 동양 최대의 인공폭포
서대문 독립공원 애국지사의 슬픈 발자취를 따라 걷는 길

★ **PART 2**

지하철로 떠나는
도심 속 공원 & 숲 산책

01
남산공원

서울을 한눈에 내려다볼 수 있는
최고의 조망지

④ 명동

남산공원 》 서울의 중심이자 상징인 남산은 태조 이성계가 도읍지를 개성에서 서울로 옮긴 후 도성 남쪽에 있다 하여 이름 붙은 산이다. 북악산, 낙산, 인왕산 등과 함께 서울을 둘러싸고 있는 남산은 해발 265m 가량의 야트막한 산이지만 정상에 오르면 서울 시내를 한눈에 내려다볼 수 있는 N서울타워가 있다.

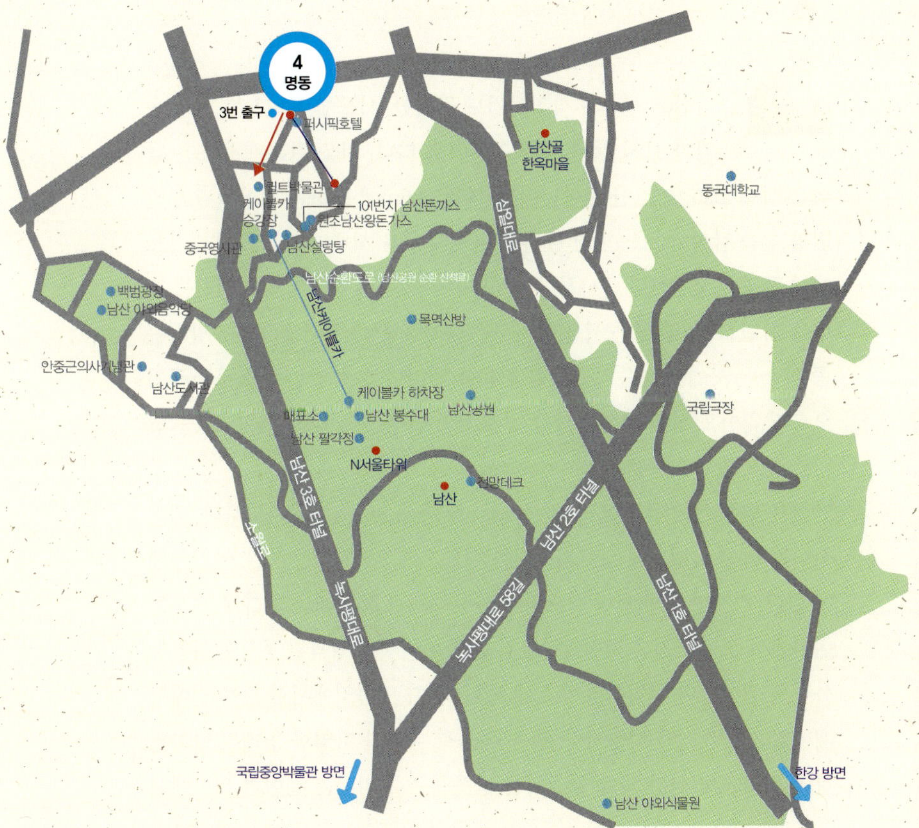

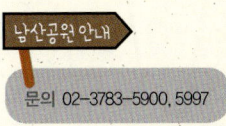

🚇 지하철로 가는 길

4호선 명동역 3번 출구로 나와 퍼시픽호텔을 중심으로 왼쪽으로 펼쳐진 '명동 재미로'를 따라 올라가면 남산 순환도로를 만나게 된다. 이곳에서 오른쪽으로 올라가면 남산으로 오르는 케이블카 승강장이 나온다.

운행 시간 10:00~23:00
탑승료 왕복-어른 15,000원, 어린이 12,000원
       편도-어른 11,500원, 어린이 9,000원
문의 02-753-2403

N서울타워에서 낭만적인 야경을 감상하다

남산은 서울의 상징이기도 하지만, 서울에 살면서도 정작 올라가 보지 않은 이들도 의외로 많다. 서울 한복판에 솟은 남산은 사실 그리 높은 산은 아니지만, 해발 265m에 달하는 정상에 오르면 빌딩 숲을 감싸고 도는 한강 줄기를 비롯해 서울 시내가 한눈에 내려다보이는 풍광은 생각보다 근사하다. 특히 밤이 되면 시시각각 색이 변하는 조명을 밝힌 N서울타워는 서울 어디서든 눈길을 끈다. N서울타워 전망대는 좀 더 높은 곳에서 서울의 모습을 한눈에 내려다볼 수 있는 장소지만 굳이 오르지 않아도 남산 정상에서 보는 도심의 야경은 '서울 야경 명소' 중 하나로 꼽을 만큼 아름답다.

남산은 명동, 회현동, 장충공원, 국립극장 등 오르는 길이 다양하다. 어느 곳이든 남산 꼭대기에 오르기까지는 어느 정도 땀 흘리는 수고는 감안해야 한다. 하지만 한발 한발 걸으면서 마주하는 풍경은 저마다 다채롭다. 회현역에서 오르는 길은 백범광장까지 길게 이어지는 성곽길 풍경이 독특해 사진도 찍어가며 쉬엄쉬엄 오르게 된다. 특히 명동역에서 오르는 길에는 재미있는 볼거리가 다양하다. 걸음을 옮길 때마다 다양한 형태의 만화와 각종 만화 캐릭터가 속속 등장하는 골목길은 재미있는 길이란 의미에서

낮과 밤 모두 새로운 모습으로 변신하는 남산공원은 한국을 대표하는 명소로 손색이 없다.

1. 남산 순환 산책로변에 조성된 전망대에 서면 서울 시내가 시원스레 내려다보인다. 2. N서울타워 바로 앞에 봉수대가 있어 옛 역사 유물을 직접 눈으로 볼 수 있다. 3. 케이블카를 타고 올라가며 색다른 서울 시내 풍경을 감상할 수 있다.

N서울타워로 오르거나 내려가는 길에는 남산공원 순환 산책로가 마련되어 있어 운동 삼아 걷는 것도 좋다.

'재미로'란 명칭이 붙여졌다. 그 길을 빠져나와 남산 중턱에 오르면 인근에 케이블카 승강장이 있어 N서울타워 턱밑까지 편하게 오를 수 있다.

N서울타워 앞에는 조선 시대 긴급 연락망 역할을 하던 봉수대가 있고 봉수대 오른편에는 우리나라의 지리적 위치 결정을 위한 측량 기준점인 서울 중심점이 있다. 이는 남산이 서울의 중심임을 말해 주는 포인트다. 뿐만 아니라 정상에 우뚝 선 N서울타워를 중심으로 남산 자락을 한 바퀴 도는 둘레길(약 8km)은 계절마다 다른 자연의 운치를 엿보며 걷기에 좋은 산책로다. 특히 봄·가을이면 어디론가 멀리 떠나지 않아도 화사한 봄꽃과 화려한 단풍과 낙엽이 내려앉은 그윽한 풍경을 마주할 수 있으니 금상첨화다. 둘레길 곳곳에는 한강과 어우러진 서울 시내 전경을 엿볼 수 있는 전망대도 있다. 그 길을 다 걷지 않더라도 울창한 숲길을 따라 걷다 남산골한옥마을까지 내려오는 것도 좋다.

놓치면 아쉬운 볼거리

다양한 먹을거리

남산을 오르내리는 길목에는 더불어 둘러볼 만한 곳이 많다.

근갑산도 식후경이듯 힘들게 남산공원을 오르내렸다면 허기진 배를 달래주자. 든든한 먹을거리가 걷느라 지친 몸을 따뜻하게 채워 줄 것이다.

남산골한옥마을

서울시 민속자료로 지정된 조선 시대 한옥 5채를 이전하여 복원해 놓은 곳이다. 양반 가옥에서부터 평민 집에 이르기까지 신분에 따라 규모와 구조, 살림살이가 각각 다른 전통 한옥과 더불어 당시 선비들이 풍류 생활을 즐기던 옛 정취를 되살린 고풍스러운 정자와 연못으로 구성된 전통 정원도 엿볼 수 있다. 이곳에서 솔숲을 지나 나선형의 좁은 석벽 통로로 들어가면 분화구 형태의 광장 밑에 서울 정도(定都) 600년을 기념하여 1994년 11월 29일에 조성된 서울 천년타임캡슐이 묻혀 있다. 조성 당시의 서울 모습을 대표하는 문물 600점이 담긴 타임캡슐은 서울 정도 1000년이 되는 2394년 11월 29일에 공개된다.

이용 시간 09:00~21:00(11~3월 20:00까지), 월요일 휴무
관람료 무료
문의 02-2261-0517

남산케이블카 승강장 인근에 101번지 남산돈까스(02-777-7929), 원조남산왕돈까스(02-755-3370) 등 저마다 자칭 원조 왕돈가스 집이라 하는 식당이 여러 곳 있다. 맛도 좋고 양도 푸짐해 어느 집이든 식사 때만 되면 사람들이 길게 줄을 잇는다. 목멱산방(02-318-4790)에서는 산채비빔밥과 육회비빔밥, 불고기비빔밥 등과 함께 전통차를 판매한다.

안중근의사기념관

너른 잔디 마당 가장자리에 김구 선생 동상과 독립운동가이자 우리나라 초대 부통령인 이시영 선생 동상이 놓인 백범광장 위에는 독립운동을 하다 순국한 안중근 선생의 삶을 세세하게 엿볼 수 있는 안중근의사기념관이 있다. 이토 히로부미를 저격하고 현장에서 체포되어 죽는 순간까지도 당당했던 안중근 선생을 알리는 기념관 입구에는 단지 동맹으로 약지를 자른 손도장과 독립 의지를 담은 글들이 새겨져 있다.

이용 시간 09:00~17:00(11~2월 16:00까지), 월요일 휴관
관람료 무료
문의 02-3789-1016

02
신라호텔 야외조각공원

색다른 공간 속에서
예술 작품을 감상하는 산책길

③ 동대입구

🚇 지하철로 가는 길

3호선 동대입구역 5번 출구로 나가면 바로 장충체육관이 있는데, 체육관 오른편 안쪽에 신라호텔 정문이 있다. 정문을 지나 정면에 보이는 넓은 계단 위로 올라가서 영빈관 왼쪽 옆길로 들어서면 야외조각공원이 시작된다.

신라호텔 야외조각공원〉〉 신라호텔 영빈관 뒤뜰에 조성된 야외조각공원은 1987년에 문을 연 국내 최초의 사설 조각공원이다. 4만여 평에 달하는 공원 내에는 서울 성곽이 맞닿아 있는 한적한 산책로도 조성되어 있다. 산책을 하면서 멋진 조형물까지 볼 수 있어 몸과 마음이 절로 풍성해지는 느낌이다.

고급스러운 분위기에서 예술 작품 감상하기

사실 일반 서민 입장에서 평소 특급호텔에 드나들게 되는 경우는 그리 많지 않다. 하지만 신라호텔 내의 야외조각공원은 투숙객이나 호텔 내에서 볼일이 있는 사람이 아니더라도 항상 무료로 개방되어 누구든지 부담 없이 자유롭게 둘러볼 수 있다.

장충체육관 오른편에 자리한 호텔 정문은 여느 호텔과 달리 전통 한옥문 형태가 눈길을 끈다. 사실 신라호텔 정문은 사연이 많다. 일제강점기 당시 일본인들에 의해 경희궁이 훼손되면서 경희궁 정문인 흥화문은 이토 히로부미를 위한 사당인 박문사의 정문으로 옮겨져 사용되었다. 광복 후 박문사가 폐지된 자리에 영빈관이 들어서고 이후 신라호텔 정문이 되었다. 1988년에 경희궁 복원 사업이 실시되어 이곳에 있던 흥화문이 경희궁 정문으로 되돌려졌고, 지금의 정문은 흥화문 모양을 그대로 본떠서 만든 것이다.

정문을 지나 안으로 들어서면 주차장 뒤로 널찍한 돌계단이 나온다. 계단을 오르면 전통 한옥 모양의 영빈관이 보이는데 그 건물 왼편으로 난 좁은

영빈관을 지나 이어진 오솔길을 따라서 들어가면 야외조각공원이 자연스레 이어진다.

길로 들어서면 조각공원이 시작된다. 약간 비탈진 언덕을 따라 곳곳에 독특하면서도 다양한 형태의 조각품이 들어서 있다. 현대적인 조각품뿐만 아니라 옛날식 그대로의 돌 조각품도 놓여 있어 자연스러움이 돋보인다. 언덕 왼쪽으로 접어들면 언덕 위에 팔각정이 살포시 들어앉아 있는데, 이곳에서 바라보는 주변 풍경도 이채롭다. 부드러운 곡선미가 돋보이는 정갈한 기와지붕을 얹은 영빈관과 호텔 밖의 현대적인 고층빌딩, 거기에 호텔 내 숲이 어우러진 모습이 독특하다. 서로 제각각이면서도 묘한 조화를 이루는 풍경이다.

팔각정 안쪽으로 들어서면 〈화랑〉이라는 제목의 조각상이 있다. 듬직한 사내가 날카로운 눈매로 활시위를 겨누는 자태가 보기만 해도 늠름하다. 땅속에서 콩나물 대가리가 쑥쑥 올라올 것 같은 작품인 〈가족 군상〉도 재미있다. 크기는 다양하지만 생긴 모습은 비슷한 것들이

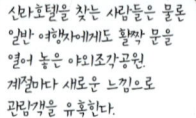

신라호텔을 찾는 사람들은 물론 일반 여행자에게도 활짝 문을 열어 놓은 야외조각공원. 계절마다 새로운 느낌으로 관람객을 유혹한다.

옹기종기 모여 있으니, 작품 제목처럼 정말 가족이 오순도순 모여 있는 듯한 분위기이다. 추운 겨울날 잔뜩 웅크리고 서 있는 듯한 세 명의 남자 조각상인 〈기다리는 사람들〉도 인상적이다. 팔각정 안쪽에서 다시 돌아 나와 오른쪽으로 좁다랗게 뻗어 있는 조각공원의 산책로는 1.5km 남짓이다. 이 길목에서 저마다 독특한 개성을 뿜내는 70여 점의 작품들이 보는 이의 눈을 즐겁게 해 준다. 조각품들 사이에는 넓은 잔디밭 위에 호암 이병철 회장의 동상도 서 있다.

조각품들이 늘어선 야트막한 언덕 숲길 가장자리에는 성벽이 둘러져 있다. 조선 시대 당시 한양 도성을 둥글게 감쌌던 서울 성곽의 일부가 지금까지 보존되어 있다. 역사의 흔적인 성곽 자체도 하나의 조각 예술품처럼 느껴진다. 현대적인 호텔이라는 선입견으로는 상상할 수 없는 숲길 산책로이다. 가끔은 이곳에 들러 호텔에서 흘러나오는 감미로운 음악을 배경 삼아, 숲 분위기가 물씬 나는 한적한 오솔길을 걷고 조각품 감상을 하며 사색의 시간을 즐겨 보는 것도 괜찮을 것 같다.

장충단공원

신라호텔을 돌아 나와 횡단보도를 건너면 바로 장충단공원이다. 시간이 된다면 장충단공원을 둘러본 후 공원 뒤쪽으로 연결된 길목 따라 올라가서 보행자 전용 도로인 남산순환도로(남산공원 순환 산책로)를 따라 국립극장까지 천천히 돌아보는 것도 좋다. 이 길목은 봄이면 화사한 꽃들이 마음을 설레게 하고, 여름에는 시원한 숲 그늘이 땀방울을 식혀 주고, 가을이면 단풍과 낙엽이 운치 있는 분위기를 선사하고, 겨울에는 흰눈이 소복히 쌓여 걷는 맛을 더한다.

03
장충단공원

숲 산책로를 따라 걸으며 만나는
조선의 슬픈 역사

3 동대입구

장충단공원 〉〉 장충단은 1895년 일본인 자객들에 의해 명성황후가 시해된 을미사변 당시 자객과 맞서 싸우다 숨진 궁내부대신 이경직과 시위대장 홍계훈을 비롯한 병사들의 혼을 기리기 위해 1900년 고종황제의 명에 의해 만들어졌다. 사당과 장충단비를 세우고 매년 제사를 지내 왔는데 1910년 일제강점기 때 일본은 사당을 허물고 비석을 뽑아 버렸다. 뿐만 아니라 1920년대 후반에는 우리민족의 정기를 말살하기 위해 이곳에 벚나무를 심어 일본색이 짙은 공원으로 조성했다. 이후 광복을 맞으면서 장충단비를 다시 찾아 지금의 신라호텔 자리에 세웠던 것을 1969년에 현재의 자리로 옮겨왔다.

장충단공원과 국립극장 일대에는 역사적인 인물이나 상황을 묘사한 다양한 조형물을 볼 수 있다.

자연 속에서 역사의 자취를 따라가다

남산 동북쪽 기슭에 있는 장충단공원은 사람들에게 휴식처를 제공한다는 점에서는 여타 공원과 별반 차이가 없지만 역사의 자취가 곳곳에 살아 있다는 면에서 좀 남다르다. 공원 입구에 들어서면 장충단비가 세워져 있는 것을 볼 수 있다. 비석에 새겨진 글씨는 조선의 마지막 왕인 순종이 황태자 시절에 쓴 것이다.

공원 내에는 을사늑약에 반대하다 자결한 이준 열사 동상과 이한응 열사 순국비, 임진왜란 당시 승병을 일으켜 일본군과 싸우던 사명대사의 동상, 헤이그 만국평화회의에 일본의 침략을 폭로하고 독립을 호소하는 탄원서를 보낸 것을 기념한 파리장서비 등 항일운동의 뜻을 담은 기념물이 곳곳에 자리하고 있다.

이처럼 장충단공원은 우리 민족의 혼이 깃든 곳이지만 오랫동안 별 특색 없이 남아 있다가 2010년 새롭게 단장되면서 역사와 문화가 어우러진 친환경생태공원으로 거듭났다. 무엇보다 일본 목련 등 외래 수종을 제거하

사시사철 아름다운 자연과 정갈한 한옥이 어우러져 도심 속 휴식지로 큰 사랑을 받고 있다.

산책길이 잘 조성되어 있으며 계절마다 새로운 멋으로 사람들을 즐겁게 한다.

청계천 복개공사를 통해 장충단공원에 자리 잡게 된 수표교의 정결한 모습

고 우리 고유의 수종인 소나무와 산딸나무, 이팝나무, 산벚나무 등을 심어 역사적 의미를 되살리고 초화류를 가미해 아기자기한 숲 산책로를 조성했다.

공원 내에는 수표교를 중심으로 지하수를 이용한 실개천이 졸졸 흐른다. 수표교는 조선 세종 때 세워진 유서 깊은 다리로 청계천을 건너는 기능을 하기도 했지만 돌기둥에 다양한 표시를 하여 청계천의 수위를 재는 역할로 더욱 유명했다. 원래 청계천2가에 있었으나 1959년 청계천 복개공사 때 이곳으로 이전되었다. 벽천폭포에서 300m가량 이어지는 실개천변에는 목재데크 산책로와 맨발지압로, 생태연못, 정자, 평상 등이 설치되어 있다.

놓치면 아쉬운 볼거리

남산길을 걷다가 심심하면 석호정에 들러서 오래된 활터를 살펴보자. 최근에는 국도체험학습을 할 수 있어 아이들에게 더욱 인기가 있다.

남산길 & 석호정

장충단공원 끝자락에는 동국대학교가 있는데 정문을 바라보며 왼쪽으로 나 있는 계단을 오르면 남산순환도로가 이어져 더불어 산책하기에 좋다. 넓적넓적한 계단길을 따라 300m가량 오르면 만나게 되는 남산순환도로는 왕복 2차선의 넓은 도로인데도 차도 자전거도 다닐 수 없는, 오로지 보행자만의 길이어서 마음놓고 거닐 수 있는 것이 장점이다. 뿐만 아니라 울창한 나무들이 우거져 사시사철 자연을 음미하며 걸을 수 있다. 이곳에서 왼쪽으로 접어들어 900m가량 걸으면 국립극장, 오른쪽으로 들어서 2.8km가량 걸으면 남산 N서울타워가 나온다.

국립극장 방향으로 100m 정도 가면 국궁의 요람인 석호정이 자리하고 있다. 석호정은 조선 인조 때 창설된 유서 깊은 곳으로 사직동에 위치한 황학정과 함께 우리나라에서 가장 오래된 활터이다. 황학정이 역대 왕들과 고관들이 주로 찾았던 활터라면 석호정은 민간인들이 주로 찾아 활쏘기를 즐겼던 곳이다. 이곳을 지나 국립극장 안으로 들어서면 둥근 형태의 넓은 마당을 중심으로 대극장인 해오름극장을 비롯해 중극장인 달오름, 실험극장인 별오름극장이 자리하고 있다. 시간이 맞으면 공연을 관람하는 것도 좋고 공연이 없는 날에도 해오름극장 안에 마련된 공연자료실(평일 09:00~18:00, 토요일 09:00~13:00)에서 예술 관련 서적과 공연 관련 대본, 포스터 등을 비롯해 각종 시청각 자료를 보는 재미가 쏠쏠하다. 5월부터 9월까지 매주 토요일 6시에는 전통 클래식부터 오페라, 뮤지컬과 대중음악에 이르기까지 다양한 공연이 펼쳐지는 토요문화광장도 무료로 개최된다.

문의 02-2280-4114

다양한 먹을거리

숨은 먹을거리가 많은 이곳은 특히 장충동족발로 유명해 전국의 족발마니아가 몰려든다. 족발 외에도 다양한 먹을거리가 있으니 입맛대로 골라 먹자.

장충단공원 안쪽에 자리한 하우스 커피 앤 디저트(0507-1363-4221)는 공원을 산책하다 들르기에 좋은 한옥 베이커리 카페다. 공원 안에 있어 호젓한 분위기를 풍기는 한옥 카페는 햇살이 드는 낮 풍경도 좋지만 은은한 조명이 감미로운 분위기를 더해 주는 곳으로 늦은 오후에 공원을 산책하고 해 질 무렵에 방문하는 것도 좋다. 아울러 카페 한쪽에는 다양한 책들이 비치되어 있어 마음에 드는 책을 읽으며 여유롭게 쉬었다 가기에도 딱 좋다. 특히 사랑방처럼 별도로 꾸며진 공간은 가장 인기 있는 곳으로 창호지 문 밖으로 보이는 공원 풍경이 아기자기해 비 오는 날이나 눈 오는 날의 분위기도 운치 만점이다.

영업 시간 08:00~23:00, 연중무휴

하늘공원 & 노을공원》 하늘공원과 노을공원은 2002년 월드컵축구대회를 기념하여 조성된 공원이다. 수십 년간 쓰레기 매립장으로 활용되어 왔던 난지도를 자연생태공원으로 복원하여 새롭게 탄생된 하늘공원과 노을공원은 인근 평화의 공원과 난지천공원, 난지한강공원과 더불어 통칭 월드컵공원이라 일컫기도 한다.

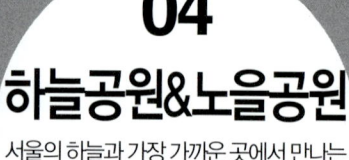

04
하늘공원&노을공원

서울의 하늘과 가장 가까운 곳에서 만나는
아름다운 야경

❻ 월드컵경기장

지하철로 가는 길

6호선 월드컵경기장역 1번 출구로 나와 경기장 내에 있는 홈플러스 방향으로 가면 길 건너편에 평화의 공원이 있다. 평화의 공원 내에서 연결된 육교를 넘어가면 하늘공원으로 이어지는 계단길이 나온다. 노을공원은 하늘공원 뒤편 길로 계속 들어가면 나온다.

하늘공원과 노을공원, 평화의 공원에 이르기까지 다양한 형태의 공원이 시민들의 소중한 휴식처가 되고 있다.

하늘과 맞닿은 푸르름 속을 거닐다

월드컵경기장 남문 앞에 위치한 평화의 공원에는 길쭉하게 조성된 연못을 따라 산책로와 휴식 공간이 정갈하게 조성되어 있어, 주말이면 가족이나 연인들의 피크닉 장소로 인기가 높은 곳이다. 평화의 공원 오른쪽 끝에 있는 육교를 건너면 해발 98m 높이의 하늘공원으로 오르는 계단이 있다. 지그재그 형태로 나 있는 계단은 모두 291개이다. 계단마다 '하늘계단 1, 2, 3……' 등 친절한(?) 숫자가 붙어 있어 얼마만큼 올라왔는지 가늠하기에 좋다. 계단이 다소 가파르지만 숨을 고르며 천천히 오를 때마다 월드컵경기장을 비롯해 한강변을 가로지르는 다리에서 멀리 남산까지, 서울 시내가 서서히 드러나는 풍광에 보는 재미가 쏠쏠하다.

하늘공원은 낮에는 푸른 하늘의 눈부심으로, 저녁에는 황금빛 물결로 색다른 아름다움을 선사한다.

계단을 올라 오른쪽으로 300m가량 걸으면 하늘공원 입구이다. 초입에 잠자리, 풍뎅이 등 곤충 모형이 있는데 낮에는 앙증맞고 귀여운 모습이지만 해가 지면 은은한 조명을 받아 제법 신비로운 분위기를 연출한다. 이곳에 오르면 보이는 것이라고는 온통 너른 들판과 하늘뿐이다. 건물은 도통 보이지 않고 서울을 감싸고 있는 산자락만 눈에 들어오니 서울 한복판이라는 사실을 잠시 잊게 된다. 5만여 평에 달하는 넓은 하늘공원은 특히 하얀 억새로 가득 덮인 가을의 풍경이 이채롭다. 사람 키보다 높은 억새들이 바람에 하늘거리는 산책로를 걷다 보면 시골의 자연 속에 폭 파묻힌 느낌이다. 혼자라면 사색을 즐길 수 있어 좋고 연인과 함께라면 분위기 만점이라 좋고 친구끼리라면 마냥 깔깔대며 즐겨도 누가 뭐라고 할 사람이 없으니 그것도 좋다. 공원 안에는 맨발지압로도 있으니 잠시 신발을 벗고 맨발로 시원하게 걸어 보자. 공원 남쪽 끝에 자리한 전망대에 서면 길게 흐르는 한강 줄기가 시원하게 펼쳐진다. 해 질 무렵 이곳에서 바라보는 노을의 맛도 그만이다. 사진을 찍으면 나무펜스를 배경으로 서 있는 사람들의 실루엣이 마치 음표처럼 경쾌하다. 매년 억새꽃이 만개하는 10월 무렵이면 억새축제도 열린다.

푸르른 자연이 싱그러운 노을공원은 출사족들에게 최고의 사진 포인트로 꼽힌다.

노을공원은 하늘공원에서 연결되는 하늘계단으로 내려와 도로 건너 정면에 있다. 노을공원은 한동안 골프장으로 사용되었던 만큼 곳곳에 넓은 잔디구릉이 펼쳐져 있어 하늘공원과는 조금 다른 분위기다. 시야가 탁 트인 산책로를 따라 걷다보면 가슴도 탁 트이는 느낌이다. 노을공원 안쪽 끝으로 들어서면 노을전망대가 있는데 해 질 무렵 이곳에 서면 한강과 서울 전역이 붉게 물드는 모습이 일품이다.

전망대 아래편으로는 한강공원으로 내려가는 나무계단이 연결되어 있다. 558개의 나무계단을 따라 내려오면 강북강변도로 밑으로 난지한강공원으로 이어지는 통로가 있어 시간 여유가 있다면 더불어 돌아보는 것도 좋다. 하늘공원과 노을공원을 거쳐 난지한강공원을 둘러보고 다시 월드컵경기장까지 한 바퀴 둘러보는 코스는 약 6km이다. 하늘공원은 생태환경 복원을 목적으로 한 곳으로 매점이 없기 때문에 물이나 음료, 간단한 간식을 준비해오는 것이 좋다.

보너스 볼거리

메타세콰이어 길

하늘계단으로 내려와 강변도로 방향 왼쪽으로 접어들어 길 끝자락에 있는 중계1펌프장 철문 안으로 들어서면 메타세콰이어 길이 펼쳐진다. 800m가량 이어지며 곧게 뻗은 이 길은 도보 전용 산책로로 드라마에도 종종 나올 만큼 매력적인 곳이다. 메타세콰이어 길을 빠져나오면 평화의 공원으로 이어진다.

놓치면 아쉬운 볼거리

지하철역 바로 옆에 위치한 월드컵기념관에서는 2002년 월드컵의 열정과 감동을 느낄 수 있는 것들이 전시되어 있어 들러볼 만하다.

풋볼 팬타지움

기존의 월드컵기념관을 리모델링하여 2017년에 재개관한 풋볼 팬타지움은 보는 재미와 다양한 체험 거리를 접목한 축구 테마파크다. 축구의 기원과 한국 축구의 역사 그리고 2002년 한·일 월드컵 영광의 순간까지 축구에 관한 모든 것을 흥미롭게 꾸며 놓은 곳이다. IT 기술을 활용해 오버헤드킥, 페널티킥, 프리킥 등 다양한 기술을 가상으로 즐기는 체험 공간도 흥미롭지만, 직접 공을 차며 드리블도 하고 페널티킥을 차는 재미도 쏠쏠하다. 그뿐만 아니라 심판과 중계 아나운서를 가상으로 경험해 보는 코너도 있고, 노래방에 들어가 붉은악마와 K리그 팀들의 응원가를 선택해 신나게 부를 수도 있어 스트레스를 해소하기에 딱 좋은 곳이다.

관람 시간 09:00~18:00(설날·추석 당일 휴무)
관람료 15,000원
문의 02-305-2002

다양한 먹을거리

공원이 많고 도로가 넓다 보니 아기자기한 음식점은 적은 편이지만 홈플러스나 CGV 영화관에서 간단히 배를 채우면 좋다.

월드컵경기장 내 남문 방면 홈플러스 2층에 한식, 중식, 일식, 이탈리아식 등 다양한 메뉴의 음식을 판매하는 푸드코트가 있다. 월드컵경기장역 2번 출구 쪽에는 경기장 내 1층에 CGV영화관과 롯데리아, 간단한 식음료를 먹을 수 있는 패스트푸드점이 있다.

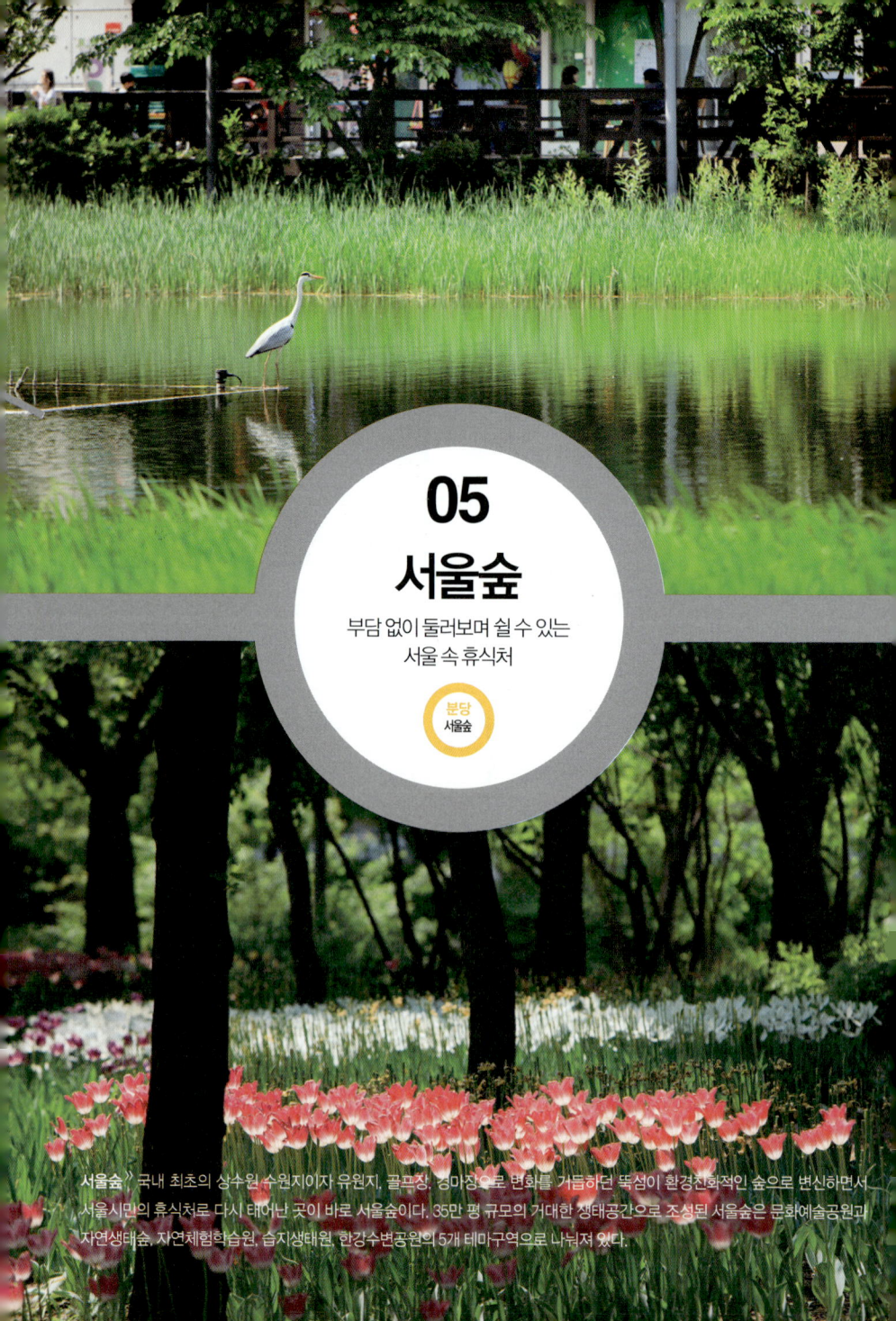

05
서울숲

부담 없이 둘러보며 쉴 수 있는
서울 속 휴식처

분당
서울숲

서울숲》국내 최초의 상수원 수원지이자 유원지, 골프장, 경마장으로 변화를 거듭하던 뚝섬이 환경친화적인 숲으로 변신하면서 서울시민의 휴식처로 다시 태어난 곳이 바로 서울숲이다. 35만 평 규모의 거대한 생태공간으로 조성된 서울숲은 문화예술공원과 자연생태숲, 자연체험학습원, 습지생태원, 한강수변공원의 5개 테마구역으로 나뉘어져 있다.

지하철로 가는 길

분당선 서울숲역 3번 출구와 4번 출구로 나와 알록달록한 컨테이너 박스가 늘어선 언더스텐드 에비뉴를 통과하면 바로 서울숲 입구다.

서울숲 안내
문의 02-460-2905

아이와 동물, 자연이 하나되는 숲

서울숲 안으로 들어서면 그 옛날의 뚝섬 경마장을 상기시키듯 입구에 6마리의 말이 기수를 태우고 힘차게 내달리는 동상이 눈길을 끌며 그 뒤로는 분수광장이 자리하고 있다. 여름날, 춤을 추듯 다양한 형태의 물줄기가 솟아오르는 바닥분수는 아이들의 신나는 물놀이터이다. 분수광장을 지나 만나게 되는 문화예술공원은 서울숲의 중심축으로 넓은 잔디밭에 다양한 형태의 조각품이 여기저기 놓여 있어 볼거리가 제법 쏠쏠하다. 잔디밭을 지나 안쪽에 마련된 숲속놀이터에는 좁은 도랑 위로 작은 아치형 흔들다리가 있어 재미삼아 건너 볼 수도 있고 7~8m 높이의 철골로 얼기설기 만든 상상거인 속에 들어가 거인의 몸통을 지나 빠져나오는 것도 재미있다.

이곳을 거쳐 안쪽으로 더 들어가면 생태숲이 자리하고 있다. 한강과 중랑

서울숲 131

1, 2. 강변과 연못을 따라 가족 또는 연인 단위로 산책하는 사람이 많다. 3. 사슴과 오리 등 다양한 동물을 만날 수 있다.

시원한 물줄기를 내뿜는 분수는 특히 아이들에게 인기 있다.

천을 연계하는 하천을 중심으로 소나무와 상수리나무 등 100여 종의 나무가 빼곡하게 들어서 있다. 꽃사슴과 고라니, 다람쥐, 원앙, 청둥오리, 흰뺨검둥오리, 쇠물닭 등 야생동물의 보금자리이기도 하다. 동물보호를 위해 생태숲 안으로 들어갈 수는 없지만 생태숲을 가로질러 한강으로 이어지는 보행 전망교 위에서 숲의 전경과 동물들의 모습을 엿볼 수 있다. 생태숲 입구의 자판기에서 1,000원짜리 사슴먹이를 구입해 철조망 밖에서나마 먹이를 주다 보면, 더 가까이에서 사슴을 볼 수 있다.

이 밖에도 (구)뚝섬정수장 구조물을 재활용하여 곤충식물원, 야생초화원, 테마초화원 등으로 꾸민 체험학습원과 조류관찰대, 습지초화원, 정수식물원 등으로 조성한 습지생태원, 한강수변공원 등은 산책과 더불어 친환경 체험학습을 하기에도 좋다.

자전거 타기

서울숲 안에 자전거 대여소가 있어 산책을 즐기다 자전거를 타고 공원을 한 바퀴 둘러볼 수 있다. 생태숲 위로 연결된 다리를 넘어 한강시민자전거도로를 따라 시원하게 달리는 맛도 좋다.

이용료 1시간에 1인용 3,000원, 2인용 6,000원

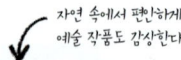

자연 속에서 편안하게 예술 작품도 감상한다.

🚇 지하철로 가는 길

8호선 몽촌토성역 1번 출구로 나가면 88서울올림픽 오륜마크가 새겨진 조형물인 세계평화의 문이 보이는데 이곳이 바로 올림픽공원 입구이다.

올림픽공원 & 몽촌토성》 백제 초기 유적인 몽촌토성을 중심으로 형성된 올림픽공원은 88서울올림픽을 기념하여 조성한 공원이다. 43만여 평에 달하는 넓은 공간 안에 수영장, 펜싱장 등 올림픽을 치렀던 6개의 경기장을 비롯해 야외조각공원, 미술관, 야생화단지, 몽촌토성, 다양한 산책로 등이 갖춰져 스포츠와 문화예술, 역사의 흔적을 두루 볼 수 있다.

넓은 공간을 마음껏 뛰놀며 자라는 아이들의 천국

몽촌토성역 1번 출구로 나오면 우선 세계평화의 문 진입로를 따라 늘어선 가로등이 눈길을 끈다. 둥근 돌기둥 위에 다양한 탈 모양을 한 것으로 탈에 귓바퀴가 달린 것처럼 양편에 달린 가로등 모습이 재미있다. 평화의 문을 지나 오른쪽으로 가면 소마미술관과 조각공원, 왼쪽으로 가면 몽촌토성이 가깝다. 어느 쪽으로 가든 공원을 한 바퀴 둘러볼 수 있지만 대개 몽촌토성을 먼저 둘러보는 것이 일반적인 코스이다. 만국기가 펄럭이는 마당 왼편으로 들어서서 갈대가 하늘거리는 수변공원을 가로지르는 곰말다리를 건너면 몽촌토성으로 연결된다.

꿈마을의 옛말을 일컫는 곰말다리를 건너 야트막한 언덕 위로 오르면 무엇보다도 드넓은 몽촌토성의 모습이 한눈에 보여 가슴이 탁 트인다. 몽촌토성은 한강 유역에 거점을 두었던 백제 초기(4~5세기)의 대표적인 토성이다. 해발 45m 내외의 야트막한 구릉을 이용해 축조된 토성의 둘레는 약 2.7km이다. 당시 적을 방어하기 위해 낮은 지역에 나무울타리를 친 목책과 필요에 따라 흙을 쌓거나 경사면을 급하게 깎은 것을 제외하고 대부분

마치 영화 속 한 장면 같은 장소들이 곳곳에 있어 연인들의 데이트 장소로 특히 인기있는 곳이다.

자연지형을 그대로 이용했기 때문에 언뜻 성이라기보다 넓은 야산 들판처럼 느껴진다. 부드러운 곡선을 이루는 넓은 잔디밭 한복판에 수령 500년이 훌쩍 넘는 나무 한 그루가 덩그러니 서 있는 모습에서는 심플한 조형미가 느껴진다. 토성 안에 조성된 산책로를 걷다 보면 부드럽게 펼쳐진 잔디 언덕 사이로 빌딩 숲이 감싸고 있다. 구불구불한 구릉과 삐죽삐죽 솟아오른 빌딩들이 묘한 대조를 이루는 모습이 독특하다. 이곳은 사시사철 언제 와도 좋지만 특히 눈이 소복하게 내린 겨울날 찾으면 이국적인 매력에 푹 빠질 수 있다.

몽촌토성을 거쳐 안으로 들어서면 호숫가 산책로가 나온다. 호수를 따라 걸어가다 보면 정자 앞에 12지신상 조각품이 줄줄이 늘어서 있는데 특히 뱀 두 마리가 똬리를 틀고 키스하는 모습이 재미있다. 정자를 지나 호수를 돌아 나오면 하반신은 3개인데 상반신은 하나만 우뚝 솟은 조각품이 눈길을 끈다. 체코 조각가 양코비치의 〈To the Top〉이라는 작품이다. 누구나 정상을 향해 기어오르려 애쓰는데 막상 정상에 오르고 보면 꼭대기에 아무도 없이 혼자만 덩그러니 놓인 자신의 모습에서 쾌감은 잠시뿐이고 결국은 허탈감과 허무함만 남을 뿐이라는 작가의 의도가 늘 높이 올라가려는 혹은 다른 사람을 이기려고만 하는 사람들에게 많은 의미를 던져 준다.

아울러 호수를 돌아 나와 나무 향기 가득한 숲 속 산책로를 걷다 보면 곳곳에 다양한 형태의 조각품이 설치미술처럼 놓여 있다. 소마미술관 옆 넓은 잔디마당에도 세계적인 조각가들이 빚어낸 작품들이 즐비하다. 세계평화의 문을 지나 오른쪽으로 가면 소마미술관 못 미쳐 호돌이열차 탑승장도 있다. 세계평화의 문 광장에서 피크닉광장까지 운행되는 호돌이열차 이용료는 어른 1,000원, 청소년 700원, 어린이 500원이다.

인라인스케이트와 스케이트

평화의 문을 지나자마자 나오는 광장은 인라인스케이트장이다. 12월 중순 무렵부터 2월 중순까지는 스케이트장으로 활용된다.

운영 시간 09:00~21:00(주말, 공휴일 ~22:00)
문의 02-410-1330

조각공원에서는 들판에서 뛰어놀면서 자연스럽게 예술작품을 만날 수 있다.

놓치면 아쉬운 볼거리

다양한 먹을거리

느긋한 걸음으로 자연 속을 누볐다면 우리나라의 역사와 멋진 예술품을 만날 수 있는 공간으로 가 보자.

공원 중간 중간에 허기진 배를 채울 수 있는 간단 먹을거리가 있다. 걷다가 지치면 카페 등에 앉아 여유를 부려 보자.

한성백제박물관

다양한 형태의 조각품들이 늘어선 숲길 끝에 한성백제박물관이 있다. 올림픽공원 입구에서 몽촌호수 오른편으로 접어들어 소마미술관 뒤편에 자리하고 있다. 한성백제는 백제가 공주로 천도하기 전까지의 시기를 일컫는 것으로 박물관 내에는 구석기시대의 생활상과 백제의 역사, 문화, 예술을 아우르는 유물 수만 점과 토성을 다지는 모형이 전시되어 있다.

관람 시간 09:00~19:00, 월요일(공휴일인 경우 개관)과 1월 1일 휴관
입장료 특별전을 제외하고 상설전시실은 무료
문의 02-2152-5800

올림픽공원 입구에 비빔밥과 쌈밥, 고추장삼겹살, 병천식 순대국이와 제철 지짐이, 추억의 간식거리 등을 판매하는 계절밥상 올림픽공원점(02-419-5561)과 롯데리아가 있어 공원을 돌아보기 전후 간편하게 먹을 수 있다. 한성백제박물관 2층에는 카페테리아(02-415-8410)가 있다.

소마미술관

올림픽공원 내 넓은 잔디밭에 들어서 있는 소마미술관은 거친 질감의 콘크리트와 다듬어지지 않은 목재를 이용해 자연친화적이고 모던한 감각이 돋보이는 곳이다. 6개의 전시실로 구성되어 있다. 양면이 통유리로 이루어져 계절마다 아름다운 풍경을 더불어 감상할 수 있는 제1전시실, 천장이 높아 시원함이 느껴지는 제3전시실, 병풍처럼 펼쳐진 긴 통창을 통해 조각공원의 전경이 눈에 들어오는 제6전시실 등 각 전시공간마다 색다른 분위기를 느낄 수 있는 것이 이채롭다. 시기에 따라 다양한 작품을 감상하는 것은 물론 소마예술아카데미를 통해 예술창작의 기본인 드로잉 강좌 프로그램에 참여할 수도 있다.

관람 시간 10:00~18:00, 매주 월요일, 1월 1일, 설·추석 휴관
입장료 어른 5,000원 청소년 4,000원, 어린이 3,000원
문의 02-425-1077

07
낙산공원

도시의 소박한 단면을 만날 수 있는
동화 같은 장소

④ 혜화

🚇 지하철로 가는 길

4호선 혜화역 2번 출구로 나와 한국방송통신대학교 옆 골목길(동숭길)로 들어가면 어린이 문화 공간인 프로젝토리가 나온다. 이곳에서 왼쪽 길로 30m쯤 가서 오른쪽 길(낙산길)로 계속 올라가면 낙산공원 입구가 나온다.

낙산공원》 젊음의 거리 대학로 안쪽에 자리한 낙산은 생긴 모양이 낙타의 등과 같다 하여 낙타산이라 부르기도 한다. 낙산은 남산, 인왕산, 북악산과 더불어 조선 왕조의 수도인 한양의 모양을 구성하던 내사산 중 하나로 능선을 따라 한양의 경계를 잇던 성곽이 축조된 곳이기도 하다. 서울 성곽은 태조가 한양으로 도읍을 옮긴 후 전쟁을 대비함과 더불어 사람들의 출입을 통제하거나 도적을 방지하기 위해 쌓은 성벽이다. 이후 어린 단종이 숙부인 수양대군에게 왕위를 찬탈당하면서 강원도 오지인 영월로 귀양을 간 동안 왕비였던 정순왕후가 매일 이곳에 올라 영월 쪽 하늘을 바라보다 생을 마쳤다는 슬픈 이야기가 깃든 곳이기도 하다. 일제강점기와 6·25전쟁, 근대화 과정을 거치면서 상당 부분 훼손된 것을 복원하면서 공원으로 다시 태어났다.

언덕 위에서 바라본 동화 같은 서울 풍경

일명 '서울의 몽마르트르'라 불리는 낙산공원의 규모는 6만여 평에 이른다. 공원 곳곳에 아기자기한 볼거리와 성곽 산책로가 있어 영화나 드라마 촬영지로 각광받는 이곳은 특히 해 질 무렵 야트막한 산자락 정상에서 바라보는 서울의 야경이 아름다워 연인들의 데이트 장소로 인기가 높다. 공원 입구인 중앙광장에는 조선 시대부터 현재까지 낙산 주변의 변천사를 엿볼 수 있는 낙산전시관이 자리하고 있고 전시관 뒤편에 공원으로 향하는 산책로가 본격적으로 시작된다.

산책로는 지그재그 형태로 조성된 계단길을 중심으로 양옆으로 중간 중간 완만한 경사도의 시멘트길이 구불구불 이어지는 형태이다. 산책로는 여러 방향으로 나 있는데 어느 쪽으로 들어서든 정상에서 하나가 된다.

낙산공원 143

계단, 건물 벽 등 예상치 못한 곳에서 예술을 만날 수 있다.

중앙광장에서 나무계단을 따라 한차례 올라 양옆으로 갈라지는 길목에서 오른쪽 길로 몇 걸음 들어서면 '홍덕이밭'을 볼 수 있다. 병자호란으로 인조가 청나라에 항복한 후 아들인 봉림대군(효종)이 볼모로 잡혀 심양에 있을 당시 나인 홍덕이가 직접 가꾼 채소로 김치를 담가 효종에게 드렸다고 한다. 조선으로 돌아온 후에도 홍덕이의 김치 맛을 잊을 수 없어 낙산 중턱의 채소밭을 홍덕이에게 주어 김치를 올리게 했다 하여 이름 붙은 곳이다.

홍덕이밭을 지나 몇 걸음 더 가면 낙산정이 있는데 이곳에 오르면 멀리 N 서울타워를 비롯해 서울 시내가 한눈에 펼쳐진다. 공원 정상에는 성벽을

도시미화 프로젝트를 통해 지저분하다고만 생각했던 골목이 걷는 것만으로도 즐거운 공간으로 바뀌었다. 길 중간 중간에 조각품이 있어 마치 야외조각공원에 온 것 같은 기분이 든다.

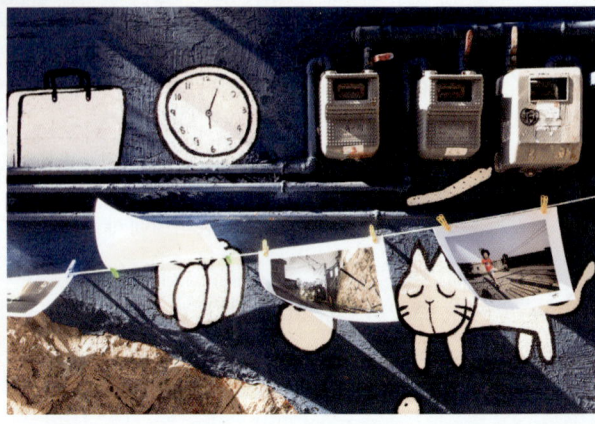

둘러싸고 다양한 운동기구와 벤치, 조각품들이 들어선 또 하나의 광장이 있다. 사방이 확 트인 공간으로 전망대 역할을 하며 이곳에서 바라보는 낙조가 아름다워 해가 뉘엿뉘엿 질 무렵 사진을 찍으러 오는 이들이 많다.
아울러 정상에서 다시 중앙광장으로 내려와 왼쪽 길로 들어서면 허공을 향해 발길을 내미는 신사와 강아지 등 재미있는 조형물을 볼 수 있다. 그뿐만 아니라 낙산 자락에 집들이 빼곡하게 들어앉은 이화마을은 아기자기한 볼거리가 많아 찾아드는 발길이 많은 곳이다. 초창기 이화마을은 곳곳에 꽃이 활짝 피어난 계단, 감미로운 키스를 나누는 연인, 방문객을 반갑게 맞이하는 네모 얼굴, 창문 밖으로 빼꼼히 얼굴을 내밀고 쳐다보는 강아지, 멋들어진 소나무 벽화 등 재치와 감성이 묻어나는 벽화로 가득했던 곳이지만 지금은 작은 박물관과 공방, 갤러리 카페가 골목 곳곳에 숨어 있다.

놓치면 아쉬운 볼거리

장수 벽화마을

낙산공원 정상에서 성곽 암문으로 빠져나가면 낙산성곽 밑으로 장수마을이 펼쳐진다. 한국전쟁 이후 서울로 모여든 사람들이 움막이나 판잣집을 지으면서 형성된 마을이다. 가파른 산비탈에 처마를 맞대고 빼곡하게 들어선 집들 사이로 난 좁은 골목길은 미로처럼 뒤엉켜 종종 막다른 길에 다다른다. 이 골목길엔 계단도 유난히 많다. 지형의 기복이 심한데다 집과 집 사이를 요리조리 연결하다 보니 긴 계단, 짧은 계단, 일자 계단, 휘어진 계단 등 그 형태도 다양하다. 전형적인 달동네 풍경이지만 길목 곳곳에 놓인 화초들이 마을에 생기를 불어넣고 모퉁이를 돌 때마다 속속 이어지는 벽화들을 엿볼 수 있다는 것이 장수마을의 매력이다. 암문 밖 낙산성곽길을 따라 1km가량 내려가면 지하철 4호선 한성대입구역이 나온다.

다양한 먹을거리

낙산공원 아래 대학로에는 대로변은 물론 골목마다 다양한 종류의 음식점과 분위기 좋은 카페가 아주 많다.

08 선유도공원

이색적인 정원과 산책로가 있는
피크닉 명소

(2 당산)　(9 당산)　(9 선유도)

선유도공원》 한강 한복판에 둥둥 떠 있는 섬인 선유도에 있던 서울시 정수장을 재활용하여 2002년에 조성한 환경생태공원이다. 정수장을 폐쇄한 후 물을 주제로 만든 공원 내에는 녹색 기둥의 정원, 시간의 정원, 수질정화원, 수생식물원 등의 테마정원과 한강 전시관이 자리해 다양한 볼거리를 제공한다. 길쭉한 타원형의 선유도공원 내에는 자작나무 숲길과 미루나무길 등 곳곳에 분위기 만점인 오솔길이 나 있어 산책이나 운동하러 나온 인근 주민들도 많지만 데이트를 즐기러 온 젊은 연인들이 유난히 눈에 띈다.

한강을 만나는 또 다른 공간

한강시민공원(양화지구)과 선유도를 잇는 선유교(469m)는 보행자 전용다리로 무엇보다 친환경적으로 만들어진 나무다리의 모습이 독특하다. 다리를 건너 선유도로 들어오면 넓은 마루쉼터가 있다. 사방이 확 트인 곳으로 유유히 흐르는 한강과 멀리 서울을 둘러싼 산자락이 한눈에 보인다. 마루쉼터 아래편에 자리한 원형극장에서는 주말 오후마다 다양한 음악공연이나 예술무대가 펼쳐져 공원의 멋을 더한다.

원형극장 뒤로는 본격적으로 물의 흐름을 따라 주제별 정원이 펼쳐진다. 계단식 수조에 식재된 수생식물을 이용하여 물이 정화되는 과정을 보여주는 수질정화원은 여름철에는 물놀이장으로도 사용된다. 물놀이장에 잠시 머물렀던 물은 다시 갈대가 자라는 수로를 지나 수생식물원과 시간의 정원을 촉촉하게 적신다. 계절마다 피어나는 꽃과 수목을 통해 시간의 흐

저녁이 되면 한적한 공원 곳곳에서 느긋하게 산책하거나 대화를 나누는 가족, 연인들을 볼 수 있다.

놓치면 아쉬운 볼거리

선유교
선유도를 둘러본 후 선유교로 연결된 한강시민공원으로 내려와 탁 트인 풍경의 한강을 더불어 즐길 수 있다. 넓은 잔디밭과 강변의 억새풀이 어우러진 모습이 시원스러운 한강 또한 선유도 못지않은 야경을 자랑한다. 특히 일명 무지개다리로 일컫는 아치형의 선유교는 밤이 되면 알록달록 화려한 색상의 조명이 잔잔한 강물 위로 퍼져 환상적인 분위기를 연출한다. 그 분위기 속에 젖어 강변길을 걷는 맛이 일품이다.

다양한 먹을거리

선유도 내 강변에 위치한 **카페나루**는 전망이 좋은 테라스 카페로 간단한 먹거리를 살 수 있는 편의점도 겸비한 곳이다. 당산역 10번 출구에서 도보로 9분 거리(당산현대아파트 뒤편)에 있는 **유미분김밥 소정담(02˚2675˚0305)**은 2004년부터 줄곧 한자리를 지켜 온 당산동의 유명한 김밥집으로 주말에는 줄을 서서 기다려야 할 정도다. 10여 가지 종류의 김밥 중 김치와 멸치를 조합한 김멸김밥이 인기다. 포장만 가능해서 당산역에서 전화로 주문하고 도착 즉시 받아 선유도 공원에서 소풍 삼아 먹기에 좋다.

름을 느끼게 해 주는 시간의 정원은 특히 기존 구조물의 벽면을 온전하게 활용하여 벽을 타고 흘러내리는 벽천분수와 어우러진 모습이 눈길을 끈다. 아울러 공원 안쪽에 자리한 녹색 기둥의 정원은 정수장의 구조물을 덮고 있던 윗부분을 철거하고 기둥만 남겨 둔 곳으로, 줄지어 늘어선 기둥을 포근하게 감싼 담쟁이덩굴과 어우러져 독특한 조형미를 보여 준다. 녹색 기둥의 정원 앞에는 한강의 역사, 사계, 생활사 등을 영상물과 사진, 기타 자료 등을 통해 한눈에 엿볼 수 있는 한강전시관(09:00~18:00)이 있다. 한강전시관을 바라보며 왼쪽 길로 가면 강변 위에 정자도 있어 공원을 둘러보다 강바람을 맞으며 휴식을 취하기에 좋다.

이 모든 것을 볼 수 있는 선유도는 산책로의 형태도 이색적이다. 일반적인 산책로는 물론 정원 위에 갈래갈래 목재데크 길이 조성되어 있어 정원을 내려다보며 걷는 맛이 독특하다. 선유도는 특히 밤이 아름다운 곳으로 해 질 무렵에 찾으면 더욱 좋다. 서서히 땅거미가 지면서 공원 곳곳에 설치된 조명등이 하나둘 켜지면 은은한 분위기가 그야말로 운치만점이다.

응봉산공원》 중랑천 줄기와 한강이 만나는 지점에 위치한 응봉산은 높이 95m의 야트막한 산이지만 모양새가 매의 머리 형상을 닮았다 하여 이름 붙었다. 유유히 흐르는 한강을 가로지르며 줄줄이 놓인 다리는 물론 강변 너머 빌딩숲과 바로 앞에 있는 신록으로 가득한 서울숲이 한눈에 들어온다. 특히 아름다운 서울의 야경을 볼 수 있는 곳으로도 유명해 늦은 오후 천천히 산책을 한 끝에 해질 무렵 서울의 야경을 감상하기에 좋다.

09
응봉산공원

봄이면 개나리가 넘실거리는
향기로운 산

중앙
응봉

🚇 지하철로 가는 길

중앙선 전철 응봉역에서 내려 1번 출구로 나가면 출구를 등지고 왼편으로 응봉빗물펌프장을 지나 응봉산으로 오르는 길이 연결되어 있다. 응봉역에서 응봉산 정상까지의 거리는 1.2km이다.

싱그러운 봄의 전령이 머무는 곳

응봉산의 매력은 뭐니 뭐니 해도 봄이면 온 산을 노랗게 물들이는 개나리이다. 1980년대 들어 도시개발로 인해 산자락이 이리저리 깎여 버린 지금은 맹금의 형세를 찾아보기 어렵지만 개발 이후 산자락의 모래흙이 흘러내리는 것을 방지하기 위해 심기 시작한 20여만 그루의 개나리가 이제는 응봉산의 상징이 되어 일명 '개나리동산'으로 불리기도 한다.

응봉산 개나리는 3월 하순부터 쫑긋쫑긋 얼굴을 내밀기 시작해 4월 초순경이면 온 산을 뒤덮으며 노란 꽃동산을 만든다. 만개한 개나리가 바윗덩이로 이루어진 암팡진 봉우리를 휘감은 채 중랑천에 그림자를 드리우면 물빛조차 노랑 물결로 일렁여 생동감이 넘쳐 난다. 여기에 간간히 산 밑으로 지나가는 기차가 어우러진 모습은 한 폭의 그림으로, 사진작가들의 단

봄이면 개나리가 아름답게 피어나 응봉산 일대가 온통 노랗게 물든다.

골 메뉴로 등장한다. 중랑천을 가로지르는 용비교에 들어서면 이 멋진 풍경을 사진에 담을 수 있다.

한강 자락을 굽어보고 있는 응봉산은 중앙선 전철인 응봉역에서 내려 걸어가면 된다. 1번 출구로 내려와 왼쪽에 자리한 응봉빗물펌프장과 주택가를 지나면 응봉산 정상에 오를 수 있다. 응봉역에서 바로 보이는 빗물펌프장을 지나면 두 갈래 길이 나오는데 펌프장을 끼고 오른쪽 길로 접어들어 10m가량 지나면 왼쪽으로 오르막길이 나온다. 이 오르막길을 따라 주택가를 지나 언덕길을 오르다 보면 암벽등반공원도 자리하고 있다. 이 길목부터 노랗게 피어난 개나리 행렬이 이어지다 꽃이 만발한 길을 걷디 보면 걷는 이의 마음도 봄볕으로 따스해지는 느낌이다.

암벽등반공원을 지나 조금 더 오르면 산자락을 따라 목재데크로 만든 길이 이어진다. 산책로를 따라 노란 개나리는 물론 하얀 벚꽃과 간간이 분홍

1. 흐드러지게 피어난 개나리 너머로 탁 트인 한강을 조망할 수 있다. 2. 응봉산 정상에 있는 팔각정 위에 서면 서울 시내가 시원스레 펼쳐진다. 3. 조망이 좋은 곳에는 벤치가 마련되어 있어서 연인들이 데이트를 즐기기에 좋다.

놓치면 아쉬운 볼거리

서울숲
중랑천을 사이에 두고 응봉산 맞은편에 자리한 서울숲은 35만여 평의 넓은 부지에 울창한 생태숲은 물론 나비온실, 식물원, 문화예술공원 등 다양한 형태로 조성되어 있다. 특히 꽃사슴을 비롯한 야생동물이 서식하고 있는 생태숲과 바닥분수가 춤을 추는 문화예술공원은 잔디밭 주변에 독특한 조각품이 많아 천천히 산책하며 구경하기에 좋다. 응봉역 앞에서 중랑천변으로 이어지는 자그마한 굴을 지나면 강변 산책로를 따라 서울숲으로 연결되는 길이 나 있다. 응봉역에서 서울숲까지는 1.4km 거리이다. 강변을 따라 천천히 걸어가도 좋고 응봉역 바로 옆에 있는 자전거 대여소에서 자전거를 빌려 강바람을 맞으며 시원스럽게 달려보는 것도 좋다. 대여료는 무료이며, 신분증이 있어야 빌릴 수 있다.
문의 02-2298-8111

빛 진달래까지 어우러져 봄의 정취가 흠뻑 묻어나는 길이다. 한 계단 한 계단 오르다 보면 노란 개나리 사이로 유유히 흐르는 한강물과 파란 하늘이 어우러진 서울의 모습이 서서히 드러난다. 정상에 들어서면 아담한 마당 한복판에 팔각정이 자리하고 있는데 한강을 중심으로 탁 트인 서울의 전경을 내려다볼 수 있는 전망 포인트이다. 특히 땅거미가 짙어지면 강 너머 아파트촌의 불빛이 점점이 밝혀지고, 한강을 가로지르는 다리들은 알록달록 불빛을 발하며 제각각의 멋을 자아내며, 강변도로를 오가는 차들의 불빛까지 어우러진 풍경을 내려다보는 맛이 일품이다. 개나리가 만개하는 매년 4월 초에는 응봉산 팔각정을 중심으로 개나리축제가 열린다.

양재 시민의 숲》 1986년에 개장된 양재 시민의 숲은 도심에서는 보기 드문 울창한 수림대를 형성하고 있어 서울 시민의 청량제 역할을 톡톡히 해 주는 곳이다. 아울러 시민의 숲 바로 옆에는 문화예술공원까지 조성되어 자연과 예술의 향기를 동시에 맛볼 수 있다. 계절마다 나름의 정취가 묻어나는 곳이지만 이곳은 특히 가을의 멋이 으뜸이다. 빨갛게 물든 단풍과 노란 은행잎이 숲을 가득 메우고 수북이 쌓인 낙엽의 폭신한 감촉을 느끼며 걷다 보면 누구든 가을의 정취에 흠뻑 빠져들게 된다.

10
양재 시민의 숲
고운 낙엽이 아름다운 가을 산책길을 선사하는 숲

3 양재 · 신분당 양재시민의숲

🚇 **지하철로 가는 길**

1. 신분당선 양재시민의숲역 5번 출구로 나와 여의교를 건너면 양재 시민의 숲이다.
2. 3호선 양재역 9번 출구로 나와 서초구민회관을 지나면 교육개발원입구 사거리가 나온다. 도로를 건너 계속 직진하면 영동1교 다리가 나오는데 다리 건너자마자 오른편으로 양재 시민의 숲 입구가 있다. 양재역에서 양재 시민의 숲까지의 거리는 약 1km로, 도보로 15분 걸린다.

> 도심 속에서 자연 그대로의 향취를 느끼게 해 주는 양재 시민의 숲. 이름처럼 시민들에게 기분 좋은 즐거움을 안겨 주는 공간이다.

사람과 자연이 어우러진 길목

가을날의 산책을 즐기며 그 멋을 온전히 맛보려면 양재천을 따라 걷다 문화예술공원을 먼저 둘러보는 것이 좋다. 영도1교를 건너기 전 오른쪽에 양재천으로 내려가는 길이 있다. 천변길도 좋지만 S자 모양으로 휘어진 벤치를 시작으로 플라타너스나무가 울창한 양재천 둑길을 걷는 맛도 그만이다. 큼지막한 이파리들이 수북이 쌓인 길을 걸을 때마다 바삭거리는 나뭇잎 소리가 운치만점이다. 파란 하늘에 간간이 들려오는 새소리, 나뭇잎 바스락대는 소리, 귀에 이어폰을 끼고 나홀로 산책하는 이들, 울긋불긋한 복장으로 자전거 타는 사람들……. 모두가 고요하면서도 활기찬 느낌이다.

영동1교에서 시작해 호젓한 천변길을 따라 1.4km 정도 가면 무지개다리가 나오는데 이 다리를 건너가면 바로 문화예술공원이다. 공원 안으로 들어가면 무엇보다 하늘을 향해 쭉쭉 뻗은 메타세쿼이아 길이 펼쳐져 이국적인 풍경을 자아낸다. 아름드리나무 사이로 곧게 뻗은 산책로를 거닐면 코끝으로 상쾌한 숲 향기가 스치며 싱그러움을 안겨 준다. 공원 안에는 독

윤봉길의사기념관에서 그의 업적과 발자취, 항일독립운동 자료를 살펴볼 수 있다. 기념관 앞에는 동상도 있으므로 함께 둘러보면 좋다.

특하고 재미있는 조각품들이 여기저기 놓여 있어 숲 속의 미술관을 연상케 한다. 그 안에서 유난히 빨간 단풍잎들이 햇살을 듬뿍 받아 드리운 그림자가 땅마저 온통 선홍빛으로 물들이는 모습이 이색적이다. 그런가 하면 영어체험캠프인 앨리스파크의 동화 같은 조형물도 쏠쏠한 볼거리를 안겨 준다.

가을이면 온통 낙엽으로 뒤덮여 낭만적인 분위기를 자아내는 양재 시민의 숲은 다른 계절보다 더 아기자기한 느낌이다. 숲 곳곳에 아이들 놀이터와 쉼터, 나무를 감싸고 있는 둥근 벤치, 맨발공원, 분수대, 구불구불 흐르는 아담한 천, 자연학습장과 원두막 등이 오밀조밀 들어서 있어 산책과 함께 휴식의 터를 제공한다. 공원 안에는 윤봉길(1908~1932년) 의사의 삶과 흔적이 담겨 있는 유물과 항일독립운동 관련 자료와 사진을 전시해 놓은 윤봉길의사기념관과 윤봉길 의사 동상도 자리하고 있다. 아울러 윤봉길의사기념관 앞 도로를 건너 들어가면 6·25전쟁 당시 비정규군 전투부대로 참전하여 희생된 이들을 위해 세운 유격백마부대 충혼탑과 1987년 미얀마 상공에서 북한의 테러로 폭파된 대한항공 희생자 위령탑, 1995년 삼풍백화점 참사 위령탑을 볼 수 있다.

놓치면 아쉬운 볼거리

양재동 꽃시장

미얀마 상공 피습 위령탑 왼쪽으로 나 있는 아치형 구름다리를 건너 오른쪽으로 100m가량 가면 양재동 꽃시장이 있어 더불어 돌아보기에 좋다. 사계절 내내 화려하게 꽃을 피우는 서양란과 은은한 동양란, 선인장, 다양한 꽃을 품은 각종 허브, 과일나무들이 가득해 싱싱한 꽃과 나무를 실컷 구경할 수 있다. 온실 안에 들어서면 향기로운 꽃 향기와 싱그러운 풀내음은 물론 풋풋한 흙냄새가 진동한다. 예쁜 꽃길을 거닐며 구경하다 돌아오는 길에 맘에 드는 꽃 한다발 사보는 것도 좋을 것이다.

북서울 꿈의숲》 과거 드림랜드가 있던 자리에 조성된 북서울 꿈의숲은 울창한 숲과 더불어 연못과 폭포, 미술관, 아트센터 등 다양한 볼거리로 가득하다. 강북의 새로운 자연생태문화공간의 명소로 거듭난 곳으로, 숲 중심에 형성되어 있는 다양한 볼거리를 요리조리 구경하며 한 바퀴 돌아보는 동선은 약 3km이다. 정문(동문) 입구에 자리한 방문자센터에 비치된 가이드맵을 참고하여 돌아보는 것이 유용하다.

11
북서울 꿈의숲
문화와 자연, 사람이 어우러진
서울 속 새로운 휴식처

4 미아사거리 **6** 돌곶이

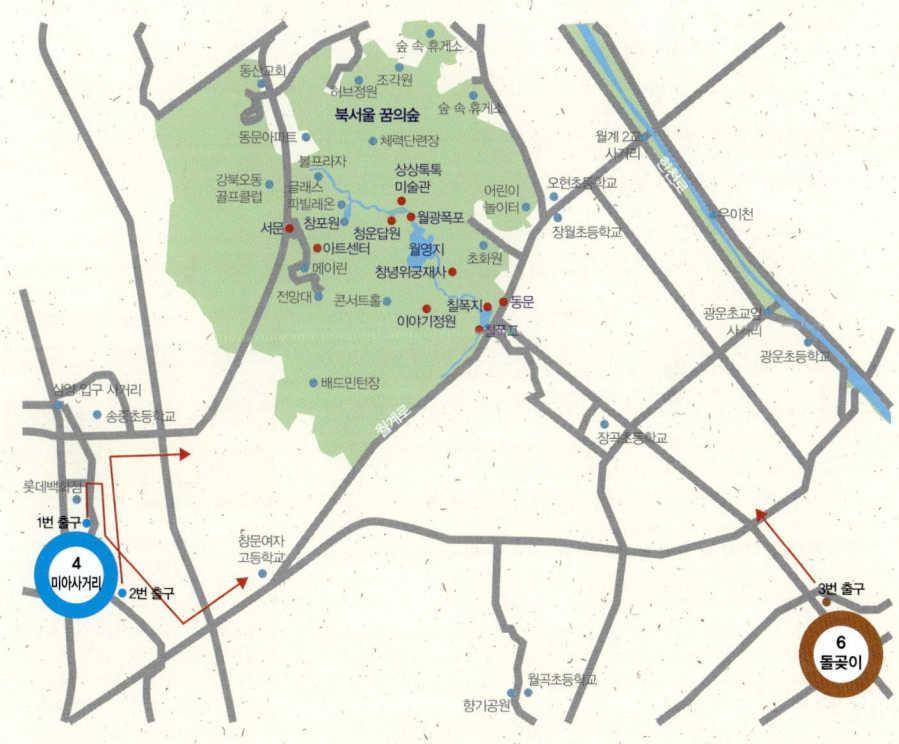

🚇 지하철로 가는 길

1. 4호선 미아사거리역 1번 출구로 나와 롯데백화점 앞 버스정류장에서 09번, 11번 마을버스를 타면 북서울 꿈의숲 동문(정문)까지 10분 걸린다. 미아사거리역 2번 출구 건너편에서 05번 마을버스를 타면 서문(후문)까지 5분 걸린다.

2. 6호선 돌곶이역 3번 출구 앞 20m 전방에 있는 버스정류장에서 147번 버스를 타면 동문까지 5분 걸린다.

아이들의 꿈이 현실로 이루어진 공간

북서울 꿈의숲에서 처음 마주하게 되는 곳이 동문 왼쪽에 형성된 칠폭지이다. 폭포라고 하기에는 다소 미흡하지만 7개의 크고 작은 폭포와 소가 있다. 다양한 형태의 다리를 건너며 수생식물들을 엿볼 수 있는 생태연못이다. 연못을 가로질러 들어가면 두 갈래 길이 나오는데 어느 쪽으로 들어서든 한 바퀴 도는 것은 마찬가지이다. 먼저 오른편 길로 들어서서 100m가량 들어가면 정갈한 분위기의 전통 한옥인 창녕위궁재사가 나온다. 등록문화재 제40호인 이곳은 조선 제23대 왕 순조의 딸인 복온공주와 부마 창녕위 김병주의 재사(齋舍)로 김병주의 손자이자 항일 우국지사인 김석진이 1910년 한일합방의 치욕에 항거하여 자결한 역사적인 의미를 지닌 곳이기도 하다.

창녕위궁재사 뒤편으로는 졸졸 흐르는 시냇물과 대나무를 엮어 놓은 대나무 숲길 등 아기자기한 산책로로 구성된 이야기정원이 펼쳐진다. <mark>이야기정원 위로는 달빛이 비친 모습이 아름다운 연못 월영지가 자리하고 있다. 하늘 높이 방울방울 물줄기를 뿜어내는 분수대와 시원하게 쏟아져 내리는 월광폭포가 어우러진 월영지는 보는 것만으로도 가슴이 확 트이는 곳이다.</mark> 아울러 월영지 위에 자리한 상상톡톡미술관(관람 시간 10:00~18:00, 월요일 휴관, 입장료 5,000원)은 아이들의 상상력과 창의력을 키워 주기 위해 만든 어린이 전용 미술관으로 시기별로 기발한 아이디어와 상상력으로 가

북서울 꿈의숲 숲길
북서울 꿈의숲에 가면 중앙에 위치한 테마공원만 둘러보고 가는 경우가 많다. 하지만 중앙에 형성된 공원뿐만 아니라 양옆으로 호젓한 숲길이 조성되어 있어 더불어 산책하기에 좋다. 아울러 공원 오른편에는 옛 골프연습장을 활용하여 만든 초화원과 사슴방사장도 있으니 놓치지 말자.

전망대로 오르는 길목에 자리한 중국요리 전문점 <mark>메이린(02-2289-5450)</mark>은 코스요리와 일품요리 등을 맛볼 수 있는 곳으로, 식사 때가 되면 항상 사람들로 붐빈다. 잔디광장 끝에 있는 창포원 앞에는 스파게티, 샐러드, 돈가스 등과 커피, 음료 등을 판매하는 카페테리아 <mark>라 프로스타</mark>가 있다.

북서울 꿈의숲 167

1. 연못을 중심으로 분수와 정자, 나무들이 그림같이 어우러져 있다. 2. 상상톡톡미술관에서는 상상을 뛰어넘는 독특한 디자인의 세계를 만날 수 있다. 3. 해발 90m의 전망대에서는 서울 시내는 물론 서울을 감싸 안은 대표적 산들이 한눈에 들어온다.

득한 작품을 전시하는 것이 특징이다. 뿐만 아니라 2층 전시관 밖으로는 넓은 나무테라스 카페가 있어 커피나 음료 등을 마시며 한눈에 공원을 내려다볼 수 있다.

미술관 옆으로 펼쳐진 넓은 잔디광장(청운답원) 끝에는 창포원과 아트센터, 놀이터, 춤추는 음악분수 등으로 구성된 문화광장이 펼쳐져 있는데 이곳이 서문 입구이다. 다양한 형태의 공연장과 갤러리, 북카페 등이 있는 아트센터 안에 들어서면 경사형 엘리베이터를 타고 전망대까지 올라갈 수 있다. 해발 190m에 위치한 전망대에 오르면 서울을 감싸고 있는 북한산과 아차산, 봉화산, 도봉산 등이 한눈에 들어온다. 3층 전망홀은 드라마 <아이리스>에서 현준(이병헌)이 대통령(이정길)을 비밀리에 만났던 장소이기도 하다. 전망대 2층은 카페테리아로 커피를 마시며 서울 시내를 구경하는 맛이 좋다.

12
서울어린이대공원

동물원과 놀이, 문화를 모두 즐기는 파라다이스

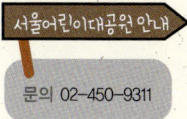

지하철로 가는 길

7호선 어린이대공원역 1번 출구로 나가면 바로 앞에 청기와를 얹은 전통 한옥 양식의 서울어린이대공원 정문이 보인다.

서울어린이대공원 안내

문의 02-450-9311

서울어린이대공원》 서울어린이대공원은 원래 조선 시대의 마지막 임금인 순종의 비 순명효황후 민씨의 능역으로 순종이 자주 찾았던 유서 깊은 곳이다. 1921년 순종이 승하하자 능역을 남양주시로 이전한 후 골프장으로 사용하다가 1973년 어린이날을 기해 서울어린이대공원으로 탈바꿈했다. 당시 어린이들이 가장 가 보고 싶어하던 곳이자 으뜸 소풍장소였던 서울어린이대공원은 30~40대에게는 동심을 불러일으키는 아련한 추억의 명소이다. 요즘도 아이들의 놀이터이자 젊음이들의 데이트 장소로 인기가 높다.

자연 속을 거닐며 즐기는 가족 나들이

22만 평에 이르는 넓은 공원 안에는 동물원과 식물원, 놀이동산, 야외음악당, 이야기가 담긴 다양한 테마정원 등이 곳곳에 들어서 있어 볼거리가 쏠쏠하다. 벤치가 놓인 넓은 마루마당 앞에 자리한 정문 안쪽으로 들어서면 알록달록한 색상의 재미있는 동물 캐릭터와 아기자기하게 꾸며진 꽃밭이 방문객의 마음을 화사하게 물들인다. 입구 왼편에 조성된 환경연못은 여름이면 화려한 연꽃이 피어나 싱그럽다. 안쪽으로 좀 더 들어가면 매시 정각부터 음악에 맞춰 춤을 추며 솟아오르는 분수가 보는 이의 어깨도 절로 들썩이게 만든다.

분수대 뒤쪽으로 들어서면 길게 펼쳐진 잔디밭 곳곳에 독특한 형태의 조각품들이 놓여 있다. 잔디밭 사이 산책로를 살짝 벗어나 왼편으로 들어서면 계절마다 펼쳐지는 꽃 전시회도 볼 수 있다. 한반도 지도 모양으로 조

어린이대공원에는 식물원과 동물원이 있어 아이들에게는 최고의 소풍지이다.

성된 꽃밭으로 각 도별로 꽃색을 달리해 경계를 지은 것이 이채롭다. 넓은 잔디밭 곳곳에 울창한 나무들이 들어선 이곳은 녹음이 짙은 여름도 좋지만 단풍과 낙엽으로 가득한 가을날 걸으면 더욱 운치 있다. 잔디밭 끝자락에 위치한 놀이터는 창의력과 모험심을 길러 주는 놀이기구가 있을 뿐만 아니라 무엇보다 모래와 흙으로 뒤섞인 땅에서 마음껏 흙장난을 할 수 있어서 좋다. 공원 안쪽에는 다양한 놀이기구를 탈 수 있는 놀이동산도 자리하고 있다.

놀이동산에서 돌아 나와 갤러리로 활용되는 팔각당 왼편으로 내려가면 동물원이 나온다. 대형 코끼리를 비롯해 사자, 호랑이, 표범, 재규어, 반달가슴곰, 늑대 등 다양한 맹수를 코앞에서 자세히 엿볼 수 있어 공원 내에서 가장 인기 있는 곳이다. 뿐만 아니라 여러 동물을 한데 섞어 놓은 듯 독특한 모습의 리카우, 두툼한 꼬리가 몸통만 한 갈기늑대, 검은 재칼, 얼룩무늬 하이에나 등 여느 곳에서는 좀처럼 볼 수 없는 희귀한 맹수들을 보는 재미가 그만이다. 맹수마을 앞에는 꼬마동물마을과 앵무새마을, 낙타 타기 체험장도 있다.

동물원 앞 식물원을 둘러본 후 식물원 뒤편으로 들어서면 각종 공연이 열

1. 넓은 공원 곳곳에서 독특한 재질과 형태의 조형물들을 만나게 된다. 2. 도시락을 깜빡했다면 중간 중간에 만나는 식당에서 허기진 배를 달랠 수 있다. 3. 계절마다 색다른 옷을 입는 꽃과 나무들, 그리고 귀여운 캐릭터의 조형물은 아이들에게 인기만점이다. 4. 놀이기구를 타지 못하는 아이들에게 즐거운 탈거리와 놀거리가 되어 주는 오즈의 마법사 놀이터 5. 자연 풍광을 감상할 수 있는 것은 물론 놀이기구도 탈 수 있어 연인들의 데이트 코스로도 손색이 없다.

리는 숲 속의 무대가 자리하고 있다. 공연이 없더라도 계단식으로 조성된 나무의자는 연인들과 가족들의 조용한 쉼터가 되어 준다. 반면 어린이 놀이터인 오즈의 마법사 밑으로는 아담한 실개천이 구불구불 흘러내려 보기만 해도 시원하다. 식물원 아래편으로는 죽은 나무 뿌리와 폐자재를 활용하여 공원 직원들이 직접 조성한 테마공원인 나무뿌리원이 있다. 거꾸로 세운 자전거를 비롯해 여러 마리의 개구리가 차례로 포개 앉아 하나의 기둥을 이루고 제 각각의 입 속에서 가느다란 물줄기를 뿜어내는 등 웃음이 묻어나는 조형물들을 볼 수 있다. 그 밖에 〈선녀와 나무꾼〉, 〈혹부리영감〉, 〈호랑이와 곶감〉, 〈금도끼 은도끼〉 등 전래동화의 내용을 조형물로 꾸며 놓은 전래동화마을도 자리하고 있어 보는 재미를 더한다. 전래동화마을을 빠져나가면 어린이대공원 정문 입구가 나온다.

놓치면 아쉬운 볼거리

건국대학교
어린이대공원역 3번 출구에서 조금만 걸어가면 건국대학교 건국문이 있어 공원을 돌아본 후 건국대 일감호를 더불어 둘러볼 수 있다. 캠퍼스 한복판에 자리한 일감호는 전국 대학 내 인공호수 중 최대 규모로 그 독특한 풍경으로 인해 건국대의 명물로 꼽힌다. 2만여 평에 달하는 넓은 호수를 둘러싸고 1km 남짓 이어지는 산책로를 따라 걷는 맛이 좋고 쉬어 갈 수 있는 벤치도 많아 느긋하게 앉아 캠퍼스의 젊음을 만끽할 수 있다.

곳곳에 우리나라 전래동화의 한 장면을 묘사한 조형물이 있다. 아이들과 함께하는 나들이라면 재미난 이야기를 함께 들려주어도 좋을 것이다.

낙성대공원》 낙성대(落星垈)는 고려시대 명장 강감찬(948~1031년)이 태어난 장소로 장군이 태어날 당시 이곳에 별이 떨어졌다 하여 이름 붙은 곳이다. 나라와 백성을 위해 일생을 바친 강감찬 장군의 업적 중 특히 거란의 수십만 대군을 물리친 귀주대첩은 을지문덕의 살수대첩, 이순신의 한산도대첩과 더불어 우리 민족의 3대 대첩으로 꼽힌다. 그러한 장군의 공적을 기리기 위해 1974년 영정을 모신 사당을 건립하고 장군이 태어난 집터에 세워졌던 3층 석탑을 옮겨 오면서 조성한 곳이 바로 낙성대공원이다. 본래 출생지는 낙성대공원에서 150m가량 떨어진 곳에 자리하고 있다. 주택가 골목 안, 나무들이 우거진 아담한 마당에 위치한 강감찬 장군 생가 터에는 낙성대공원으로 옮겨진 3층 석탑 대신 낙성대 유허비가 세워져 유적지임을 표시하고 있다.

13
낙성대공원
푸른 숲의 기운이 넘쳐 나는
도시 속 쉼터

② 낙성대

화려하진 않으나 소박한 깊맛이 있는 곳

낙성대공원은 규모는 그리 크지 않지만 관악산 자락으로 포근히 감싸인 모습이 마음을 편안하고 여유롭게 만든다. 말을 탄 장군의 동상 뒤에 위치한 홍살문을 거쳐 안국문 안으로 들어서면 고목에 둘러싸인 정갈한 자태의 낙성대 뜰 안에 생가 터에서 옮겨 온 3층 석탑과 강감찬 장군 사적비가 마주 보고 있는 모습을 볼 수 있다. 그 안쪽에 있는 내삼문을 지나면 강감찬 장군의 영정을 모신 안국사가 나타난다. 정면 5칸, 측면 2칸 규모의 단아한 건물 내부에는 장군의 영정을 중심으로 거란을 무찌를 당시의 모습을 비롯한 벽화들이 실내를 가득 메우고 있다.

강감찬 장군에 관해서는 많은 이야기가 전해 오는데 특히 장군이 약관의 나이에 원님이 되어 부임했을 때 자신을 얕잡아 보는 관속들의 기를 꺾은 이야기가 유명하다. 강감찬은 관속들이 어리다는 이유로 얕보는 기세를 보이자 그들에게 들판에 세워둔 수숫대를 소매에 다 집어넣어 보라고 하였다. 그들이 불가능하다고 하자 강감찬이 "겨우 일 년 된 수숫대도 소매에 다 집어넣지도 못하면서 20년이나 자란 원님을 아전이 소매 속에 집어넣

강감찬 장군의 영정을 모신 안국사는 가을철에 더욱 아름다운 풍광을 자랑한다.

서울시과학전시관 & 길상사

낙성대공원 옆에는 서울시과학전시관이 있다. 지그재그로 펼쳐진 계단 위를 오르다 보면 조선 시대의 과학발명품 모형과 기발한 체험시설을 만날 수 있다. 야생화 관찰로도 있어 계절마다 다양하게 피어나는 꽃을 감상하며 천천히 걷기에 좋다. 이 밖에도 원형쉼터와 유리온실로 조성된 생태학습관 등을 둘러보기에 좋다.

과학전시관 내 유리온실 뒤편에 출입구가 있는데 이곳을 나와 왼쪽 오르막길 위에 있는 낙성대터널을 지나면 길상사가 나온다. 길상사는 낙성대터널을 지나자마자 오른편에 있는 반석푸른숲아파트를 끼고 오른쪽 길로 접어들어 150m가량 걸어가면 왼편으로 꺾어지는 길 끝에 자리하고 있다. 주택가 끝자락에 위치한 길상사는 여느 절과는 다른 가정집 분위기로 독특한 돌담과 마당에 놓인 아기자기한 작품들이 눈길을 끈다. 길상사 내에는 책과 함께 전통차를 맛볼 수 있는 문화공간인 지대방이 있어 이곳저곳을 둘러보느라 피곤해질 즈음 차를 마시고 책을 보며 쉬기에 좋다.

개방 시간 11:00~22:00
문의 02-883-7354

으려 하느냐!" 하며 호통을 쳤다고 한다.

강감찬 장군의 영정을 모신 사당인 안국사를 둘러본 후 사당을 감싸고 있는 관악산 생태숲길을 걷는 것도 이곳만의 매력이다. 안국사를 끼고 한 바퀴 도는 생태숲길의 거리는 1km 남짓이다. 소나무를 비롯해 굴참나무, 갈참나무, 신갈나무 등 다양한 나무들이 우거진 생태숲길로, 새 소리와 숲 향기에 젖어 가볍게 산책하기에 좋다. 오르는 길은 안국사를 중심으로 오른쪽(낙성대공원 안내도 옆)과 왼쪽(관리사무소 뒤)에 있는데, 어느 쪽으로 가든 상관없지만 숲길의 첫인상은 소나무밭의 그윽한 향기와 운치가 멋스러운 왼쪽 길이 좀 더 낫다. 나무계단이 가지런히 설치되어 있는 왼쪽 길로 접어들어 소나무밭을 지나 정상 즈음에 이르면 두 갈래 길이 나오는데 왼쪽은 관악산 정상인 연주대로 가는 길이고 철조망이 늘어선 오른쪽 길이 안국사로 내려오는 길이다. 숲길 곳곳에 쉬어 갈 수 있는 벤치도 있어 길을 걷다 잠시 숲의 향기에 취해 보는 것도 좋다.

14 관악산 호수공원

수려한 산세가 비치는
호수를 거닐 수 있는 산책로

2 서울대입구

관악산 호수공원 〃 관악산은 예부터 '개성의 송악산, 파주의 감악산, 포천의 운악산, 가평의 화악산과 더불어 경기5악의 하나로 일컬어왔다. 그리 높지도, 그다지 규모가 크지도 않지만 곳곳에 도드라진 암봉, 깊은 골짜기와 어우러진 산세는 제법 수려하고 암팡져 등산객들의 당일 산행지로 인기가 높다. 뿐만 아니라 등산로 초입에 있는 호수공원은 굳이 등산이 아니더라도 계절마다 나름의 멋을 자아내 자연의 운치를 만끽하며 산책하기에 그만이다.

지하철로 가는 길

2호선 서울대입구역 2번 출구로 나와 나온 방향으로 1.3km 가량 걸어가면 서울대가 나오는데 서울대 정문 오른쪽이 관악산 호수공원 입구이다. 서울대입구역에서 서울대까지 이어지는 길은 은행나무가 줄을 이어 '아름다운 단풍 · 낙엽의 거리', '서울시 디자인 거리'로 지정될 만큼 걷기에 좋다. 걷는 것이 부담스럽다면 3번 출구로 나와 5513번, 5515번, 6515번 버스를 타고 서울대 정문 앞에서 내리면 된다.

1. 숲길 곳곳에 돌탑이 있어 산길의 운치를 더한다. 2. 관악산은 정상 부근에 다다를수록 암벽이 있어 산행과 암벽등반의 묘미를 동시에 느낄 수 있다. 3. 호수공원은 크기는 작지만 아담한 한국적 연못의 운치를 자아낸다. 4. 울긋불긋 단풍이 지는 가을이면 호수공원의 아름다움이 절정에 다다른다. 5. 관악산 호수공원의 물결 위에 떨어진 단풍이 멋스럽다.

작지만 아기자기한 운치가 있는 곳

서울대 정문 오른쪽 입구에서 호수공원까지 이어지는 산책로는 약 1.2km이다. 봄이면 흐드러지게 피어나는 벚꽃이 산책로를 화사하게 수놓는가 하면 벚꽃이 질 무렵에는 산책로를 비롯해 산 전체를 붉게 물들이는 철쭉이 사람들의 발길을 유혹하다, 여름날의 싱그러운 초록빛 숲길도 좋지만 특히 빨갛게 물든 단풍과 낙엽으로 덮인 가을의 멋 때문에 찾는 발걸음이 제법 많다. 뿐만 아니라 산책로 옆에 맑은 물이 흘러내리는 계곡을 따라 물놀이장과 야외식물원이 펼쳐져 또 다른 운치를 자아낸다. 식물원을 둘러싸고 나무들이 우거진 숲에는 목재데크길이 길게 뻗어 있어 걷기에도 편하다.

그 길 끝에 자리한 <u>호수공원은 규모는 아담하지만 정자와 아치형 나무다리, 미당 서정주 시비와 조각품들이 어우러져 아기자기한 운치가 돋보인다</u>. 이 자그마한 호수 또한 계절마다 그 빛깔을 달리하며 사람들의 마음을 설레게 한다. 호수 주변으로 노란 개나리가 피어나는 봄이면 따사로운 색채로 차가운 겨울 끝의 마음을 훈훈하게 녹여 주고, 온통 초록빛으로 물든 여름날에는 더위에 지친 심신을 시원하게 달래 준다. 빨간 단풍으로 가득한 가을의 호수는 잠시나마 감상적인 가을나그네로 이끌어 주는가 하면, 하얀 눈으로 덮인 겨울 또한 그림 같은 풍경으로 마음을 사로잡는다.

산 중턱에는 절도 있으며 곳곳에서 불상도 만날 수 있다.

놓치면 아쉬운 볼거리

관악산 등산로

호수공원에서 안쪽으로 더 들어가면 관악산 정상인 연주대까지 등산로가 연결되어 있다. 깎아지른 벼랑 끝에 아슬아슬한 모습으로 세워진 암자인 연주대는 여느 곳에서는 좀처럼 볼 수 없는 독특한 풍광으로 사람들의 마음을 사로잡는다. 호수공원에서 연주대까지 이르는 거리는 약 3.5km이다. 관악산 숲길을 따라 올라가다 보면 굽이굽이 개울을 가로지르는 나무 구름다리를 건너 야영장이 나온다. 이곳을 지나 깔딱고개길을 오르면 연주대가 보인다. 가파른 오르막길의 연속인 깔딱고개길이 버겁다면 야영장을 지나 원뿔형의 돌탑이 있는 곳까지만 가도 된다. 이곳에서는 큼지막한 바위들을 타고 내려오는 운치만점의 계곡 풍경을 온전히 살펴볼 수 있다.

다양한 먹을거리

서울대입구역 8번 출구로 나와 왼쪽 두 번째 골목으로 들어가면 나오는 <u>돈뼈락연탄갈비 (02-887-5579)</u>는 70~80년대 분위기의 맛과 멋이 묻어나는 곳으로 단골손님이 유난히 많다. 양념에 잰 넓적한 돼지갈비와 돼지껍데기를 연탄불에 구워 부추와 곁들여 상추에 싸 먹는 맛이 일품이다.

15 석촌호수공원

벚꽃과 철쭉 향이 가득한
호숫가 산책로 걷기

2 잠실   8 잠실

석촌호수공원 » 석촌호수는 한때 한강의 지류가 흐르던 곳이었지만 오랫동안 토사가 쌓여 온 터에 샛강을 매립하는 과정에서 형성된 호수이다. 송파대로를 사이에 두고 동호와 서호로 나누어진 석촌호수공원은 호수를 둘러싸고 산책로와 조깅 코스 등이 아기자기하게 꾸며져 있어 사시사철 많은 사람이 즐겨 찾는다.

🚇 지하철로 가는 길

2호선, 8호선 잠실역 2번 출구로 나와 나온 방향으로 200m 가량 오면 석촌호수 사거리가 나온다. 사거리에서 왼쪽으로 100m가량 들어가면 석촌호수 입구이다.

1. 석촌호수 서호에서는 롯데월드가 바로 보여 활기찬 분위기를 느낄 수 있다. 2. 봄이 면 벚꽃이 흐드러지게 피어 호수공원은 인산인해를 이룬다. 3. 공원 내에서는 여러 문화행사가 열려 다양한 볼거리를 제공한다. 4. 공원 중간 중간에 조형물이 있어 걷는 길의 심심함을 덜어 준다.

그림같은 호수를 따라 걷는 여유

호수를 한 바퀴 돌 수 있는 산책로는 약 2.5km 거리이다. 봄이면 벚꽃과 철쭉이 호숫가를 화사하게 물들이고 여름이면 가지를 길게 늘어뜨린 버드나무들이 그늘을 드리워 시원함을 안겨 준다. 또한 색색의 단풍과 낙엽의 운치가 돋보이는 가을, 하얀 눈과 어우러진 겨울의 멋도 그만이다. 뿐만 아니라 밤이 되면 호수에 비치는 달빛과 은은한 가로등이 분위기를 더해 심야 데이트를 즐기려는 연인들이 많다.
하지만 사계절 중 가장 인기 있는 시기는 뭐니 뭐니 해도 벚꽃이 만발한

석촌호수공원

놓치면 아쉬운 볼거리

롯데월드

석촌호수 옆에는 모험과 신비를 주제로 한 실내주제공원인 롯데월드 어드벤처, 호수공원인 매직 아일랜드, 민속박물관, 쇼핑몰, 수영장, 아이스링크, 스포츠센터, 호텔, 백화점 등으로 구성된 전천후 복합문화공간인 롯데월드가 있다. 최첨단 탑승시설은 물론 환상적인 퍼레이드와 다양한 공연을 즐길 수 있다. 민속박물관은 단순하게 유물을 전시해오던 종래의 박물관과 달리 축소 모형에 첨단 영상 기법을 살려 선조들의 발자취를 이해하기 쉽고 재미있게 구성했다. 아울러 롯데월드 실내 아이스링크는 자연채광으로 쾌적한 분위기를 자아내 연인들의 데이트 장소로 인기가 높다.

다양한 먹을거리

석촌호수 동쪽 끝자락에서 도로 건너편 기업은행을 끼고 오른쪽으로 이어지는 골목은 식당이 즐비한 방이동 먹자골목으로 유명한 곳이다.

봄날이다. 호수를 둘러싸고 1,000여 그루의 왕벚꽃이 호숫가를 하얗게 물들인 모습이 환상적이어서, 특히 주말에는 꽃놀이를 즐기러 온 사람들의 발길이 줄을 잇는다. 청록색을 띤 호수를 둘러싸고 눈구름처럼 피어난 벚꽃 사이사이로 철쭉과 야생화도 곁들여져 화사함을 더한다. 깔끔하게 조성된 산책로에 드리워진 벚꽃터널을 따라 호수를 한 바퀴 도는 데 40분 정도 걸리지만 호수 산책로 곳곳에 쉬어 갈 만한 벤치가 많아 쉬엄쉬엄 꽃을 음미하다 보면 시간 가는 줄 모른다.

따로 또 같이 자리한 동호와 서호는 그 분위기가 사뭇 다르다. 롯데월드 매직 아일랜드를 품고 있는 서호는 놀이기구를 타는 사람들의 비명소리로 인해 활기가 넘친다. 동화 속 풍경 같은 시설물들과 하늘로 높이 솟아올랐다 호수로 풍덩 빠져 버릴 것 같은 놀이기구의 움직임을 보는 재미도 쏠쏠하고 시원한 물줄기를 뿜어내는 분수는 보는 것만으로도 가슴이 뻥 뚫린다. 반면 동호는 호수 그 자체의 고즈넉함이 묻어나는 분위기로 한적한 호수의 운치를 만끽하며 조용히 산책하기에 좋다.

서울대공원 ″ 동물원과 식물원, 돌고래쇼장, 장미원, 국립현대미술관 등을 아우르고 있는 서울대공원은 다양한 볼거리와 즐길거리가 가득해 일일 나들이 코스로 그만인 곳이다. 뿐만 아니라 동물원을 감싸고 있는 산자락에는 470여 종에 달하는 울창한 나무숲 사이로 8km가량의 오솔길이 조성된 삼림욕장이 있어 새소리를 들으며 산책할 수 있다. 정문에서부터 공원 전체를 한 바퀴 도는 코끼리 열차를 타는 재미도 쏠쏠하다.

16
서울대공원

꽃과 동물, 예술 작품을
모두 만날 수 있는 곳

④ 대공원

지하철로 가는 길

4호선 대공원역 2번 출구로 나와 쭉 뻗은 도로를 따라 300m 정도 들어가면 서울대공원 입구이다. 이 길목은 바람이 불면 낙엽이 우수수 떨어지는 가을의 운치가 특히 매력적이다.

서울대공원 안내

테마가든
입장료 어른 2,000원, 청소년 1,500원, 어린이 1,000원
문의 02-500-7338

동물원
관람 시간 09:00~19:00(11~2월 18:00까지)
입장료 어른 5,000원, 청소년 3,000원, 어린이 2,000원
문의 02-500-7335

가족나들이 최고의 명소

코끼리열차의 첫 정거장은 테마가든 앞이다. 5월 중순부터 피어나기 시작해 6월까지 수천만 송이의 장미 물결로 출렁이는 테마가든은 화려하고 우아한 자태를 뽐낸다. 뿐만 아니라 향긋한 꽃내음에 흠뻑 취해 걷다 보면 각박한 도심생활에 찌들었던 마음까지 화사하게 물드는 느낌을 주는 곳이다. 꽃밭 곳곳에는 시원하게 물을 뿜어내는 분수와 장미로 뒤덮인 아치형 통로, 멋진 조형물들이 놓여 있어 아기자기한 멋을 더하고 걷다가 쉬어갈 수 있는 파고라도 마련되어 있다. 테마가든 끝자락에서는 어린이 동물마당이 이어지고 동물마당 안쪽으로 들어서면 과천저수지를 가로지르는 다리 밑을 지나 저수지를 끼고 걷는 산책로도 연결되어 있다.

테마가든 입구 앞에 위치한 동물원은 세계 각국의 동물 366종이 살고 있는 동물의 왕국이다. 동물원 입구에 있는 88서울올림픽의 마스코트인 호돌이를 상징하는 거대한 시베리아 호랑이 조형물이 눈길을 끈다. 안으로 들어서면 아프리카 마사이족의 생활상을 엿볼 수 있는 아프리카 어드벤처 구역을 비롯해 마사이족처럼 긴 목에 늘씬한 몸을 지닌 기린, 빨간 빛이 인상적인 홍학, 밀림의 청소부 하이에나, 치타를 한입에 삼킨다는 그물무늬 왕뱀, 우람한 코뿔소와 아프리카 물소, 동물원의 귀염둥이 원숭이까지 다양한 동물을 보며 산책하는 재미가 있다.

놓치면 아쉬운 볼거리

서울랜드

미술관 앞 조각품들이 늘어선 잔디밭 산책로를 따라 아래쪽으로 내려가면 서울랜드가 있다. 각각 독특한 테마를 갖춘 서울랜드는 시기별로 튤립, 벚꽃, 국화 등 화려한 꽃축제와 함께 다양한 공연, 전시 이벤트를 벌여 볼거리도 풍성하다. 배가 뒤집힐 것 같은 아슬아슬함으로 짜릿한 쾌감을 안겨 주는 바이킹을 비롯해 다양한 놀이기구를 타는 맛도 좋지만 세계 각국의 독특한 건축물들을 재현한 '세계의 광장', 토산품과 향토음식을 파는 옛 장터와 그네, 활터 등의 민속놀이 시설을 갖춘 '삼천리동산', 은하철도 999와 블랙홀 2000을 타고 우주의 신비를 느낄 수 있는 '미래의 나라', 입체영화관이 마련된 '환상의 나라' 등을 둘러보는 재미도 쏠쏠하다.

문의 02-509-6000

다양한 먹을거리

대공원역에서 서울대공원으로 가는 길목에 패스트푸드점 KFC와 편의점이 있고 다양한 먹을거리를 판매하는 노점이 줄을 잇는다. 동물원 내에는 호랑이 푸드코트, 기린푸드스퀘어 등 먹을 곳이 많다. 서울랜드 앞에는 호수공원 푸드코트가 있다.

1. 여름에는 장미꽃이 만발해 장미원을 찾는 발길로 붐빈다.
2. 국립현대미술관이 부근에 있어 예술작품을 감상할 수 있다.
3. 동물원에서는 아이들이 직접 모이를 줄 수 있어 체험학습에도 효과적이다.
4. 장미원 안쪽으로 들어가면 양귀비 등의 꽃을 보며 한적하게 걸을 수 있는 오솔길이 있다.

동물원을 뒤로하고 오른쪽으로 올라가면 국립현대미술관이 자리하고 있다. 시기별로 다양한 작품을 감상할 수 있는, 서울대공원 안의 소중한 문화예술 공간이다. 안에 들어서면 작품의 내용을 검색해볼 수도 있어 작품에 대한 이해를 돕는다. 미술관 앞에는 아담한 연못과 돌다리, 노란 파라솔이 어우러져 미술관의 운치를 더한다. 미술관 앞에 자리한 〈풍경의 소리+터를 위한 눈=랑데뷰〉 작품은 둥그스름한 돌기둥에 모니터를 통해 누군가를 응시하는 듯한 커다란 눈이 박혀 있는 것이 인상적이다. 언뜻 보면 부릅뜬 눈에 커다란 눈동자가 이리저리 움직이는 듯해서 발길이 멈춰진다. 아울러 미술관 앞 넓은 잔디밭 곳곳에는 다양한 형태의 재미있는 조각품들이 놓여 있어 천천히 거닐면서 감상하기에 좋다.

17
개운산공원

개운산 자락을 감싸며
느긋하게 걷는 산책길

④ 길음

개운산공원 개운산(134m)은 그리 높지 않은 데다 규모가 아담하고 산자락을 둥글게 감싸고 있는 산책로가 조성되어 있어 호젓한 자연 풍경을 음미하며 가볍게 산책하기에 좋다. 산자락을 한 바퀴 도는 순환 산책로 둘레길은 3.4km 거리이다. 숲 사이로 난 오솔길은 비교적 평탄해 쉬엄쉬엄 걸어도 1시간 30분 정도면 충분히 돌 수 있다.

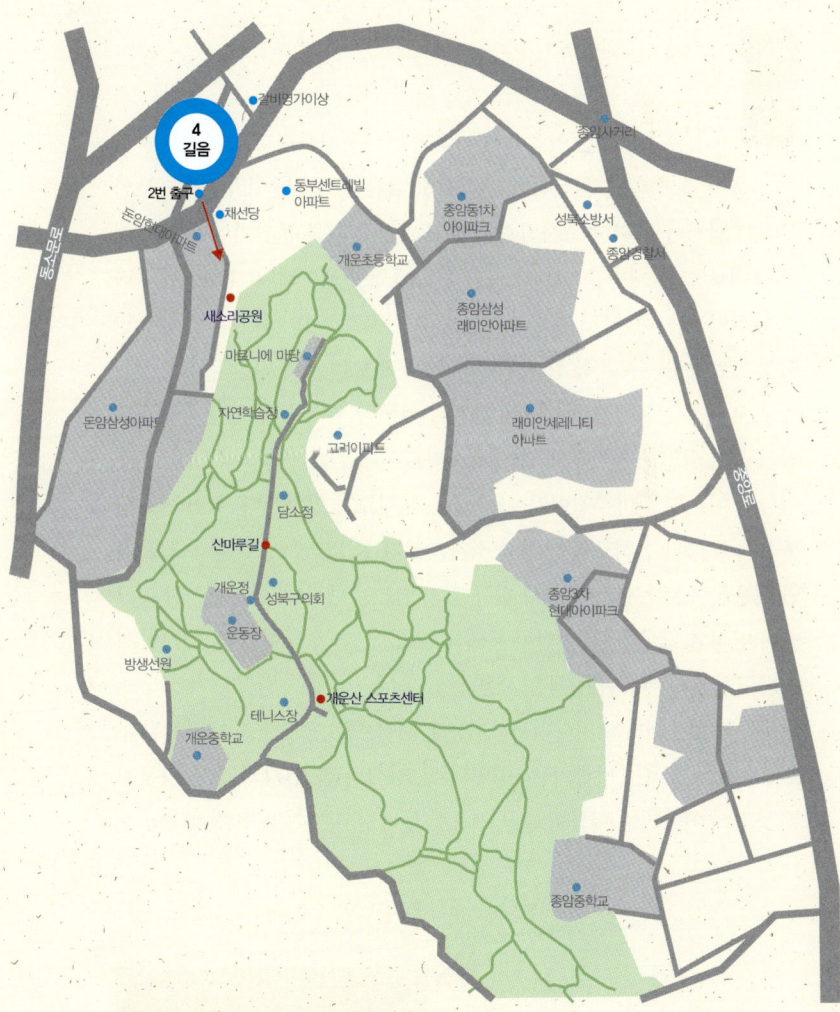

🚇 지하철로 가는 길

4호선 길음역 2번 출구로 나와 출구 앞에 있는 횡단보도를 건너자마자 오른쪽 언덕길을 150m가량 올라가면 왼쪽에 새소리공원 어린이놀이터(축대 위에 연두색 펜스가 쳐져 있는 곳)가 있다. 이 공원 안쪽에 개운산 공원으로 오르는 나무계단길이 이어져 있다.

숲이 주는 푸른 정기를 온몸으로 담는 길

새소리공원 안쪽에서 시작되는 나무계단길로 들어서는 순간부터 숲이 우거져 있다. 올라가다 간간히 뒤를 돌아보면 내부순환도로와 아파트 단지가 둘러선 도시의 모습과는 완전히 다른 분위기이다. 지그재그 형태로 놓인 계단을 오르다 보면 왼쪽에 동부센트레빌 아파트로 갈라지는 길이 있는데, 어느 쪽으로 가든 순환 산책로를 한 바퀴 돌 수 있지만 정상으로 향하는 오른쪽 길로 올라가 한 바퀴 도는 것이 일반적이다. 공원으로 오르는 길목에는 군데군데 벤치와 원두막 쉼터, 간단한 운동기구가 있어 잠시 쉬거나 슬쩍 몸을 풀기에 좋다.

정상에 이르면 산마루길이라 이름 붙은 산책로가 펼쳐진다. 평평하고 산뜻하게 조성된 산책로에 자리한 정자(담소정)를 바라보고 오른쪽으로 가면 개운산 스포츠센터이다. 그 길목에는 솔숲 안 책장에 책을 비치하고 그 앞에 벤치와 평상을 둔 '산마루 북카페'도 있어 숲 속의 향기를 맡으며, 새소리를 들으며 여유롭게 책을 읽을 수 있다.

개운산 스포츠센터를 지나면서부터는 본격적으로 숲 오솔길이 시작된다. 스포츠센터 앞에는 명상의 길, 연인의 길, 사색의 길, 건강의 길, 산마루길 등 구간에 어울리는 이름이 붙은 개운산 둘레길 지도가 있어 전체적인 길

공원 곳곳에서 다양한 종류의 야생화를 볼 수 있다.
잠시 키를 낮춰 또 다른 세상의 아름다움을 즐겨 보자.

산마루길 등 산책자들을 위한 다양한 길이 마련되어 있어 걷는 재미가 쏠쏠하다.

의 형태를 가늠하기에 좋다. 스포츠센터 앞 오솔길로 들어선 후 각종 운동기구가 있는 체력단련장 앞에 있는 군부대를 바라보고 왼쪽 나무계단 길을 따라 내려가면 아파트촌과 도로는 온데간데없고 오로지 녹음이 우거진 숲만 이어진다. 봄이면 싱그러운 초록빛의 향연이 펼쳐지고 여름에는 시원한 숲 그늘이, 가을이면 화려한 단풍과 낙엽이 분위기를 더하며 앙상한 가지가 드러난 겨울에는 스산함 속에 더욱 호젓한 멋이 풍겨나는 길이다. 약간의 오르막, 내리막으로 이어진 아기자기한 숲길은 갈림길이 나올 때마다 '개운산 둘레길'이라는 표시가 있어 헷갈릴 염려는 전혀 없다. 오솔길을 걷다 보면 산자락 안 폭 파묻힌 곳에 약수터도 있다. 우물처럼 샘솟는 형태가 아니라 가느다란 물 한 줄기가 졸졸졸 흘러나오는 약수터이다. 약수터를 지나 아담한 화단에 다양한 꽃이 활짝 피어나는 호렛산기도원 앞을 지나 위로 올라가면 처음 마주하던 산마루길에서 보았던 정자가 나온다.

정자 오른편 길로 접어들면 김소월, 박목월 등 근현대 시인들의 대표적인 시가 새겨진 시비들을 볼 수 있다. 이어서 몇 걸음 더 옮기면 나무숲 사이로 좁은 길이 층층이 형성된 이색적인 층층산책로를 걷는 맛이 독특하다. 층층산책로 윗자락, 농구대를 비롯해 다양한 운동 기구가 놓여 있는 마로니에 마당에는 서울우수조망명소가 자리하여 백운대와 인수봉, 노적봉이 보이는 삼각산 등이 한눈에 들어온다. 마로니에 마당 끝에 표시된 둘레길 이정표를 따라 내려가면 동부센트레빌 아파트 뒤를 지나 산책 기점이던 새소리공원으로 내려가게 된다.

길음역 2번 출구 앞 황단보도 건너 오른쪽으로 조금만 가면 나오는 갈비명가이상(돈암본점 02-2243-8200)은 소갈비와 돼지갈비, 갈비탕으로 유명한 집이다.

산책길이 잘 조성되어 있으며 계절마다 새로운 멋으로 사람들을 즐겁게 한다.

개운산공원 ● 195

산마루 북카페와 쉼터, 자연학습장 등이 있어 아이들이 보고 느끼고 즐길 수 있는 것이 많다.

18
용마폭포공원

당당한 위용을 자랑하는
동양 최대의 인공폭포

7
용마산

🚇 지하철로 가는 길

7호선 용마산역 2번 출구에서 나온 방향으로 언덕길을 넘어 150m가량 걸어가면 현대아이파크 아파트 입구가 나온다. 여기서 오른쪽으로 접어들어 안쪽으로 들어가면 용마폭포공원 입구이다.

용마폭포공원》 아차산 줄기의 최고봉으로 일컫는 용마산 중턱에 위치한 용마폭포공원은 동양 최대의 인공폭포이다. 높이 51m에 달하며 좌우에 21.4m 높이의 청룡폭포와 21m 높이의 백마폭포를 거느리고 있어 여느 인공폭포와는 차원이 다를 만큼 웅장하다. 깎아지른 절벽을 타고 떨어지는 장쾌한 물줄기 밑에는 물을 담아 두는 제법 넓은 소도 조성되어 있어 웬만한 자연폭포에 뒤지지 않는 풍경이다.

용마폭포공원 내에는 산책로는 물론 스포츠를 즐길 수 있는 광장도 많다.

동양을 대표하는 인공폭포의 향연

용마산(348m)은 그리 높지는 않으나 깎아지른 듯한 암사면이 길게 이어진 모습이 독특하고 아름다운 산이었다. 그러나 경제개발로 인해 서울시 도로와 아파트 등의 건축을 위한 골재를 조달하던 채석장으로 활용되었다. 골재 채취로 인해 산중턱이 뭉툭 뭉툭 깎여 나가면서 제 모습을 잃은 채 도시의 흉물이 되어 버렸던 산은 1997년 동양 최대의 인공폭포로 거듭나면서 지금은 많은 사람의 발길을 유혹하고 있다. 새옹지마라고 했던가. 채석장으로 흉물 취급을 받던 용마산은 돌을 캐고 난 단면이 오히려 거대한 암벽 병풍처럼 산 전체를 에두르는 형상이어서 이국적인 풍경을 자아내며 용마폭포공원만의 매력을 한껏 발산하고 있다. 폭포와 더불어 축구장, 테니스장, 게이트볼장, 배드민턴장, 어린이놀이터, 대형 잔디광장 등이 아기자기하게 갖춰진 공원으로 변신한 이곳은 주택가 바로 옆에 있어 인근 주민들에게 도심 속 산소 공급처이기도 하다.

폭포공원 입구로 들어서서 왼쪽으로 나 있는 목재데크 계단으로 올라가면 무료로 개방되는 인조잔디축구장이 있다. 축구장을 돌아 테니스장 옆길을 따라 들어가면 오른쪽으로 하늘 높이 솟구친 절벽을 타고 내려오는 폭포수가 그 위용을 드러낸다. 세 줄기의 폭포수가 바닥으로 곤두박질치며 하얗게 부서지는 포말 속에 튕겨 나오는 물방울들은 무더운 여름더위도 한방에 날려버릴 기세다. 장쾌하게 떨어지는 모양새뿐만 아니라 물줄기가 토해 내는 폭포 소리는 듣는 것만으로도 절로 시원해지는 느낌이다.

폭포공원은 24시간 개방되어 있지만 폭포 가동 시간은 따로 정해져 있다. 폭포에 물이 떨어지지 않으면 아무래도 단팥 없는 찐빵 맛처럼 밍밍할 터이다. 폭포는 4월부터 10월까지 두 차례(11:00~13:00, 15:00~17:00)에 걸쳐 가동되므로 시간을 맞춰 가는 것이 중요하다. 폭포 앞에는 중앙 잔디광장과 원두막, 벤치 등이 있어 느긋하게 쉬면서 폭포를 감상하는 것도 좋다.

용마산
용마폭포공원을 둘러본 후 기왕이면 공원을 감싸고 있는 용마산까지 올라보자. 용마폭포공원은 그리 큰 규모가 아니라 폭포 자체만 훑어 둘러본다면 조금 아쉬움이 남는다. 폭포 앞에서 산책로를 따라 U자형으로 휘감아 도는 오른쪽 언덕길로 200m가량 오르면 폭포를 내려다볼 수 있는 전망대가 있는데 전망대 우측의 운동기구가 있는 마당을 지나면 용마산으로 오르는 등산로로 연결되어 있다. 가벼운 산행이라면 용마산 정도만 올라도 좋고, 산행을 좀 더 제대로 즐기고 싶다면 내친김에 아차산까지 가는 것도 좋다. 아차산까지 이어지는 등산로를 걷다 보면 군데군데 서울 시내가 한눈에 보이는 전망 좋은 곳이 자리해 가슴이 탁 트인다. 산행을 겸할 마음이라면 물과 간단한 먹을거리를 챙겨가고 가급적 등산화를 신는 것이 좋다.

용마산역 3번 출구 인근 중랑구민회관 앞에 위치한 이조뼈다귀감자탕(02-437-9686)은 얼큰하고 개운한 뼈해장국에 마늘쫑과 깍두기를 곁들여 먹는 맛이 일품이다.

19 서대문 독립공원

애국지사의 슬픈 발자취를
따라 걷는 길

③ 독립문

서대문 독립공원》 서대문구 현저동에 위치한 독립공원은 조국의 독립을 위해 헌신한 애국지사들을 기리기 위해 건립된 공원이다. 공원 내에는 서대문형무소역사관을 비롯해 태종 7년(1407년)에 명나라 사신을 영접하기 위해 세운 사대주의의 상징물 영은문을 헐고 1898년 독립정신을 고취하기 위해 세운 독립문과 독립관, 3·1독립선언 기념탑 등이 자리하고 있다.

🚇 지하철로 가는 길

3호선 독립문역 5번 출구로 나가면 출구 바로 옆에 서대문형무소역사관을 중심으로 공원이 펼쳐져 있다.

서대문형무소역사관 안내

관람 시간 09:30~18:00(11~2월 ~17:00). 매주 월요일, 1월 1일, 설·추석 휴관

입장료 어른 3,000원, 청소년 1,500원, 어린이 1,000원, 65세 이상·6세 이하 무료

문의 02-360-8590

일제강점기 때 수많은 애국지사를 죽음으로 내몰았던 서대문형무소 안을 직접 보고 체험도 해 볼 수 있다.

슬픈 역사를 딛고 시민들에게 돌아온 곳

공원 중심에 있는 서대문형무소역사관은 1908년 경성감옥으로 문을 연 후 일제강점기 때 수많은 애국지사가 투옥되거나 형장의 이슬로 사라져 간 곳으로, 1998년에 지금의 모습을 갖추었다. 태조 이성계의 역성혁명 후 무학대사가 한양을 도읍으로 정할 당시 이곳을 두고 "명당 중의 명당이지만 한때 3,000여 명의 홀아비가 탄식할 곳"이라 했다는 예언을 반증하기도 한다.

매표소를 지나 정면에 보이는 역사전시관 내에는 일제침략에 항거하디 순국한 독립투사들을 기리는 내용의 전시물로 가득하고 지하 1층에는 당시 갖가지 형태로 행해졌던 고문 상황을 비명과 협박 등 생생한 음향 효과와 함께 사실적으로 재현해 놓았다. 전시관 뒤편에는 옛 모습 그대로 복원

서대문형무소역사관 안에는 일제강점기 때 애국지사들의 수감생활과 고문, 재판 상황들을 재현해 놓았다.

가을이면 독립공원의 길마다 바스락거리는 낙엽이 깔려 걷는 재미를 더한다.

된 옥사와 투옥자들을 강제로 동원하여 일을 시켰던 작업장인 공작사, 사형장과 시신을 형무소 밖 공동묘지까지 몰래 버리기 위해 뚫어 놓은 비밀 통로인 시구문도 있다. 공작사에는 순국선열이 당했던 다양한 고문을 직접 체험해 보는 코너도 있다.

사형장 입구에는 '통곡의 미루나무'라 불리는 큰 미루나무가 있다. 1923년 사형장 건립 당시 식재되었는데, 사형장으로 끌려가는 순국선열들이 조국의 독립을 이루지 못하고 생을 마감해야 하는 한을 눈물로 토해 낼 때 붙들고 통곡했다는 데서 붙은 이름이다.

서대문형무소역사관을 둘러싸고 있는 주변 공원에는 산책로와 벤치가 있고 특히 늦가을 낙엽 쌓인 풍경이 운치만점이다. 공원 내에 자리한 독립관은 원래 1407년 중국 사신을 영접하기 위해 지어진 모화관이었다. 이후 구한말에 이르러 독립협회가 사무실 겸 애국토론회장으로 사용하자 일제가 독립운동 탄압의 일환으로 철거해 버린 것을 1997년에 다시 복원한 후

전 국민의 모금 운동으로 세워져 오랜 세월을 지켜 온 독립문

놓치면 아쉬운 볼거리

이진아기념도서관

서대문형무소역사관 뒤편에는 '이진아기념도서관'이 있어 역사관 관람과 공원 산책 후 더불어 둘러보기에 좋다. 이진아기념도서관은 2002년 미국에서 유학 중이던 이진아 양이 사고로 세상을 떠나자 아버지 이상철 씨가 딸을 기리기 위해 서울시에 거액을 기부하여 만든 곳이다. 딸을 그리는 아버지의 소망을 담아 2005년에 건립된 도서관 내에는 종합 도서자료실을 비롯해 어린이열람실, 모자열람실, 문화창작실, 도예공방 등이 갖춰져 있으며 책 벼룩시장과 재활용 창작품 전시, 문화강좌 등 다양한 프로그램이 펼쳐진다.

순국선열의 위패 3,000여 위를 봉안한 추모의 장으로 거듭났다. 공원 초입에 자리한 독립문은 프랑스 파리의 개선문을 본떠 지은 것으로 홍예문 가운데 이맛돌에는 조선 왕조의 상징인 오얏꽃무늬가 새겨져 있다. 하지만 사대주의 상징물인 영은문을 헐고 독립정신을 고취하기 위해 세웠다는 독립문 현판 글을 매국노 이완용이 썼다고 하니 아이러니하다.

안산 자락길

이진아기념도서관 뒤편에서 이어지는 안산 자락길은 국내 최초 순환형 무장애 숲길로 평소 산에 오르기가 버거웠던 노약자와 휠체어, 유모차까지 부담 없이 숲길을 즐길 수 있도록 만들어진 산책로다. 나무데크길이 주를 이루면서 전 구간이 평지인 듯 완만하게 이어지는 자락길을 한바퀴 도는 코스는 약 7km다.

다양한 먹을거리

독립문역 인근에 형성된 영천시장 안에 못난이만두와 김말이, 수제 어묵, 30년 전통의 달인이 만들어 낸 꽈배기 등 값도 저렴하면서 맛도 좋고 양도 푸짐한 먹을거리가 다양하다. 아울러 소박하면서도 활기찬 재래시장을 둘러보는 재미가 쏠쏠하다.

국립중앙박물관 우리나라를 대표하는 유물들을 만나는 공간
서울역사박물관 서울의 과거와 미래를 만날 수 있는 자리
전쟁기념관 슬픈 전쟁의 역사를 되짚어 볼 수 있는 곳
허준박물관 허준 선생의 업적과 한의학 역사를 만나는 장
화폐금융박물관 화폐의 역사를 보고 경제 의식도 쌓을 수 있는 곳
성곡미술관 한국 현대미술의 본모습을 볼 수 있는 공간
서울메트로미술관 생활 속에서 미술을 만나는 친밀한 공간

★PART 3

지하철로 떠나는
박물관&미술관나들이

국립중앙박물관 》우리나라를 대표하는 박물관으로 1945년 덕수궁 내 석조전에서 처음으로 선을 보인 후 경복궁으로 이전되었다가 2005년 지금의 위치로 옮겨졌다. 박물관 내부의 전시품도 많지만 외부에도 볼거리가 다양해 꼼꼼히 제대로 둘러보려면 하루가 벅찰 정도로 규모가 광대하다.

01
국립중앙박물관
우리나라를 대표하는
유물들을 만나는 공간

④ 이촌 중앙 이촌

지하철로 가는 길

4호선 이촌역에서 내리면 국립중앙박물관으로 연결되는 지하통로가 있다. 박물관나들길이라 이름 붙은 이 지하통로는 200m가량 이어지는 벽면에, 점박이 불빛을 이용해 박물관에 전시된 유물들을 형상화한 작품들이 이어져 있다.

지하통로 개방 시간 월~화요일·목~금요일 07:00 ~19:00, 수·토요일 07:00~22:00, 일요일·공휴일 07:00~20:00

국립중앙박물관 안내

관람 시간 10:00~18:00, 1월 1일·설날·추석 휴관 / 상설전시실·기획전시실·어린이박물관·야외전시장 휴관일은 홈페이지 참조
관람료 상설전시관 무료(특별기획전시 예외)
문의 02-2077-9000

대한민국의 역사와 문화를 만나다

박물관 입구로 들어서면 쭉쭉 뻗은 사각기둥이 늘어선 모습에서 현대적인 조형미가 돋보이고, 거울못이라 불리는 넓은 연못과 청자로 만든 지붕이 이색적인 청자정이 어우러진 풍경이 눈길을 끈다. 거울못 위 왼쪽에는 시기에 따라 전시 주제가 바뀌는 기획전시관, 오른쪽에는 상설전시관이 자리하고 있다. 둥근 유리 형태의 건물 입구가 독특한 상설전시관은 6개의 주제관으로 구성되어 있고 1만 3,500여 점의 유물을 주기적으로 교체해 가며 전시한다.

상설전시관 1층에는 구석기시대부터 신석기시대, 청동기시대의 모습을 엿볼 수 있는 '선사·고대관'과 통일신라, 발해, 고려, 조선 시대의 생활상을 엿볼 수 있는 '중세·근세관'이 들어서 있다. 조선관에는 경복궁 근정전의 어좌와 〈일월오봉도〉 등을 코앞에서 바라볼 수 있게 실물 크기로 전시해 놓았다. 2층은 한국 전통문화의 아름다움을 엿볼 수 있는 서예, 회화, 불교회화 등을 전시한 '서화관'과 개

전시된 작품을 본떠 만든 다양한 기념품도 구입할 수 있다.

어마어마한 규모로 관람객을 압도하는 국립중앙박물관. 우리나라의 역사가 모두 담겨 있다고 해도 과언이 아니다.

박물관 외부에도 볼거리가 많으니 느긋하게 걸으며 살펴보자.

인 소장품을 전시한 '기증실'로 나뉘어 있으며 코리아나 화장품 창업자인 유상옥 씨가 기증한 전시품 중 조선 시대 당시의 앙증맞은 화장품 용기들이 눈길을 끈다. 3층은 중국, 일본, 중앙아시아의 문화를 소개하는 '아시아관'과 한국불교조각, 고려청자, 조선백자 등의 도자공예와 금속공예의 진수를 엿볼 수 있는 '조각공예관'으로 구성되어 있다.

야외 조형물과 공원을 넘나들다

야외에 조성된 석조물정원을 둘러보는 맛도 좋다. 거울못 끝자락에 조성된 석조물정원은 잔디밭과 나무가 우거진 곳곳에 다양한 형태의 석탑이 들어서 있어서 하나하나 구경하며 산책하는 재미가 쏠쏠하다.
국내 최초의 팔각집 모양의 승탑인 염거화상탑(국보 제104호), 고려 태조 왕건이 가장 공을 들여 세웠다는 흥법사 진공대사탑과 석관(보물 제265

용산가족공원

보신각 조형물을 지나면 용산가족공원과 연결되는 산책로가 있다. 소나무가 가득한 숲길을 따라 태극기공원을 거쳐서 안쪽으로 들어가면 아담한 호수를 둘러싸고 넓은 잔디밭이 펼쳐진 가족공원이 모습을 드러낸다. 호수 주변 가지를 길게 늘어뜨린 버드나무가 유난히 돋보이는 공원 내에는 거인상과 잔디밭을 움켜쥔 손 등이 곳곳에 세워져 있어 재미있다.

호), 고려 석탑의 특성을 잘 보여 주는 남계원 7층 석탑(국보 제100호), 켜켜이 쌓아 놓은 시루떡 모양이 독특한 홍제동 5층 석탑 등을 비롯해 석양과 문인석, 석조여래입상 등을 구경하며 안쪽으로 들어가면 아담하지만 시원스럽게 물줄기를 쏟아 내는 미르폭포를 볼 수 있다. 석조물정원을 바라보고 오른쪽 통로로 나가면 경남 산청군 금서면 매촌리에서 발굴된 독특한 형태의 고인돌을 이전 복원해 놓은 모습도 볼 수 있다. 상설전시관을 바라보고 오른쪽 끝에는 조선 시대에 만들어진 보신각 종(보물 2호)이 있다. 1985년까지 종로에서 제야의 종소리를 울렸지만 종을 보호하기 위해 지금의 자리로 옮겨 보존되고 있다. 현재 타종하는 종은 성덕대왕신종을 본 떠 1986년에 만든 것이다. 뿐만 아니라 박물관 내에 연극, 뮤지컬, 클래식 등의 공연이 열리는 '극장 용'이 있어 박물관 관람과 함께 공연문화의 즐거움까지 누릴 수 있다.

현재와 과거를 넘나드는 예술품들이 보는 즐거움을 더한다.

02 서울역사박물관

서울의 과거와 미래를
만날 수 있는 자리

5 광화문

서울역사박물관》 2002년 5월 경희궁지 내에 개관한 서울역사박물관은 조선 시대를 중심으로 선사시대부터 현대에 이르기까지 서울의 역사와 문화, 서울사람들의 생활상을 한자리에서 엿볼 수 있다. 다양한 전시관을 비롯해 학습관에서는 아이들이 직접 역사와 문화를 체험해 볼 수 있는 프로그램들을 운영하고 있다.

🚇 지하철로 가는 길

5호선 광화문역 7번 출구로 나와 서대문 방향으로 400m가량 가면 서울역사박물관 입구이다.

서울역사박물관 안내

관람 시간 09:00~18:00, 주말과 공휴일을 제외한 월요일·1월 1일 휴관
입장료 무료
문의 02-724-0274

도로와 접해 있어서 접근성이 좋은 서울역사박물관

한국의 역사를 한눈에 살펴보다

서울역사박물관 내에 들어서면 서울시 전역을 1,500분의 1로 축소한 모형을 비롯해 분야별로 전시품을 일목요연하게 전시해 놓아 서울의 과거와 현재를 생생하게 느낄 수 있다. 무엇보다 전시물 앞에 설 때마다 감지 센서에 의해 해당 전시물과 함께 영상화면을 곁들인 설명을 일목요연하게 해 주어 당시의 생활상을 자세하게 살펴볼 수 있다는 점이 편리하다.

특히 3층 터치뮤지엄 코너에서는 옛 물건을 직접 만져 보며 구경하는 재미가 독특하다. 화로를 만지면 이글이글 타오르는 숯불을 가득 담은 화로가 나오고 다듬이돌을 손으로 톡 치면 다듬이돌에 옷이나 천을 얹어놓고 방망이질을 하던 옛 여인의 모습은 물론 어떤 기능을 하는 것인지 영상화

서울역사박물관 뒤편에는 경희궁이 있어 호젓한 분위기 속에서 산책을 즐길 수 있다.

서울역사박물관 외부에서도 돌 조각상과 석조다리 등 옛 향취를 느낄 수 있는 조형물들을 볼 수 있다.

면과 함께 자세한 설명이 곁들여져 나온다.

궁중문화를 살펴볼 수 있는 공간도 흥미롭다. 왕이 주요 행사 때 입는 최고 예복인 면복과 왕비가 입는 적의 곳곳에는 수많은 의미가 담겨 있다. <u>옷에 수놓인 여러 문양은 왕권의 위엄과 권위, 왕이 갖춰야 할 덕목을 상징하는가 하면 면류관의 양옆 구슬은 소리를 가려 듣는다는 의미가 담겨 있다.</u> 아울러 전시관 내 병풍 형태로 만들어진 〈평생도〉는 사람의 일생 중 주요 장면을 표현한 일종의 풍속화로 혼인, 과거급제, 관직생활 등 조선 시대 사람들의 인생관과 출세관을 요약하여 보여 주어 눈길을 끈다.

서울역사박물관 외부에는 1930년대부터 1968년까지 서대문에서 청량리까지 운행되던 전차가 전시되어 있으며, 전차를 타고 등교하는 아들을 배웅하는 어머니 조형물이 눈길을 끈다. 당시 서울시의 중심 교통수단으로 서울시민들의 발이 되어주던 전차는 1960년대 후반 이후 대체 교통수단인 버스의 등장과 승용차 운행에 방해된다는 이유로 중단되었지만 지금도 서울 시민들의 아련한 추억 속에 남아 있다.

전차 옆에는 2004년 종로구 청진동 피맛골 일대의 재개발 과정에서 발굴된 조선 시대 당시의 종로 시전행랑 유구(옛날 토목건축의 구조와 양식을 알 수 있는 실마리가 되는 자취)가 전시되어 있다. 1412년(태종 12년)부터 1414년에 이르기까지 종로 일대에 형성된 시전은 나라에서 필요로 하는 물품을 공급하는 대신 특정 물품(비단, 명

경희궁

서울역사박물관 옆에는 경희궁이 자리하고 있어 더불어 돌아보기에 좋다. 경희궁 자리는 원래 인조의 생부이자 광해군의 이복동생인 정원군(훗날 원종으로 추존)의 사저였으나 이곳에 왕기가 서렸다 하여 광해군이 이를 눌러 없애기 위해 빼앗아 궁궐을 지었다. 궁내에는 경종, 정조, 헌종 등이 즉위식을 거행한 숭정전과 공무를 수행하던 자정전, 영조의 어진을 보관하던 태령전 등이 있어 호젓하게 산책하며 둘러보기에 좋다.

서울역사박물관 인근 정동길 입구로 들어서면 창덕여자중학교 옆 골목 안쪽에 <u>어반가든(02-777-2254)</u>이 있다. 꽃과 식물로 가득해 싱그러운 분위기에서 연어샐러드, 명란로제파스타, 쫀득쫀득한 나폴리피자 등을 먹는 맛이 일품이다. 정동길 안쪽으로 좀 더 들어오면 정동극장 옆에 <u>덕수정(02-755-0180)</u>이 있다. 부대찌개, 순두부, 삼치구이, 오징어볶음 등을 판매하는 한식당으로 수십 년간 한자리를 지켜 온 정동길의 터줏대감이자 인근 직장인들에게 인기 있는 곳이다.

한국 근현대사의 소박한 단면을 보여 주는 전차

주, 종이, 어물, 모시, 무명)에 대한 전매권을 가진 육의전이 번성한 상업활동의 중심지이다. 따라서 발굴된 시전행랑 유구는 당시의 시전행랑 구조를 밝히는 데 중요한 역할을 하는 역사적 산물이다. 아울러 2011년 원형복원으로 해체됐던 콘크리트로 된 광화문 구조물도 서울역사박물관으로 이전, 전시되고 있다.

전쟁기념관 〉〉 옛 육군본부 자리에 들어선 전쟁기념관은 이 땅에서 다시는 전쟁의 참극을 겪지 않도록 그 교훈을 후대에 전하기 위해 1994년에 개관했다. 내부 전시관은 물론 외부의 조형물 등도 잘 정비되어 있어 가족 나들이에 적격이다. 직접 눈으로 보고 체험하며 전쟁에 대해 다시금 돌아보게 만들어 아이들에게 좋은 교육 현장이다.

03
전쟁기념관
슬픈 전쟁의 역사를
되짚어 볼 수 있는 곳

④ 삼각지   ⑥ 삼각지

지하철로 가는 길

6호선 삼각지역 12번 출구에서 나온 방향으로 150m가량 가면 전쟁기념관 서문 입구이다. 4호선 삼각지역 1번 출구로 나가 정면의 삼각지 노래비가 있는 곳에서 횡단보도 건너 6호선 12번 출구 방향에서 150m 정도 가면 전쟁기념관 서문 입구이다. 서문 입구에서 50m 더 가면 정문 입구이다.

전쟁기념관 안내

관람 시간 09:00~18:00, 매주 월요일(월요일이 공휴일인 경우 다음날) 휴관
입장료 무료
문의 02-709-3114

전쟁의 아픈 과거를 되돌아보다

서문 입구로 들어서면 무엇보다 반구형의 대형 조형물이 눈에 들어온다. 동서로 찢어진 돔이 위로 갈수록 아물어진 형태로 구성된 조형물은 분단의 상처가 치유되어 남북통일이 이루어질 것을 암시하고 있다. 내부에는 6·25전쟁 당시 전투부대를 파병한 16개국의 지도가 모자이크 형식으로 담겨 있고 돔 정상부에는 〈형제의 상〉이 우뚝 서 있다. 이는 6·25전쟁 당시 국군 장교인 형과 북한군 병사인 동생이 원주 치악고개 전투에서 극적으로 만난 실화를 토대로 한 상징물로 분단과 대립을 넘어 화합과 통일의 염원을 나타내고 있다.

전쟁기념관 앞 널찍한 원형마당인 평화의 광장에는 만국기와 각 부대의 상징기가 펄럭이는 모습이 시선을 끈다. 기념관을 중심으로 길게 뻗어 있는 양쪽 회랑에 줄줄이 늘어선 전사자명비는 창군 이래 나라를 위해 헌신하다 전사한 국군 전사자 17만여 명과 6·25전쟁에 참여했다 전사한 3만

8,000여 명의 유엔군 이름이 새겨져 있다. 외국인 전사자들 명단 위로 '전혀 알지도 못하는 나라, 한 번도 만난 적이 없는 국민을 지키려는 부름에 응했던 그 아들과 딸들에게 경의를 표합니다'라는 문구가 보는 이를 숙연하게 한다.

전시관 입구에 들어서면 포효하는 호랑이 그림이 담긴 대형 북 뒤로 호국추모실이 자리하고 있다. 이곳에는 6·25전쟁 당시 산화한 군인들의 흉상이 줄줄이 늘어서 있으며 흉상마다 언제 태어나서 어느 전투에서, 어떻게 죽었는지 설명이 곁들여져 있어 가슴을 아리게 한다. 그 안쪽으로 들어가면 선사시대부터 삼국시대, 고려시대, 조선 시대, 일제강점기에 이르기까지 우리 민족의 전쟁 관련 유물과 사료들을 전시한 전쟁역사실이 나온다. 김유신과 계백, 강감찬 동상을 비롯해 고려시대와 조선 시대의 이름난 문신과 무관 흉상들, 고구려와 수나라의 전쟁인 살수대첩을 그림과 모형으로 생생하게 표현한 조형물도 볼 수 있다.

대형 거북선 모형 앞에 설치된 모니터 화면 버튼을 누르면 거북선을 이용한 해전사 영상물이 나오는데 한 편의 드라마를 보는 듯 흥미롭다. 아울러

전쟁기념관에는 우리나라의 역사가 기록된 이후 발발했던 전쟁의 단편과 유물 등도 살펴볼 수 있다.

1. 평화의 광장 양옆으로 늘어선 회랑에는 6·25전쟁으로 인해 사망한 전사자들의 이름이 적혀 있다. 2. 평화의 시계탑을 둘러싼 군인들의 결의에 찬 모습이 인상적이다. 3. 전쟁을 형상화한 다양한 물품을 이용해 만든 예술품에서 아련한 슬픔이 전해져 온다.

대한제국기의 군복과 휘장이 전시된 공간에는 중국, 일본, 미국, 영국, 프랑스, 스페인 등 각국의 군복과 무기들을 비교, 전시해 놓아 보는 재미를 더한다. 또한 조선시대 군사들의 복장과 등나무로 얼기설기 엮어 만든 방패를 비롯해 이색적인 형태의 방패와 면 열세 겹을 겹쳐 만든 갑옷, 얇은 쇳조각을 겹쳐 만든 갑옷 등 시대별로 전시된 갑옷, 전쟁에 사용하던 다양한 무기와 물품들도 눈길을 끈다.

곳곳에 설치된 영상화면을 통해 6·25전쟁의 전개 과정을 생생하게 알 수 있는 6·25전쟁실에서는 당시 전사한 한국군과 유엔군 장병들의 인식표 1,300여 개로 눈물방울을 형상화한 조형물과 중공군이 불던 피리, 나팔, 북 등 중공군 용품들을 볼 수 있는가 하면 피난민의 힘겨운 생활상 등 전쟁 참상을 모형물로 세밀하게 표현한 공간도 마련되어 있다. 반면 전쟁기념관 오른편 옥외전시장에는 제2차 세계대전 및 6·25전쟁, 베트남전쟁 등에 사용됐던 탱크, 트럭, 야포, 항공기, 장갑차, 함포, 잠수함 등이 빼곡하게 전시되어 있다.

다양한 먹을거리

4호선 삼각지역 1번 출구로 나와 양곱창으로 유명한 **평양집(02-793-6866)**과, 그 옆 골목으로 들어서면 시원하고 얼큰한 대구탕으로 유명한 **원대구탕(02-797-4488)**을 비롯해 **자원대구탕(02-793-5900)**이 있다.

허준박물관》 한국의 전통의학인 한의학을 체계화한 허준 선생의 업적과 숭고한 인간애를 기리기 위해 2005년에 개관한 한의학 전문박물관이다. 허준 선생과 관련된 다양한 자료를 살펴보고 한의학 정보도 공유할 수 있어 한의학 발전에 토대를 마련하고 있다. 체험프로그램도 많아 아이들도 흥미롭게 참여할 수 있다.

04
허준박물관
허준 선생의 업적과
한의학 역사를 만나는 장

9
가양

🚊 지하철로 가는 길

9호선 가양역 1번 출구에서 나온 방향으로 걸어가다 두 번째 사거리에서 홈플러스를 끼고 오른쪽 길로 들어서서 약 400m를 가면 공진중학교를 지나 허준박물관이 나온다. 가양역 1번 출구에서 박물관까지는 약 700m로 도보로 10분 정도 걸린다.

허준박물관 안내

관람 시간 10:00~18:00(11~2월 · 주말 · 공휴일 ~17:00), 매주 월요일, 1월 1일, 설 · 추석 당일 휴관
관람료 어른 1,000원, 초 · 중고생 500원
문의 02-3661-8686

허준 선생의 열정 속으로 가다

지상 3층 규모로 조성된 허준박물관은 2층 안내데스크에서부터 관람이 시작된다. 안으로 들어서면 높은 유리 천장에 주렁주렁 매달린 원통들이 눈길을 끈다. 소리를 흡수하는 흡음판으로 옛날 한약방 천장에 주렁주렁 매달린 약봉지를 형상화한 점이 재미있다. 아울러 벽면에는 목숨 수(壽)자와 복 복(福)자를 각각 100가지씩 200개의 형태로 표현해 낸〈백수백복도〉가 길게 늘어서 있다. 동서고금을 막론하고 오래 사는 것과 복을 받는 것은 사람들의 기본 소망으로, 사람의 목숨을 구하는 의료에 혼을 받친 허준과 관계가 있는 작품이기도 하다.

3층으로 올라가면 전시관으로 연결되는 복도 벽면에 월별로 피어나는 약초 꽃과 한약기구들을 배합해 그려 놓은 그림들이 줄줄이 전시되어 있다.

박물관 밖에도 약초정원이 있어서 직접 눈으로 보면서 약초의 생김새를 살펴볼 수 있다.

허준박물관은 구암공원 앞에 있어서 산책 겸 들르기에 좋다.

〈백수백복도〉와 허준의 초상화를 비롯해 허준 선생이 살아 있을 당시 내의원의 모습을 볼 수 있다.

전시실 내에는 한약을 만드는 과정을 재현한 모형과 직접 혈압과 체지방을 측정할 수 있는 공간 등이 있다.

복도를 지나면 도자벽화로 된 허준 선생의 대형 초상화도 볼 수 있다. 초상화를 중심으로 왼쪽에는 내의원과 한의원 모형실이 자리하고 있다. 조선 시대 당시 내의원의 생활상을 한눈에 살펴볼 수 있는 이곳 벽면에는 누워 있는 사람 모형에 코, 귀, 신장, 허파 등 부분별 인체 기관을 나뭇가지와 황토로 표현한 점이 독특하다.

허준 초상화 오른편으로는 허준의 저서와 관련 유물을 전시한 허준기념실이 자리하고 있다. 허준의 생애와 가계도를 비롯해 허준의 업적을 상세하게 알 수 있는 곳으로 특히 《동의보감》을 집필하는 모습과 제작 과정 모형이 흥미롭다. 허준의 대표적인 저서이자 유네스코 세계기록유산에 등재된 《동의보감》을 유네스코 인증서와 함께 전시한 점도 눈길을 끈다.

허준기념관을 지나면 한의학에서 사용되는 약초와 약재의 효능을 상세하게 풀어놓은 약초·약재 전시실과 약초 캐는 기구, 의약도구 변천사를 엿볼 수 있는 코너로 연결된다. 그 옆에는 약을 직접 갈아 보고 약봉지를 싸는 체험장과 컴퓨터 설문을 통해 자신의 체질을 알아보거나 혈압 및 체지

도심 속에 자리한 구암공원은 산책을 즐기는 가족들로 붐빈다.

구암공원 & 허가바위

약초원을 한 바퀴 둘러보고 계단으로 내려가면 구암공원이 나온다. 공원이 자리한 가양동이 허준 선생의 출생지여서 그의 호인 구암을 붙여 조성한 곳이다. 공원으로 내려가면 나무들이 우거진 곳에 어린이놀이터와 산책로, 분수가 시원스럽게 뿜어져 나오는 아담한 호수가 있다. 팔뚝만 한 물고기가 요리조리 헤엄쳐 다니고 오동통한 오리들이 동동 떠다니는 호수 안에는 그 옛날 큰 홍수가 났을 때 경기도 광주에서 떠내려 왔나고 해서 이름 붙은 쌍수바위도 불쑥 솟아나 있다.

어린이놀이터 앞 출구로 나와 왼쪽 길로 접어들어 20m가량 가면 허가바위가 있다. 어른 10명 이상이 한꺼번에 들어갈 수 있는 규모(가로 6m, 세로 2m, 길이 5m)의 바위동굴로 양천 허씨의 시조인 허선문이 출생한 곳이라는 설화가 깃든 곳이자 그 후손인 허준이 《동의보감》을 집필한 곳이기도 하다. 한편 어린이놀이터 출구 오른쪽 길로 들어서서 도로를 건너 계단 위로 올라가면 한강공원으로 연결되는 지하통로가 나온다.

방을 측정하는 코너도 마련되어 있다.

이곳에서 한 층 더 올라가면 박물관 지붕에 옥상정원이 조성되어 있다. 쉼터가 마련된 이곳에서는 한강을 내려다볼 수 있다. 옥상정원과 연결된 구름다리를 건너면 야트막한 언덕에 조성된 약초정원도 있다. 《동의보감》에 나오는 70여 종의 약초를 살펴볼 수 있는 곳으로, 아담하면서 둥그스름하게 형성된 약초정원 동산을 한 바퀴 돌아보는 기분도 그만이다.

05 화폐금융박물관

화폐의 역사를 보고
경제 의식도 쌓을 수 있는 곳

② 을지로입구

화폐금융박물관 》 자본주의 사회에서 절대적 위치를 차지하고 있는 돈에 대한 모든 궁금증을 풀어 주는 곳이 바로 화폐금융박물관이다. 한국은행 창립 50주년을 기념하여 2001년에 개관한 화폐금융박물관은 고대부터 현재까지의 국내외 화폐와 금융의 흐름, 한국은행의 역할에 대해 상세하게 보여 준다.

지하철로 가는 길

2호선 을지로입구역 7번 출구로 나와 롯데백화점과 롯데영플라자를 지나면 화폐금융박물관이다. 역에서 약 400m 거리로, 도보로 5분 정도 걸린다.

화폐금융박물관 안내

관람 시간 10:00~17:00, 매주 월요일, 12월 29일~1월 2일, 설·추석 휴관
입장료 무료
문의 02-759-4881

도로변에 접해 있어 접근이 쉬운 화폐금융박물관

돈에 대한 모든 것을 한눈에 살펴본다

르네상스 양식으로 지어져 우아한 자태를 보이는 박물관 내부로 들어서면, 우선 우리나라의 중앙은행으로서 1950년 첫발을 내디딘 한국은행의 탄생과 조직 운영 등의 역사가 사진과 함께 일목요연하게 설명되어 있다. 이어지는 화폐의 일생 코너에서는 발행된 돈이 한국은행을 거쳐 시중에서 활용되다 한국은행으로 다시 돌아와 폐기되기까지의 과정을 세밀하게 보여 주어 돈에 대해 미처 알지 못했던 사실을 엿볼 수 있다.

찢어지거나 더러워져 폐기되는 지폐는 연평균 7억 6천만 장 정도이다. 이것을 모두 이으면 약 16만 519km로, 서울과 부산(428km)을 188회 정도 왕복할 수 있는 거리이다. 면섬유와 섬광색사, 은사를 사용해 만든 지폐는 폐기되는 순간 잘게 부수어져 건축자재나 차량용 방진 패드의 원료로 재활용된다니 돈은 죽어서도 이렇게 쓸모 있게 사용된다.

화폐금융박물관 ● 235

화폐의 과거와 현재, 미래를 살펴보며 그 소중함에 대해 다시금 깨닫게 된다.

화폐의 위조나 변조 식별 장치 등도 흥미롭다. 특수한 제조기술로 만든 지폐에는 위조나 변조를 막기 위한 첨단방지장치가 여러 군데 있는데 해당 면에 번호를 표시해서 어떤 식으로 방지할 수 있는지 자세하게 설명하고 있다. 뿐만 아니라 지폐를 기구 안에 넣으면 진짜 돈은 파란 불이, 가짜 돈은 빨간 불이 들어오는 등 다양한 형태의 기구를 통해 관람객이 직접 위폐와 진폐를 확인해 보는 코너도 마련되어 있다.

이어지는 공간은 금리와 물가의 움직임이 경제에 미치는 영향 등을 알기 쉽게 풀어놓아 경제관념을 익히는 데 유익한 코너이다. 특히 과거 제1차 세계대전에서 패한 독일은 전후 복구비용과 전쟁배상금을 마련하기 위해 마르크화를 무제한으로 발행한 결과 돈의 가치가 바닥으로 떨어져 물건을 사려면 돈을 수레에 한가득 싣고 가야 했는데 아이들이 돈다발로 벽돌쌓

1.옛날 은행 모형 등 시대별로 다양한 상황을 살펴볼 수 있다. 2,3.화려하지는 않지만 깔끔한 실내 분위기가 눈에 띈다.

다양한 먹을거리

화폐금융박물관 건너편, 명동 골목(명동10길 29) 안에 자리한 **명동교자 본점(0507-1366-5348)**은 1966년에 문을 열어 지금까지 한결같은 메뉴와 맛으로 인기 있는 곳이다. 구수한 국물 맛에 부들부들한 면발이 별미인 칼국수와 매콤한 비빔국수, 감칠맛 나는 만두를 전문으로 하는 이곳은 특히 미슐랭 맛집으로 알려져 외국인들도 찾아올 만큼 유명하다.
영업시간 10:30~21:00, 연중무휴

기 놀이를 하던 당시의 모습을 통해 극심한 인플레이션으로 혼란을 겪는 단면을 보여 준다. 물가라는 과녁이 모니터 위로 올라갈 때 화살을 쏘아 맞히면 올라가던 물가가 조금씩 내려가는 물가조정 컴퓨터 게임기는 활을 쏘아 움직이는 과녁을 맞히는 것이 쉽지 않은 것처럼 오르는 물가를 안정시킨다는 것이 쉬운 일이 아니라는 것을 알려 준다. 아울러 우리나라의 시대별 화폐뿐만 아니라 세계 각국의 진귀한 화폐를 전시한 화폐광장도 볼거리가 쏠쏠하다.

<u>2층으로 올라가는 계단 입구는 상평아트갤러리로 조선 시대의 화폐인 상평통보와 관련된 재미있는 이야기들이 펼쳐지는 공간이다.</u> 긴 복도를 따라 형성된 상평아트갤러리를 지나 2층으로 올라가면 한국은행의 금 매입에 대한 내용을 볼 수 있는 금과 화폐실, 돈(모형화폐)이 수북하게 쌓여 있는 모형금고, 세계의 화폐실, 기증화폐실을 둘러볼 수 있다. 뿐만 아니라 한은갤러리에서는 시기별로 다양한 예술 작품을 무료로 전시하고 있다.

> 화폐와 관련된 인물과 역사 속 화폐 등 다양한 자료를 만날 수 있다.

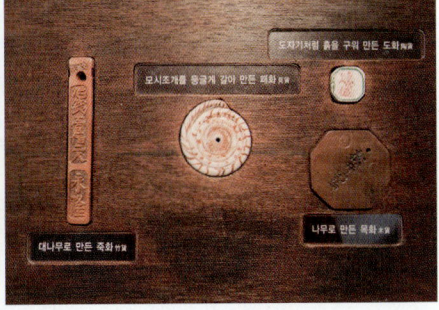

06 성곡미술관
한국 현대미술의
본모습을 볼 수 있는 공간

⑤ 광화문

성곡미술관 〉 성곡미술관은 쌍용그룹 창업자인 고(故) 성곡 김성곤 회장의 뜻을 기려 만든 곳이다. 한국의 얼과 정신을 기반으로 한국 현대미술의 정체성을 확립하고자 했던 고인의 뜻에 따라 1995년에 설립되었으며 두 군데의 전시관에서 시기별로 다양한 기획전과 국제 교류전 등이 끊임없이 펼쳐지고 있다.

지하철로 가는 길

5호선 광화문역 7번 출구로 나와 서대문 방면으로 200m가량 가서 구세군회관과 서울역사박물관 사이 골목길로 400m 정도 가면 성곡미술관 입구이다.

성곡미술관 안내

관람 시간 10:00~18:00, 매주 월요일 휴관
관람료 전시 내용에 따라 다름
문의 02-737-7650

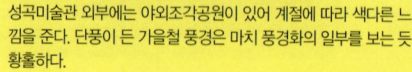
성곡미술관 외부에는 야외조각공원이 있어 계절에 따라 색다른 느낌을 준다. 단풍이 든 가을철 풍경은 마치 풍경화의 일부를 보는 듯 황홀하다.

숲과 예술이 어우러진 마법 같은 공간

시기별로 다양한 작품을 통해 예술적 정서를 엿보는 것 자체는 여느 미술관과 크게 다르지 않지만 이곳의 매력은 무엇보다 미술관 안쪽에 자연과 어우러진 야외조각공원이 있다는 점이다. 수십 년 이상의 수령을 지닌 100여 종의 나무들이 숲을 이루고 있는 도심 속 정원 곳곳에는 상상력을 자극하는 독특한 조각 작품들과 레오나르도 다빈치의 〈인체의 신비도〉가 하나의 작품으로 세워져 있다. 야트막한 언덕 위에 요리조리 연결된 산책로를 따라 작품을 감상하다가 휴식공간이 마련된 아담한 야외카페에서 차 한 잔 마시며 휴식을 취해도 좋다. 북적북적한 광화문 사거리에서 조금만 발품을 팔면 이렇듯 도심이라는 호칭이 어울리지 않는 호젓한 숲 산책로를 거닐며 또 다른 감성을 느낄 수 있어 주변 직장인들이 점심 식사 후 차 한 잔과 더불어 가벼운 산책을 즐기러 많이 찾는다. 본관 입구에 위치한 아트숍에서는 여러 작가의 아기자기한 작품들을 둘러보고 마음에 드는 작품을 구입할 수도 있다.

서울역사박물관

성곡미술관으로 가는 길목에 서울역사박물관이 있어 더불어 돌아보기에 좋다. 조선 시대를 중심으로 선사시대부터 현대에 이르기까지 서울의 역사와 문화, 서울사람들의 생활상을 한자리에서 엿볼 수 있는 박물관 내에 들어서면 서울시 전역을 1,500분의 1로 축소한 모형을 비롯해 분야별로 일목요연하게 전시해 놓아 서울의 과거와 현재를 생생하게 느낄 수 있다. 박물관 외부에는 1930년대부터 1968년까지 서대문에서 청량리까지 운행되던 전차도 전시되어 있다.

구세군회관을 지나 성곡미술관으로 가는 길목에 자리한 안성또순이(01-720-5670)는 얼큰하고 칼칼한 생태탕으로 이름난 맛집이다.

서울메트로미술관》 1986년 지하철 3호선이 개통되면서 '경복궁역미술관'이라는 명칭으로 개관된 후 20년 세월을 거쳐 오면서 도심 속의 문화공간으로 자리매김한 이곳은 2005년 대대적인 리모델링을 통해 '서울메트로미술관'으로 거듭났다. 지하철 이용자는 물론 주변 직장인, 주민들에게도 큰 사랑을 받고 있다.

07
서울메트로미술관

생활 속에서 미술을 만나는 친밀한 공간

3 경복궁

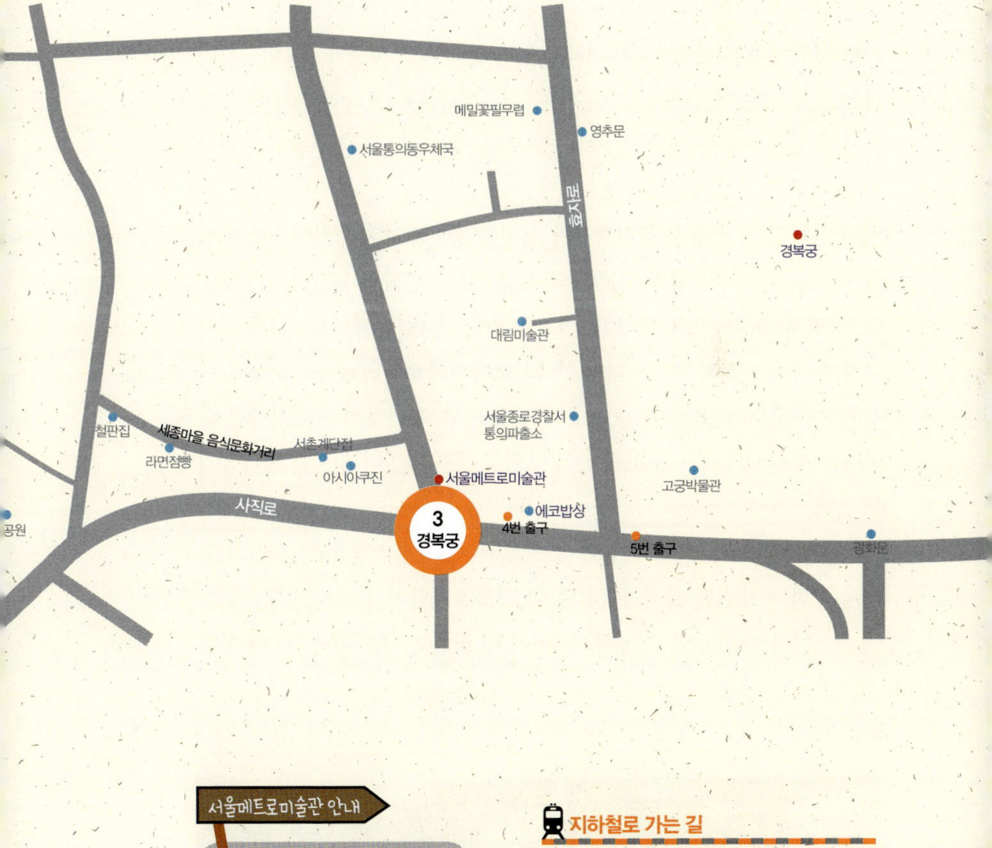

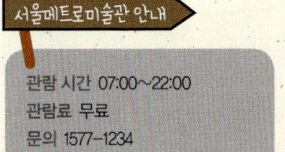

서울메트로미술관 안내

관람 시간 07:00~22:00
관람료 무료
문의 1577-1234

지하철로 가는 길

3호선 경복궁역 개찰구를 나와 한층 더 올라가면 역사 내 지하 1층 공간에 서울메트로미술관이 마련되어 있다.

역과 미술관의 경계를 허물다

'지하철역 안에 미술관이?' 하며 의아해하는 사람도 있겠지만 사실이다. 지하철 3호선 경복궁 역사 안에 있는 서울메트로미술관이 바로 그곳이다. 서울메트로가 운영하는 이 미술관은 지하철 역사 내에 있어 접근성이 편리한 데다 무엇보다 무료로 개방되어 누구나 손쉽게 관람할 수 있다는 것이 매력적이다.

현대 건축의 거장 김수근 건축가가 설계한 경복궁역은 화강암으로 마감한 바닥에 둥근 아치형 터널 형태의 천장으로 구성되어 웅장함이 돋보인다. 벽면에 화강암으로 조각한 〈상감행차도〉와 〈십장생도〉가 길게 펼쳐져서 한국적 전통미가 두드러져 한국건축가협회로부터 우수건축물로 선정되기도 했다. 아울러 출입구 쪽의 '불로문'은 통과하면 불로장생할 수 있다는 창덕궁의 문을 모방해 만든 것으로 많은 이들이 일부러 넘나들기도 한다.

서울메트로미술관은 규모(830여 평)도 넓은 데다 웬만한 유명 갤러리 못지않을 만큼 세련된 분위기를 자아내 지하철역인지 갤러리인지 착각이 들 정도이다. 대관료도 일반 갤러리에 비해 훨씬 저렴해 매년 100여 회에

다른 전시관과 달리 지하철 역사 내에 있어 누구나 쉽게 전시를 관람할 수 있다.

> 언제나 새로운 전시를 통해 주변 직장인들에게 신선한 문화공간으로 자리매김했노라.

보너스 볼거리

경복궁

경복궁역 5번 출구로 나와 5분 정도 걸으면 조선 왕조 제일의 궁궐로 꼽히는 경복궁이 있다. 조선 왕실의 정궁으로 5대 궁궐 가운데 규모와 건축미에 있어 으뜸으로 친다. 안으로 들어서면 왕의 즉위식이나 국가 행사를 치르던 근정전을 비롯해 왕과 왕비가 일상생활을 하던 침전인 강녕전과 교태전, 왕이 승하하면 대비로 승격되어 교태전을 새로운 중전에게 물려주고 거처하던 자경전, 나라에 경사가 있을 때 연회를 베풀던 경회루 등을 둘러보며 궁궐을 산책하기에 좋다.

다양한 먹을거리

경복궁역 인근에 독특한 음식점들이 많은 세종마을 음식문화거리가 있다. 서촌계단집(02-737-8412)은 벌교왕꼬막, 통영생굴회, 쭈꾸미숙회 등 신선한 제철 해산물집으로 소문난 곳이다. 아시아쿠진(02-722-9922)은 향이 강하지 않아 우리 입맛에도 잘 맞는 태국식 누들과 덮밥 등을 판매하는 곳으로 '혼밥'하기도 좋은 집이다. 부드러운 고기와 숙주, 양파, 호박을 곁들인 와규 철판구이를 비롯해 안주가 맛있다고 소문난 철판남(070-8776-6001) 심야식당도 있다. 골목 끝자락에 있는 라면점빵(02-738-7865)은 〈백종원의 3대 천왕〉에 소개된 바 있는 라면 천국으로 20여 가지가 넘는 라면 중 하나를 골라 반반 김밥을 곁들여 먹기 좋은 곳이다.

달하는 전시가 이루어질 정도로 인기가 높다. 뿐만 아니라 2008년부터는 전국적인 규모의 서울메트로 미술 공모전을 개최함으로써 신진 작가의 등용문으로 자리매김하고 있다. 한국 미술계를 대표하는 원로 중진작가들의 작품을 비롯해 개성이 넘치는 아마추어 작가들의 작품까지 다양하게 엿볼 수 있어 지하철을 이용하는 승객들에게 큰 호응을 얻고 있다. 이처럼 바쁜 일상 속에서 잠시 발걸음을 멈추고 여유로운 마음으로 예술의 향기를 음미할 수 있어 행복한 곳이 바로 서울메트로미술관이다.

경복궁 한국 궁의 아름다움을 여실히 보여 주는 곳
창덕궁 한국을 넘어 세계적으로 인정받는 세계 문화유산
창경궁 100년 전 조선 왕조의 슬픈 역사와 만나는 자리
종묘 조선 시대의 왕과 왕비의 넋을 기리는 곳
덕수궁 조선 왕조의 슬픈 역사와 문화의 향기를 맡는 곳
경희궁 도심 속 아담한 궁궐에서 즐기는 호젓한 나들이
운현궁 고종의 아버지, 흥선대원군의 위세를 엿볼 수 있는 곳
선정릉 성종과 중종이 잠든 곳으로 떠난 여유로운 산책길
태릉 소나무 향을 온몸으로 느끼며 걷는 숲길
정릉 영화 같은 이야기가 발길을 이끄는 곳

★PART 4

지하철로 떠나는
궁궐 & 왕릉 여행

경복궁》 조선 왕조 제일의 궁궐로 꼽히는 경복궁은 태조 4년(1395년)에 창건된 조선 왕실의 정궁으로 5대 궁궐 가운데 규모와 건축미에서 으뜸으로 치는 곳이다. '경복(景福)'은 《시경》에 나오는 말로 왕과 그 자손, 온 백성이 태평성대의 큰 복을 누리기를 축원한다는 의미이다. 뒤로는 백악산, 좌우로는 낙산과 인왕산으로 둘러싸인 길지 요건을 갖춘 데다 '새 왕조가 큰 복을 누려 번영할 것'이라는 의미를 담고 있지만 임진왜란으로 소실된 후 왕궁으로서 불길하다는 이유로 270여 년 동안 방치되다 1867년에 이르러서야 흥선대원군에 의해 중건되었다. 하지만 그것도 잠시, 일제강점기 때 총독부 건물이 들어서는 등 계획적인 훼손으로 많은 전각들이 무너져 간 아픔을 겪기도 했다. 1990년대 이후 총독부 건물을 철거하고 복원사업을 진행하면서 옛 위용을 되찾아 가고 있다.

01
경복궁

한국 궁의 아름다움을
여실히 보여 주는 곳

3 경복궁   **5** 광화문

지하철로 가는 길

1. 지하철 3호선 경복궁역 5번 출구로 나오면 광화문 안쪽에 위치한 국립고궁박물관 앞으로 나오게 된다.
2. 지하철 5호선 광화문역 2번 출구로 나오면 광화문광장 끝에 광화문이 있다.

경복궁 안내

이용 시간 09:00~17:00(6~8월 ~17:30, 11~2월 ~16:00), 매주 화요일 휴무
이용료 만 25~64세 3,000원
문의 02-3700-3900

근정전은 경복궁을 대표하는 건축물로 국가적인 행사를 치르던 곳이다.

대한민국 건축의 아름다움을 대표하는 궁

궁 안으로 들어서면 무엇보다 시원스럽게 펼쳐진 돌마당이 인상적이다. 돌마당 앞에 위엄 있는 자태로 들어선 근정전(국보 제223호)은 경복궁의 으뜸 전각으로 왕의 즉위식이나 문무백관의 조회, 외국 사신 접견 등 국가적 행사를 치렀으며 정종, 세종, 단종, 세조, 예종, 성종, 중종, 명종, 선조 등이 이곳에서 즉위하였다. 근정전의 마당에 깔려 있는 화강암은 햇빛으로 인한 눈부심을 막기 위해 일부러 거칠게 다듬은 것이 특징이다.
근정전 뒤로는 왕의 공식적인 집무실인 사정전이 자리하고 있고 그 뒤로는 왕과 왕비가 일상생활을 하던 침전인 강녕전과 교태전, 왕이 승하하면 대비로 승격되어 교태전을 새로운 중전에게 물려주고 거처하던 자경전(보물 제809호)을 비롯한 전각들이 차례대로 있어서 하나하나 비교해 가며 보는 재미가 남다르다. 교태전 뒤에는 경회루 연못을 파낸 흙으로 쌓아 만든 작은 가산인 아미산과 어우러져 뛰어난 조형미를 보이는 아미산 굴뚝(보물 제811호)이 눈길을 끈다.

경복궁 ● 251

경복궁 입구에서는 매일 수문장 교대 의식 및 각종 민속공연이 펼쳐져 외국인들에게 큰 인기를 얻고 있다.

낮과 밤, 사계절에 따라 전혀 다른 느낌의 아름다움을 보여 주는 경복궁

경복궁 내부로 들어가는 입구를 지키는 흥례문(위)과 명성황후가 시해된 슬픈 역사를 간직한 건청궁(아래)의 모습

사정전 뒤 왼쪽으로 들어서면 나라에 경사가 있을 때 연회를 베풀던 경회루(국보 제224호)가 자리하고 있는데 경회루 주변은 느티나무와 소나무숲이 우거져 산책하기에 좋다. 반면 경복궁 안쪽에 자리한 향원정은 왕이 휴식을 취하거나 신하들과 함께 풍류를 즐기던 곳으로 웅장한 멋의 경회루와 달리 섬세한 모습이 대조를 이룬다. 향원정 뒤편, 경복궁 가장 깊숙한 곳에 위치한 건청궁은 1895년에 명성왕후가 시해된 가슴 아픈 장소이다. 경복궁은 1896년 2월에 고종황제가 러시아공사관으로 파천하면서 왕궁으로서의 운명을 다했다. 근처에 정독도서관과 삼청공원이 있으므로 함께 둘러보면 좋다.

놓치면 아쉬운 **볼거리**

경복궁 내에 있는 고궁박물관에서 조선왕조의 다양한 유물을 살펴보고 민속박물관에서는 당시의 생활 모습을 살펴본다. 궁 외에도 다양한 볼거리가 많아 여행자들의 마음이 뿌듯해질 것이다.

국립고궁박물관

경복궁 내에는 조선 왕조의 유물 4만여 점이 전시되어 있어 조선 왕실 문화의 진수를 엿볼 수 있다. 전시실은 지하 1층과 지상 2층으로 구성되어 있다. 지하 공간에는 국가의례를 치르는 국왕 행차에 사용되었던 가마나 용도에 따른 깃발 등을 전시한 어가의장실, 왕실의 권위를 아름답게 꾸며 주었던 장식 병풍과 궁중기록화 등이 전시된 궁중회화실, 궁중음악실 등이 들어서 있다. 1층에는 왕실의 출산과 교육에 관련된 탄생교육실, 조선 시대의 학문과 문예를 엿볼 수 있는 왕실문예실, 대한제국실 등이 자리하고 있다. 2층에는 왕의 상징물 등을 한자리에 모은 제왕기록실과 왕실의 생활을 엿볼 수 있는 왕실생활실, 궁궐건축실, 과학문화실 등이 있다.

이용 시간 09:00~18:00(1시간 전 입장 마감). 1월 1일·설날·추석 당일 휴관
이용료 무료
문의 02-3701-7500

국립민속박물관

우리 민족의 생활상을 지역별, 기능별, 시대별, 유형별로 전시해 놓았다. 새색시가 시집 올 때 입고 온 곱디고운 치마저고리부터 왕이 제사 지낼 때 문무백관이 착용했던 조복에 이르기까지 세세하게 분류된 의복과 신발뿐만 아니라 식생활에 관련된 용품들, 집 짓는 데 필요한 도구와 주거생활 용품도 볼 수 있다. 또한 호미, 낫, 쟁기 등과 같은 농기구를 비롯해 장구, 북, 꽹과리, 태평소 등 농사일에 흥을 돋우던 농악기, 상업 활동에 관련된 다양한 용품들, 출생, 성장, 결혼, 출세, 사망 등 개인의 일생에 관련된 것까지 우리 삶과 관련이 있는 모든 것을 살펴볼 수 있다.

이용 시간 09:00~18:00(주말 19:00까지, 1시간 전 입장 마감). 1월 1일·설날·추석 당일 휴관
이용료 무료
문의 02-3704-3114

숨은 이야기

건물뿐만 아니라 조각상, 바닥에 이르기까지 궁 이모저모에 숨은 이야기들을 알면 궁을 보는 재미가 더해진다.

궁궐수호대 해치상

경복궁의 정문으로 2010년 복원되어 새 모습을 드러낸 광화문 양쪽에는 오묘하게 생긴 동물상이 눈길을 끈다. 이는 흔히 해태라고 불리는 해치상으로 죄 지은 사람을 가려내는 신통한 재주가 있다고 전해 오는, 상상의 동물이다. 궁궐 앞에 해치상을 세워두는 것은 해치상의 의미가 그렇듯 궁궐을 출입하는 이들이 스스로 경계하는 마음을 갖게 하기 위해서라고 한다. 조선 시대 당시 시시비비를 가려내는 사법기관 역할을 했던 사헌부의 수장인 대사헌의 흉배 문양이 해치인 것도 이런 이유에서 비롯하였다.

근정전 앞뜰의 세 가지 길

경복궁 내 근정문을 들어서면 근정전 앞에 넓은 돌마당이 펼쳐진다. 이 가운데 중앙에 근정전 앞까지 세 줄로 뻗어 있는 통로를 볼 수 있는데 이를 삼도(三道)라 부른다. 그중 가장 넓은 가운데 길이 임금이 다니는 어도이고, 어도를 중심으로 오른쪽은 문관이 다니는 길, 왼쪽은 무관이 다니던 길이다. 아울러 삼도를 중심으로 양옆에 관리의 직급을 나타내는 품계석이 늘어서 있는데 동쪽은 문관이 줄을 서던 동반, 서쪽은 무관이 줄을 서던 서반이라 한다. 조선 시대 당시 양반이라 함은 바로 이 동반과 서반 두 개를 함께 지칭하는 말이다.

경회루의 건축미

경복궁 건물 가운데 특히 눈길을 끄는 경회루는 태종 때 지금의 기틀을 이룬 후 임진왜란 당시 소실되어 오랫동안 폐허로 남아 있다가 고종 4년(1867년)에 흥선대원군이 경복궁을 중창해 지금의 모습을 갖추었다. 정면 7칸, 측면 5칸 규모의 2층 누각 건물인 경회루의 기본 구조에는 동양사상의 토대를 이루는 음양오행과 《주역》의 원리가 깃들어 있다. 1865년에 지어진 정학순의 〈경회루전도〉에 의하면 누각 2층 중앙에 자리한, 왕의 공간이던 내내진은 3칸으로 이루어져 천(天), 지(地), 인(人) 삼재(三才)를 상징하고, 이 3칸을 둘러싼 8개의 기둥은 《주역》의 팔괘를 의미한다. 내내진을 둘러싼 내진은 12칸 규모로 1년 12달을 뜻하고, 누각 가장자리를 둘러싼 24개의 외진기둥은 24절기를 상징한다.

연못으로 둘러싸인 경회루는 음양오행 이치가 담긴 건축물이다. 그 의미 하나하나를 되짚으며 조선 시대 건축의 묘미를 만끽해 보자.

창덕궁 창덕궁은 조선 왕조 건국 후 왕자들 간의 왕위 쟁탈전으로 인해 도읍지를 개경으로 옮겼다가 한양으로 재천도한 뒤 태종 5년(1405년), 경복궁 동쪽에 세운 이궁이다. 이미 태조가 건립한 경복궁이 있음에도 불구하고 이궁을 세운 것은 본궁에 대한 피방, 즉 흉을 피하여 길의 방향으로 잠시 자리를 옮길 수 있는 처소가 필요하다는 풍수지리설에 입각한 것이라고 한다.

02
창덕궁
한국을 넘어 세계적으로 인정받는
세계 문화유산

3 안국   5 종로3가

🚇 지하철로 가는 길

1. 지하철 5호선 종로3가역 6번 출구로 나가면 도보 10분 거리이다.
2. 지하철 3호선 안국역 3번 출구로 나가면 도보 5분 거리이다.

창덕궁 안내

창덕궁은 일반 관람과 후원 특별 관람으로 구분되어 있으니 확인 후 알맞게 관람하면 된다.

일반 관람
(후원을 제외한 창덕궁 궐내 관람)
이용 시간 09:00~18:00(6~8월 18:30까지, 11~1월 16:30까지). 한 시간 전 입장 마감. 월요일 휴무
이용료 만 25~64세 3,000원

후원 특별 관람
이용 시간 10:00~15:00(매시 정각에 안내원과 함께 관람). 매주 월요일 휴무
이용료 어른 5,000원. 청소년·어린이 2,500원
문의 02-3668-2300

조선의 역사를 뒷받침해 온 공간

이궁으로 건립되기는 했지만 임진왜란 당시 화재로 소실되어 고종 2년(1865년)에 중건될 때까지 정궁 역할을 한 창덕궁은 가장 오랜 기간 동안 왕이 거처한 궁궐이기도 하다. 임진왜란을 비롯해 여러 차례의 화재가 있었음에도 현존하는 궁궐 중 원형이 가장 잘 보존되고 자연과 조화를 이루며 자연스럽게 배치된 건물들과 한국 전통정원의 특색이 살아 있는 후원의 가치를 인정받아 1997년 유네스코 세계 문화유산으로 등록되었다.

창덕궁은 크게 공식적인 국가행사를 치르던 인정전(국보 제225호)과 왕이 신하와 업무를 논하던 선정전(보물 제814호)을 중심으로 한 통치 구역, 왕과 왕비가 생활하던 대조전(보물 제816호)을 중심으로 한 침전 구역, 국상을 당한 후궁들의 거처로 세워진 낙선재 구역, 후원 구역으로 구성되어 있다.

왕이 신하와 정사를 논하던 선정전의 희정당 전경

1. 국상을 당한 후궁들이 머물며 슬픔을 달래던 낙선재의 정갈한 모습 2. 왕과 왕비가 생활한 대조전 3. 공식적인 국가 행사를 치렀던 인정전

인정전은 왕위를 이어받는 의식이 거행되던 곳으로 연산군, 효종, 현종, 숙종, 영조, 순조, 철종, 고종이 이곳에서 즉위했을 만큼 창덕궁 정전으로서의 위용을 보였지만 순종이 일제에 의해 경운궁에서 강제로 이곳으로 옮겨지면서 실내의 일부가 서양식으로 어설프게 바뀌어 버렸다. 뿐만 아니라 이곳은 1910년 한일합방조약이 체결된 곳으로 조선 왕조의 마침표를 찍은 비운의 장소이기도 하다. 왕과 왕비가 거처하던 대조전은 창덕궁 내전 중 가장 으뜸가는 건물로, 순조의 세자로 훗날 왕으로 추존된 익종이 태어난 곳이자 성종을 비롯해 인조, 효종, 철종, 순종 등 조선 왕조를 통틀어 가장 많은 왕이 승하한 곳이다.

놓치면 아쉬운 볼거리

왕과 왕비가 된 것 같은 감동을 주는 후원

창덕궁 후원은 특유하나 잘 꾸며져 있어 관람객들에게 색다른 감동을 선사한다. 개별적으로 들어갈 수 없어서 그런지 더욱 호기심을 불러일으킨다. 자연 그대로의 모습을 간직한 창덕궁 후원을 느긋하게 거닐어 보자.

창덕궁 후원

창덕궁 안쪽에 조성된, 이른바 비원으로 불리는 창덕궁 후원은 왕실의 비밀 정원으로 궁궐보다 더 많은 관심을 받는다. 9만여 평에 이르는 거대한 규모의 후원은 왕을 비롯한 왕족들이 산책하며 사색을 즐기고 노닐던 곳으로 연산군은 이곳에서 짐승을 길러 궁녀들과 노닐며 사냥을 했다고도 한다. 서울 한복판에서는 보기 드물게 살아 있는 생태계의 보고로 알려진 창덕궁 후원은 부용지, 애련지, 반도지, 옥류천 등 4개의 영역으로 나뉘어 있는데 안내자에 안내에 따라서만 관람이 가능하다.

후원에 들어서서 가장 먼저 만나게 되는 곳이 애련지 영역이다. 애련지 연못을 앞에 두고 자리한 연경당은 효명세자가 사대부의 생활이 궁금해 양반집을 본떠 만든 것이라지만 순조와 순원왕후 진찬을 위한 곳이기도 하다. 규모나 짜임새, 장식 면에서 사대부가를 넘어선 건물의 형태를 보인다. 아울러 효명세자가 틈틈이 책을 읽거나 음악을 즐기며 휴식을 취하던 곳으로 알려진 기오헌과 운경거, 문을 드나들며 늙지 않기를 기원하며 만들었다는 불로문을 볼 수 있다.

이어서 관람하게 되는 곳은 부용지 영역이다. 네모진 연못 안에 둥근 섬 하나가 동동 떠 있는 부용지는 하늘은 둥글고 땅은 네모지다는 천원지방의 동양적 우주관을 반영한 것이다. 부용지 안에 두 개의 기둥을 담고 있는 정자는 부용정으로 연못의 아기자기한 멋을 더한다. 부용지를 사이에 두고 부용정 맞은편에 위치한 2층 누각 건물은 주합루이다. 주합루라는 명칭이 붙기는 했지만 엄밀히 따지면 2층이 주합루이고 1층은 규장각이다. 규장각은 원래 임금의 글과 글씨를 보관하는 곳이었지만 정조 때 그 기능을 강화해서 실학사상을 바탕으로 한 조선 후기의 문예 부흥에 이바지한 중심무대가 되었다.

부용지 안쪽으로 들어가면 그윽한 운치가 돋보이는 반도지 영역이 나온다. 반도지는 연못의 형태가 한반도처럼 생겼다 하여 붙은 명칭으로 연못가에는 국내 어디서도 볼 수 없는 부채꼴 모양의 특이한 형태를 지닌 관람정을 볼 수 있다. 반도지 영역의 중심 건물인 존덕정은 육각형 모양으로 육우정이라 부르기도 하는데 이중으로 겹쳐진 지붕의 형태가 독특하다. 아울러 효명세자가 책을 즐겨 읽던 곳이라는 폄우사도 있는데 '폄우'는 '어리석은 사람에게 침을 놓는다'라는 의미이다.

후원 안쪽 가장 깊숙한 곳에 자리한 옥류천 영역은 자연과 조화를 이룬 창덕궁 후원의 특색을 유감없이 보여 주는 곳이다. 임금님이 마시던 우물이라 하여 이름 붙인 어정에서 발원하여 너럭바위에 둥그스름하게 패인 홈을 따라 흐르다 작은 폭포가 되어 떨어지는 옥류천 앞에는 역대 임금들이 즐겨 찾아 시를 읊었다는 소요정이 있다. 이 밖에도 옥류천 주변에 취한정, 청의정, 태극정, 농산정 등의 정자가 있는데 청의정은 궁궐 안의 유일한 초가 정자로 앞에 작은 논이 조성되어 있는 것이 이채롭다. 이는 농민의 마음을 헤아리기 위해 왕이 직접 농사를 지었던 공간으로, 여기서 나온 볏짚으로 청의정 지붕을 얹었다고 한다.

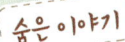
숨은 이야기

경복궁과는 또 다른 매력으로 관람객들을 유혹하는 창덕궁. 돈화문으로 들어서면서 시작되는 창덕궁 산책길은 눈이 즐겁고 마음이 훈훈해지는 길이다.

절대적 권력의 상징이 된 궁

경복궁과 창덕궁이 구조 면에서 확연한 차이를 보이는 것은 조선 초기에 새 왕조 체제를 둘러싸고 일어난 왕권과 신권의 팽팽한 대립이 스며있기 때문이다. 그 중심에는 태조 이성계의 아들 이방원(태종)과 조선 왕조 개국공신인 정도전이 있었다. 경복궁 건립을 주도한 정도전은 이런 점을 염두에 두고 전각 배치에 자신의 생각을 담아냈다. 경복궁은 정전과 편전 등을 중심축으로 궁역과 궐역이 명확하게 구분된 궁궐이다. 궁역은 왕과 왕족의 사생활 공간인 반면에 궐역은 왕과 신하들이 정무를 집행하던 공적 공간인데 언뜻 보면 균형을 이루는 듯 하지만 곳곳에서 궁역보다 궐역을 더 많이 배려한 흔적이 엿보인다. 왕과 신하가 정사를 논하던 수정전은 경복궁 내에서 가장 칸수가 많은 건물인데다 경회루를 궐역에 배치한 것은 왕권에 위축됨 없는 신권을 내보이기 위함이었다.

한편 개경에서 한양으로 재환도한 태종이 지은 창덕궁은 유교 예법에 맞게 중심축을 형성하며 질서정연하게 배치한 경복궁과는 다른 면모를 보인다. 물론 지형에 따라 건물을 자연스럽게 배치한 것이기도 하지만 그 안에는 격식에 구애받지 않는 절대적 권력을 지향하는 의도가 담겨 있다고 할 수 있다. 창덕궁은 궁역과 궐역을 딱히 구분하기 어렵다. 궐내각사는 왕의 전각에 종속되어 신하들을 위한 공간 배려는 거의 없는 반면에 왕족의 사적 공간인 후원은 경복궁이 결코 따라갈 수 없는 규모나 꾸밈새를 보인다.

돈화문의 비밀

창덕궁의 정문인 돈화문(보물 제383호)은 광해군 원년(1609년)에 재건축된 것으로 현존하는 궁궐의 정문 중 가장 오래된 문이다. 뿐만 아니라 정면 5칸, 측면 2칸의 2층 건축물로 다른 궁궐의 정문과 비교할 때 규모가 가장 크다. 그러나 정면 5칸 가운데 양쪽 가장자리에 있는 칸이 통로 구실을 하지 못하고 벽면으로 채워졌는데 이는 당시 중국 황제가 아닌 제후국의 왕은 대문을 3칸으로 해야 한다는 통용원칙을 의식한 결과이다.

창덕궁은 도심 한복판에서 때묻지 않은 자연의 멋을 엿볼 수 있어 좋다!

창경궁》 창경궁은 1418년에 세종이 즉위하면서 상왕인 태종을 모시기 위해 지은 것으로 본래 이름은 수강궁이었다. 세종 원년에 잠시 태종이 거처하긴 했지만 세종 이후 궁으로서의 존재감은 다소 미미하다가 성종 때(1483년)에 이르러 비로소 궁궐로서의 기틀을 잡았다. 성종은 당시 생존해 있던 조모 정희왕후와 생모인 소혜왕후, 양모인 안순왕후를 모시기 위해 궁을 재건한 후 이름을 창경궁으로 바꾸었다. 그러나 창경궁은 궁궐로서의 면모를 갖추기는 했지만 당시 왕이 기거하면서 국사를 돌보는 궁궐로는 거의 사용되지 않았다.

03
창경궁
100년 전 조선 왕조의
슬픈 역사와 만나는 자리

4 혜화

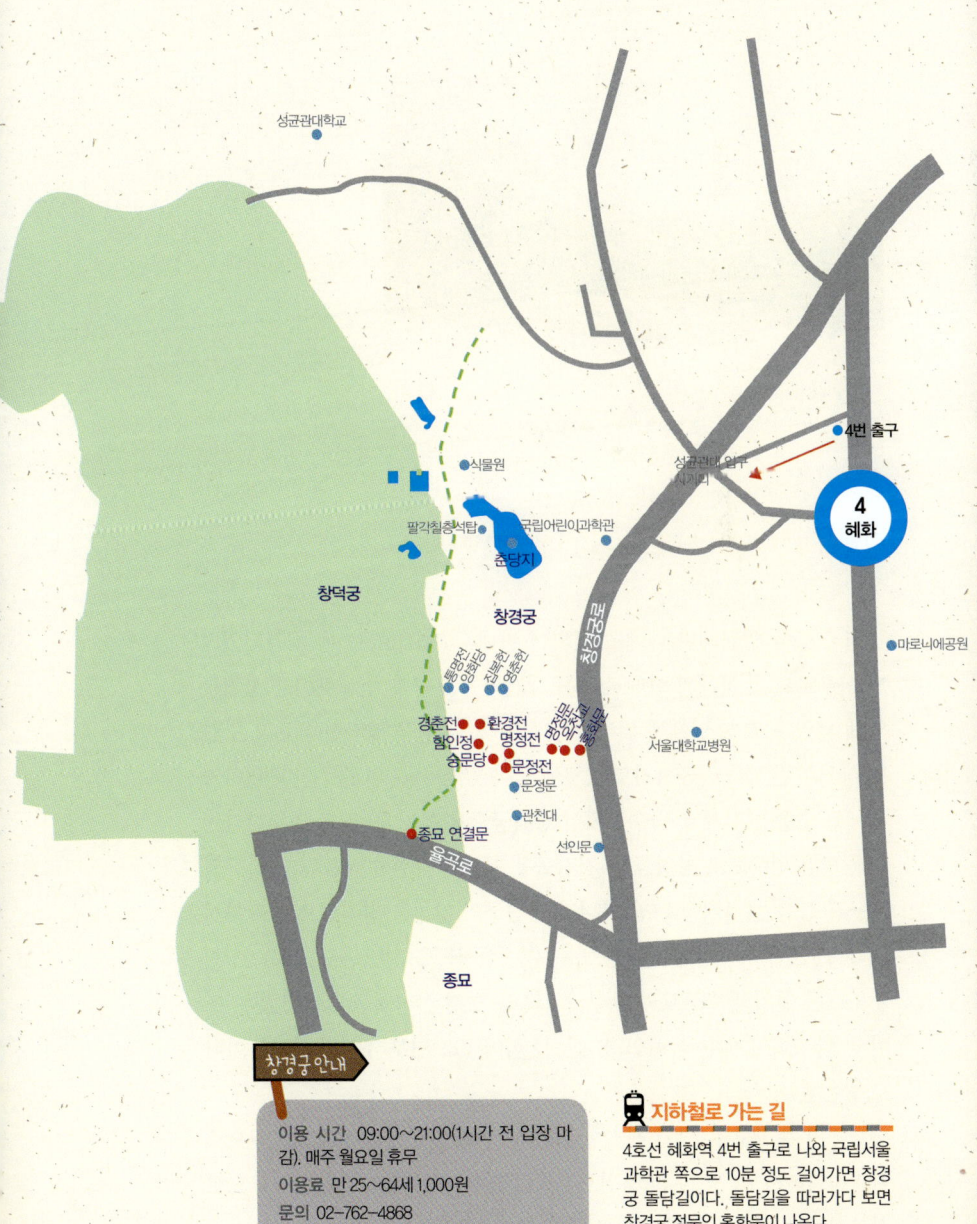

왕비의 침전인 통명전은 내전 건물 중에서 가장 큰 규모를 자랑한다.

역사의 부침 속에서도 묵묵히 자리를 지킨 곳

창경궁 또한 임진왜란 때에 소실되어 광해군 8년(1616년)에 재건되었지만 이후로도 몇 차례의 화재로 거듭 재건되는 수난과 함께 뼈아픈 상처를 입게 되었다. 특히 일제에 의해 돌이킬 수 없을 만큼 심각한 훼손을 당한 그 상처의 흔적이 지금까지도 곳곳에 남아 있다. 1907년 순종이 즉위하자 일제는 순종을 강제로 덕수궁에서 창덕궁으로 옮기게 한 후 위로한다는 허울 좋은 명목으로 창경궁 내 전각들을 헐고 동물원과 식물원, 일본풍의 박물관 등을 설치했을 뿐만 아니라 창경궁의 명칭을 창경원으로 격하시켰다. 1912년에는 창경궁과 종묘를 잇는 산자락을 절단하고 도로(지금의 율곡로)를 설치하여 종묘와 단절시키는 등 창경궁의 맥을 끊어버렸다. 또한 궁 안 곳곳에 일본 국화인 벚나무를 심어 1924년부터는 밤 벚꽃놀이터로 활용했다.

창경궁이 제 모습을 찾기 시작한 것은 1983년 동물원을 서울대공원으로 이관시키면서부터이다. 창경원으로 격하되어 불리던 명칭을 창경궁으로 회복시킴과 동시에 발굴 조사를 통해 조선 시대 궁궐의 정전 중에서 가장

홍화문을 지나 명정전에 이르기까지의 길을 지키는 명정문

오래된 명정전(국보 제226호)을 중심으로 옛 모습대로 복원시켜 1986년 창경궁으로 복귀하였다.
창경궁의 정문인 홍화문(보물 제384호)으로 들어서면 우선 금천을 가로지르는 옥천교가 보인다. 두 개의 홍예로 이루어진 옥천교(보물 제386호)는 성종 14년(1483년)에 만들어진, 창경궁에서 가장 오래된 건조물이다. 옥천교를 건너 명정문을 통과하면 명정전을 비롯해 왕의 집무처였던 문정전, 성균관 태학생들을 불러 시험을 치르거나 주연을 베풀던 숭문당, 과거에 급제한 사람들을 접견하던 함인정 등이 자리하고 있다. 함인정 오른편으로는 왕의 침전이던 환경전과 왕비와 세자빈이 머물던 곳이자 정조와 헌종이 태어난 경춘전이 있다. 경춘전 뒤편에 자리한 통명전(보물 제818호) 또한 왕비의 침전으로 내전 건물 가운데 가장 규모가 크다. 이 밖에도 내전 중 하나인 양화당과 정조가 승하한 영춘헌, 사도세자와 순조가 태어난 집복헌 등이 있다. <u>그 뒤편 언덕은 정조가 어머니 혜경궁 홍씨를 위해 지은 자경전 터로 1911년 일제가 이곳에 일본풍 박물관을 지었으나, 지금은 녹지 공간으로 조성되었다.</u> 안쪽으로 더 들어가면 춘당지 연못이 있고 연못 안쪽에는 식물원으로 조성된 유리 건물이 생뚱맞게 자리하고 있는데 아직까지 남아 있는 창경원 시절의 흔적이다. 춘당지 앞에는 팔각칠층 석탑이 있는데 밥그릇을 엎어 놓은 듯한 둥글둥글한 모습이 독특하다. 이것은 1470년대에 중국에서 만들어진 것이라 한다.

춘당지 부근에 자리한 팔각칠층석탑은 세월이 흐를수록 그 멋을 더해 간다.

1.창경궁 안에 조성된 연못인 춘당지 2.과거에 급제한 인재들을 접견하던 함인정의 정갈한 모습

놓치면 아쉬운 볼거리

창경궁에서는 국립어린이과학관까지 함께 둘러볼 수 있다. 시간이 된다면 꼭 한 번 들러 보자.

서울대병원 행복정원 & 국립어린이과학관

창경궁 정문인 홍화문 앞 횡단보도 건너편에 있는 서울대학교 암병원 옥상에 조성된 행복정원은 창경궁의 전경이 한눈에 내려다보여 사진 촬영 포인트로 떠오른 곳이다.

창경궁 정문을 바라보고 오른쪽으로 담장이 끝나는 지점에 국립어린이과학관이 있다. 시기별로 주제에 따른 전시회가 펼쳐져 더불어 돌아보기에 좋다.

이용 시간 09:30~17:30(1시간 전 입장 마감). 월요일 · 1월 1일 · 설날 · 추석 휴관
입장료 어른 2000원, 청소년 · 어린이 1,000원
문의 02-3668-3350

숨은 이야기

배산임수를 고려한 동향의 궁궐

조선 시대 궁궐의 정전은 모두 남향인데 창경궁의 정전인 명정전은 동향인 것이 이채롭다. 이는 건물을 지을 때 전통적으로 풍수지리에 입각해 배산임수를 고려한 탓으로 명정전 터는 지세가 낮은 동쪽으로 금천이 흐르고 뒤편에는 야트막한 산세가 받쳐 주어 자연 지형을 거스르지 않았기 때문이다. 지형상 동향이 적합해 건물 구조를 이렇게 배치했지만 전체적으로 공간이 좁아 건물 간의 동선이 짧은 편이며 명정문과 명정전의 중심축도 일치하지 않는다. 이는 창경궁이 법궁이 아닌 별궁이었기 때문에 가능했을 것으로 여겨진다.

장희빈이 죽은 곳

창경궁은 일제에 의한 수난과 함께 변고도 많았다. 숙종 당시 남다른 총애를 받던 장희빈이 인현왕후 민씨를 몰아내기 위해 인현왕후 처소인 통명전 밑에 흉물을 묻고 밤마다 무당을 불러 저주하다 발각되어 사약을 받고 처형당한 곳이 창경궁 내 취선당이었고, 1762년 사도세자가 영조에 의해 뒤주에 갇혀 죽은 곳은 궁내 선인문 안뜰이었다. 선인문 안쪽은 세자가 머물던 동궁 영역으로 동궁의 정문이던 선인문은 1506년에 일어난 중종반정 때 폭군 정치를 일삼던 연산군이 쫓겨나갔던 문이기도 하다.

궁궐마다 숨은 이야기들이 있지만 창경궁은 장희빈이라는 인물의 기구한 사연이 더해져 더욱 호기심을 자극한다.

종묘 》 태조 4년(1395년)에 건립된 종묘는 유교를 지배 이념으로 삼았던 조선 왕조의 역대 왕과 왕비 그리고 사후에 추존된 왕과 왕비의 신주를 봉안하고 제사를 받드는 곳으로 1995년에 세계 문화유산에 등재되었다. 유교문화의 본산인 중국에도 우리의 종묘와 같이 한 왕조의 신위를 한곳에 모아 놓은 곳이 없다고 할 정도이니 종묘의 존재 가치는 더욱 높다고 할 수 있다. 종묘는 원래 창덕궁, 창경궁과 연결된 궁궐의 영역이었다. 그러나 일제강점기 때 창경궁과 종묘 사이에 도로를 놓고 영역을 갈라놓아 지금의 형태를 갖게 되었다.

04
종묘
조선 시대의 왕과 왕비의 넋을 기르는 곳

1 종로3가 3 종로3가 5 종로3가

종묘 안내

이용 시간 한국어, 영어, 중국어, 일본어 별로 시간제 관람(자세한 관람 시간 및 내용은 홈페이지를 참고).
문의 02-765-0195

지하철로 가는 길

1호선 종로3가역 11번 출구에서 나온 방향으로 직진해서 20m 정도 가다가 왼쪽으로 들어가면 종묘 입구이다. 3호선, 5호선은 8번 출구로 나와야 한다.

고요한 가운데 전통미를 뿜어내는 공간

종묘의 정문인 외대문(창엽문)을 지나 안으로 들어서면 곧게 뻗은 길 초입 오른편의 아담한 연못가에 망묘루와 공민왕신당, 향대청이 오밀조밀 자리하고 있다. 망묘루는 왕이 정전을 바라보며 선왕을 추모하고 마음을 가다듬는 곳이고 향대청은 제례에 사용하는 향, 축, 폐를 보관하는 곳이다. 안쪽으로 조금 더 들어가면 왕이 제례를 올리기 전에 목욕재계하고 제례를 준비하던 어숙실이 나온다. 그리고 어숙실 왼쪽 뒤편에 자리한 곳이 바로 종묘의 중심 건물인 정전이다. 우리나라의 단일 목조 건물로는 가장 긴 건물(101m)인 정전(국보 제227호)에는 태조를 비롯해 공덕이 있는 왕과 왕비의 신주 등 총 49위가 모셔져 있다.

반면 정전 왼편에 자리한 영녕전(보물 제821호)은 세월이 흘러 봉안해야 할 신위의 수가 늘어남에 따라 새롭게 지은 별묘로, 왕과 왕비의 신주 34위가 모셔져 있다. 영녕전에는 한때 폐위되었다가 숙종 때 복위된 단종의

아담한 연못 부근의 정자에 앉아 잠시 느긋하게 쉬어 보자.

1. 정갈한 돌담과 숲, 기와의 곡선이 어우러져 한국적인 아름다움을 뽐낸다. 2. 비통한 죽음을 맞은 단종의 신위가 모셔진 영녕전 3. 붉은 기둥이 도열해 있는 정전은 단아한 자태로 궁 전체를 받치고 있다.

신위가 모셔져 있는 반면, 폐위된 연산군과 광해군의 신위는 정전과 영녕전 모두에서 제외되었다.

정전과 영녕전으로 들어서는 길목에는 검은 기와를 뒤집어 깔아 놓은 것 같은 이색적인 통로가 있는데 이는 왕조차도 밟고 지나지 못하는 신성함을 지닌 신위가 가는 길이다. 아울러 사방에 넓게 깔린 판석은 걷기에 불편하도록 일부러 울퉁불퉁하게 한 것으로 경거망동을 삼가고 조심스럽게 행동하라는 뜻이 담겨 있다. 매년 5월 첫째 일요일에 이곳에서 거행되는 종묘제례와 종묘제례악은 2001년 유네스코 '인류구전 및 무형유산걸작'으로 등록되었다.

놓치면 아쉬운 볼거리

창경궁
예전에는 종묘와 창경궁이 하나로 연결되어 임금이 종묘를 방문할 때 보다 편안하게 움직일 수 있었다. 그러나 1931년 일제가 창경궁과 종묘를 단절시키고 도로(율곡로)를 내 한동안은 육교를 넘어 창경궁을 둘러보는 아픔이 있었다. 2010년 이후 육교가 철거되면서 지하차도를 만들고 차도 위로는 숲길로 연결된 녹지 공간을 복원하고 있어 조만간 옛 모습을 가늠할 수 있는 종묘와 창경궁을 자유롭게 오갈 수 있을 것이다.

숨은 이야기

종묘와 사직의 상징성
"전하, 어찌 종묘사직을 버리려 하십니까?"

사극에서 흔히 듣던 말 중 하나가 바로 종묘사직이다. 종묘는 조선 왕조 역대 임금과 왕비의 위패를 모시던 왕실의 사당을 일컫는 것이고, 사직은 백성의 복을 위해 제사하는 국토의 신(神)인 사(社)와 곡식의 신인 직(稷)을 이르는 말이다. 땅과 곡식이 없으면 백성이 살 수 없으므로 나라를 창건한 자는 제일 먼저 왕가의 선조를 받드는 종묘와 더불어 백성을 위해 사직에게 복을 비는 사직단을 지어 제사를 지냈다. 때문에 태조 역시 조선을 세우고 한양으로 천도한 후 왕소의 기틀을 세우기 위해 경복궁과 더불어 가장 먼저 종묘와 사직단을 건립하여 국가의 정신적 지주로 삼았다. 나라가 망하면 종묘사직 또한 없어지는 것으로 나라가 잘못되어 갈 정도로 왕이 실정을 한다 싶을 때 측근들이 이 같은 표현으로 비유할 만큼 종묘와 사직은 조선 시대의 중요한 상징이었다.

두 개의 돌길이 가지는 뜻
정문인 외대문 안으로 들어서면 높낮이가 서로 다른 넓적한 돌길이 곧게 뻗어 있는 것을 볼 수 있다. 가운데에 가장 도톰하게 솟아있는 길은 혼령이 다니는 신로와 향축패가 다니는 향로를 합친 신향로이고, 이를 중심으로 오른쪽은 왕이 다니는 어로, 왼쪽은 왕세자가 다니는 세자로이다. 이는 종묘제례의 의식절차를 암시하는 통로이다.

종묘에는 유교 예법을 중시한 조선의 역사가 고스란히 배어 있어 옛 선인의 가치관과 생각을 엿볼 수 있다.

덕수궁》 덕수궁 터는 원래 조선 태조의 계비 신덕왕후 강씨의 무덤인 정릉이 있던 곳이다. 태종 때 무덤이 옮겨진 후 성종의 형 월산대군의 개인 저택이 들어섰는데 임진왜란 당시 의주로 피난 갔다 돌아온 선조가 경복궁, 창덕궁, 창경궁 등이 모두 불타 버려 거처할 곳이 없자 왕실의 개인 저택 중 가장 규모가 컸던 이곳을 임시 궁궐로 삼아 사용하기 시작했다. 1608년 선조가 승하한 후 이곳에서 즉위한 광해군이 경운궁이라는 명칭을 붙였다.

05
덕수궁

조선 왕조의 슬픈 역사와
문화의 향기를 맡는 곳

1 시청   2 시청

덕수궁 안내

이용 시간 09:00~20:00, 매주 월요일 휴무
이용료 만 25세 이상 1,000원
문의 02-771-9951

지하철로 가는 길

지하철 1호선 시청역 2번 출구, 2호선 12번 출구로 나와 몇 걸음만 걸으면 덕수궁 정문인 대한문이 나온다.

소박하지만 정겨운 인간미가 느껴지는 곳

경운궁은 광해군과 인목대비의 희비가 교차되는 곳이다. 1618년 광해군은 계모인 인목대비의 존호를 폐지하고 경운궁에 유폐시켰으나 1623년 인조반정이 일어나자 인목대비의 명으로 광해군이 폐위되고 인조가 즉위했다. 그러나 인조는 이곳에 거처하지 않고 인목대비와 더불어 창덕궁으로 옮겨가고 경운궁을 월산대군 후손에게 돌려줌으로써 한적한 별궁 정도로 축소되었다.

경운궁이 왕궁으로 다시 사용된 것은 1895년 명성황후가 경복궁에서 시해되자 신변의 위협을 느낀 고종이 1896년에 러시아공사관으로 피신했다가 이듬해 경운궁으로 돌아오면서부터이다. 1907년 고종은 일본 침략자들의 강압에 의해 황제의 자리에서 강제로 밀려난 이후에도 경운궁에 그대로 머물렀는데, 이때부터 고종황제의 장수를 비는 뜻에서 덕수궁이라는 이름을 붙였다. 그러나 덕수궁은 이때부터 사실상 궁궐로서의 권위를 상실했고 함녕전에 머물던 고종이 1919년 1월 승하하면서 주인을 잃은 채 쓸쓸한 모습으로 남아 있다가 1933년부터 일반에게 공개

매일 이뤄지는 교대 의식에서 조선 시대의 멋과 전통을 느낄 수 있다.

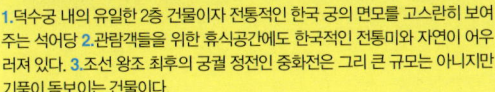

1. 덕수궁 내의 유일한 2층 건물이자 전통적인 한국 궁의 면모를 고스란히 보여주는 석어당 **2.** 관람객들을 위한 휴식공간에도 한국적인 전통미와 자연이 어우러져 있다. **3.** 조선 왕조 최후의 궁궐 정전인 중화전은 그리 큰 규모는 아니지만 기품이 돋보이는 건물이다.

덕수궁미술관에서는 국내외 다양한 전시를 열고 있으며 전시 관람 후에는 궁궐 안도 산책할 수 있다.

되었다.

현재 덕수궁 내에는 조선 왕조 최후의 궁궐 정전인 중화전(보물 제819호)과 중화문을 비롯해 궁 안 유일의 2층 전각으로 한때 인목대비가 유폐되었던 곳이자 인조반정 후 인목대비가 폐위된 광해군을 건물 앞뜰에 꿇어앉혀 죄를 물었던 곳인 석어당, 고종의 침전이었던 함녕전(보물 제820호), 고종이 귀빈을 접견하던 덕홍전과 준명당, 광해군과 인조가 즉위했던 즉조당 등과 함께 서구식 건물인 석조전, 정관헌 등이 들어서 있다. 석조전은 광복 후 미·소공동위원회의 회담 장소로 사용되었으며 현재는 미술관으로 이용되고 있다.

놓치면 아쉬운 볼거리

왕궁수문장 교대 의식은 덕수궁 정문에서 시작해 돌담길까지 이어진다. 깊은 가을, 연인과 돌담길을 걸으며 낭만을 느껴 보자.

왕궁수문장 교대 의식

덕수궁 정문인 대한문 앞에서는 조선 시대 당시 궁궐을 지키는 수문장들의 교대 의식을 거행한 후 내외국인 관광객들과 함께 기념 촬영까지 해 주어 인기를 끌고 있다.

교대 의식 시간 매일 11:00, 14:00, 15:30. 월요일 휴무

덕수궁 돌담길 & 정동길

덕수궁을 돌아보고 난 후 대한문 왼쪽으로 나 있는 덕수궁 돌담길과 정동길을 따라 천천히 걸어 보는 것도 좋다. 정동길에서는 낭만적인 분위기를 느낄 수 있으며 서울시립미술관, 정동제일교회, 정동극장, (구)러시아공사관에 이어 경희궁과 서울역사박물관까지 돌아볼 수 있다.

숨은 이야기

고종의 덕수궁 사랑

1880년대 당시 이미 외세의 압력으로 경운궁 터 일부를 미국, 러시아, 영국, 프랑스 등지의 공사관 부지로 떼어 주었기 때문에 경운궁은 각국의 공사관에 둘러싸여 궁궐의 형태가 뒤죽박죽이었다. 그 틈에서도 고종은 경운궁을 다른 궁궐에 비해 손색없도록 꾸미기 위해 수십 개의 전각들을 세워 나갔다. 고종이 이처럼 경운궁에 강한 집착을 보인 것은 당시 거세게 압박해 오는 일본 세력을 견제하기 위해 서구열강의 공사관이 밀집된 곳을 정치적 기반으로 삼았기 때문이다. 그러나 1907년 고종이 일본의 강압에 의해 왕위에서 물러난 뒤 순종은 외압에 의해 창덕궁으로 거처를 옮기게 되었다.

일제강점기에 찢긴 덕수궁

임진왜란을 비롯한 숱한 화재로 인해 경복궁, 창덕궁, 창경궁 모두 온전한 모습을 찾아보기 어렵지만 특히 덕수궁은 이리저리 찢겨 나가 본래의 모습을 가늠할 수조차 없을 정도이다. 본래의 덕수궁은 지금의 모습과 달리 옛 덕수초등학교와 경기여자고등학교 자리, 정동극장 일대까지 아우르며 크고 작은 전각들이 들어서서, 제법 넓은 궁이었다. 그러나 비운의 근대사를 겪으면서 궁궐 영역이 각국의 대사관으로 넘어갔으며 특히 일제가 조선의 지배권을 강탈한 후 궁궐의 권위와 상징성을 파괴하기 위해 덕수궁 터를 조직적으로 분할 매각하면서 그 규모가 현저히 축소되었다. 덕수궁 돌담길도 일제강점기 때 덕수궁 서쪽에 있던 선원전 터를 관통하는 통행로를 만들면서 생긴, 가슴 아픈 길이다.

일제강점기에 처참하게 찢겨진 우리의 역사와 고종황제의 뼈 아픈 고뇌가 서려 있는 덕수궁의 면면을 살펴보며 걸어 보자.

06 경희궁

도심 속 아담한 궁궐에서 즐기는 호젓한 나들이

5 광화문

경희궁 » 경희궁 자리는 원래 인조의 생부이자 광해군의 이복동생인 정원군(훗날 원종으로 추존)의 사저였으나 이곳에 왕기가 서렸다 하여 광해군이 이를 눌러 없애기 위해 빼앗아 지은 궁궐로 1620년에 완공되었다. 건립 당시의 명칭은 경덕궁이었으나 원종의 시호인 '경덕(敬德)'과 동음이라 하여 1760년(영조 36년)에 경희궁으로 바뀌었다.

경희궁 안내

이용 시간 09:00~18:00(공휴일 10:00~18:00), 매주 월요일, 1월 1일 휴무
이용료 무료
문의 02-724-0274

지하철로 가는 길

5호선 광화문역 7번 출구로 나와 서대문 방향으로 300m가량 걸어가서 서울역사박물관을 지나자마자 경희궁 정문인 흥화문이 나온다.

경희궁의 정전으로 단아한 한국의 전통미를 보여 주는 숭정전

아픈 역사를 딛고 다시 일어난 불굴의 궁

경희궁에 왕이 거처하기 시작한 것은 인조 때부터이다. 이괄의 난으로 창경궁이 불에 타 1624년 인조가 이곳으로 거처를 옮긴 이후 철종에 이르기까지 280여 년 동안 이궁으로 사용되었다. 특히 영조는 치세의 절반을 이곳에서 보냈을 만큼 경희궁은 창덕궁과 더불어 위세가 컸던 곳이다.

경희궁은 창건 당시 120여 동의 건물이 들어설 만큼 규모가 제법 컸지만 대원군이 경복궁 중건을 위해 경희궁 건물을 상당수 옮겨 가고, 또 일제강점기에 들어서면서 걷잡을 수 없을 만큼 훼손되어 거의 폐허가 되어 버렸다. 특히 1910년 일본인학교가 경희궁 내에 들어서면서 정전으로 사용되던 숭정전은 교실로 사용되는 수모를 겪고, 남아 있던 중요한 전각들 또한 헐려 나가 곳곳으로 매각되어 흩어지면서 경희궁은 궁궐로서의 모습을 잃어버렸다. 이후 서울중고등학교, 현대건설 부지로 사용되다 1984년 서울시가 인수하여 사적지로 지정, 복원한 후 2002년부터 시민들에게 공개

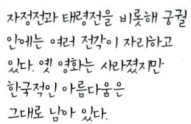

자정전과 태령전을 비롯해 궁궐 안에는 여러 전각이 자리하고 있다. 옛 영화는 사라졌지만 한국적인 아름다움은 그대로 남아 있다.

경희궁의 정문인 흥화문을 지나면 아담하면서도 정갈한 경희궁 내부를 둘러볼 수 있다.

했다.

현재 복원된 건물은 경희궁 정전으로 경종, 정조, 헌종 등이 즉위식을 거행했던 숭정전과 공무를 수행하던 자정전, 영조의 어진을 보관하던 태령전을 비롯해 경희궁의 정문인 흥화문 등이다. 궁 안 초입에는 서울시립미술관 분관(이용 시간 10:00~18:00)과 서울역사박물관이 자리하고 있다. 궁 안쪽 태령전 뒤편에는 마치 두꺼비가 입을 벌리고 있는 듯 기이한 모양의 바위인 서암이 눈길을 끄는데 오래전에 임금님 바위라는 뜻의 '왕암'으로 불려 그 이름으로 인해 광해군이 이곳에 경희궁을 지었다는 이야기도 있다.

흥화문 오른편에 위치한 서울역사박물관에는 선사시대부터 오늘날에 이르기까지 우리 민족의 생활상을 그대로 재현해 놓았다.

서울역사박물관

경희궁 옆에는 선사시대부터 현대에 이르기까지 서울의 역사와 문화, 생활상을 한자리에서 엿볼 수 있는 서울역사박물관이 자리하고 있다. 전시물 앞에 설 때마다 감지되는 센서에 의해 해당 전시물과 함께 영상화면을 곁들인 설명을 일목요연하게 해 주어 당시의 생활상을 자세하게 살펴볼 수 있는 것이 특징이다. 옛 물건을 직접 만져 볼 수 있는 코너에서도 전시물을 만지면 동시에 영상화면을 통해 옛날에 어떤 식으로 활용되던 물건인지 자세히 알려 주어 보는 재미가 쏠쏠하다. 매주 수요일 저녁에는 1층 강당에서 무료 영화도 상영한다.

관람 시간 09:00~18:00, 공휴일을 제외한 월요일·1월 1일 휴관
관람료 무료
문의 02-724-0274

숨은 이야기

끝내 '군'으로 머물렀던 광해군의 슬픈 인생이 담겨 있는 경희궁. 아는 만큼 경희궁을 둘러보는 재미와 멋이 더해질 것이다.

비운의 왕, 광해군

선조의 서자이자 차남인 광해군은 선조의 장자인 임해군과 적자인 영창대군과의 사이에서 세자 책봉 문제로 끊임없는 갈등을 보이던 상태에서 우여곡절 끝에 1608년에 즉위했다. 광해군은 이렇듯 취약한 정통성으로 인해 늘 신경을 곤두세우던 중 선조의 다섯째 아들이자 이복동생인 정원군의 집에 왕기가 서렸다는 말을 그냥 넘겨 버릴 수 없어 결국 그 집을 몰수하여 경덕궁을 세웠다. 그러나 불안한 동굴을 친 광해군에게는 왕위를 위협하는 정적들이 도처에 산재했고 결국 1623년 인조반정으로 축출되어 새로 지은 경덕궁에는 발도 들이지 못했을 뿐만 아니라 왕으로서의 묘호(廟號)도 얻지 못했다. 묘호는 왕이 죽은 후 신위를 종묘에 안치할 때 그 공덕을 칭송하여 당사자 사후에 붙이는 이름으로 당사자들은 알 리가 없지만 후대에 어떤 모습의 왕으로 기억되는가 하는 것 때문에 중요한 이름이다. 본래 나라를 세운 왕의 이름에는 조(祖), 그 뒤를 이은 왕의 이름에는 종(宗)을 붙였지만 나라를 세운 것에 버금가는 업적을 쌓은 왕에게도 '조'를 붙였다. 조선의 왕 가운데 '조'가 붙은 왕은 태조, 세조, 선조, 인조, 영조, 정조, 순조 등 7명이다. 하지만 광해군은 15년간 왕위에 재위했음에도 오늘날까지 후궁 소생의 왕자에게 붙여지는 군이라는 이름으로 남게 된 비운의 왕이다.

흥화문과 숭정전, 황학정

한일합방이 체결될 무렵 경희궁에는 숭정전, 회상전, 흥정당, 흥화문, 황학정 등이 있었는데 그나마 뿔뿔이 흩어져 훼손된 가운데 지금까지 남아 있는 것은 흥화문, 숭정전, 황학정뿐이다. 하지만 이 전각들 모두 온전하게 남아 있는 것은 단 하나도 없어 안타까움을 안겨 준다. 흥화문은 1932년에 이토 히로부미를 위한 사당인 박문사의 정문으로 사용되다가 광복 후 박문사가 폐지된 자리에 영빈관에 이어 신라호텔이 들어서면서 호텔 정문으로 사용되었고 경희궁 복원 사업이 실시되면서 다행히 경희궁의 정문으로 돌아왔지만 원래의 위치는 아니다. 학생들의 교실로 사용되던 숭정전은 1926년 일본이 사찰인 조계사로 매각되었다가 현재는 동국대학교 구내로 옮겨져 법당인 정각원으로 사용되고 있다. 1923년 민간인에게 매각된 황학정은 현재 사직단 뒤편에 자리하고 있다.

07
운현궁
고종의 아버지, 흥선대원군의
위세를 엿볼 수 있는 곳

운현궁 〉〉 조선 제26대 왕인 고종의 아버지 흥선대원군이 살았던 저택이자 고종이 왕위에 오르기 전 열두 살까지 자랐던 곳이다. 원래 조선 시대 일반 상류주택이었지만 고종이 왕위에 오르면서 왕의 잠저라는 이유로 '궁'의 명칭을 얻게 되었다. 운현궁은 고종 즉위 후 영역이 대폭 확장되면서 흥선대원군이 10여 년간 정치적 영향력을 행사한 곳이기도 하다. 현재 운현궁은 대원군의 사랑채였던 노안당, 안채인 노락당, 별당인 이로당을 중심으로 형성되어 있다.

지하철로 가는 길

1. 3호선 안국역 4번 출구에서 나온 방향으로 50m가량 걸으면 운현궁 입구가 나온다.
2. 5호선 종로3가역 5번 출구로 나와 낙원상가를 지나 100m 정도 걸으면 운현궁 입구가 나온다.

운현궁 안내

이용 시간 09:00~19:00(11~3월 18:00), 매주 월요일 휴무(월요일이 공휴일인 경우 화요일 휴무)
이용료 무료
문의 02-766-9090

고종의 즉위와 함께 권세를 등에 업은 흥선대원군의 흡족한 마음을 표현한 노안당.

대원군의 정치적 영향력이 서린 공간

정문 안쪽으로 들어서면 오른편에 운현궁의 경비와 관리를 담당했던 사람들이 거처하던 수직사가 있다. 8칸 짜리 긴 건물로 고종 즉위 당시 흥선대원군이 막강한 권력을 행사하여 궁에서 파견된 인물과 관리하는 인원이 많았음을 짐작하게 한다. 이곳을 지나 솟을대문 안쪽에 자리한 노안당은 대원군이 거처하던 곳이자 국정을 논하던 장소이다. 노안당이라는 현판은 《논어》에 나오는 노자안지(老者安之: 늙은 자를 편안하게 거하게 한다는 의미)에서 따온 것으로, 아들이 임금이 된 덕택으로 좋은 집에서 편안하게 노년을 살게 되어 흡족하다는 뜻으로 흥선대원군이 직접 추사 김정희의 글씨를 집자하여 만들었다. 대원군은 말년에 정권 퇴진과 청나라에 납치되는 수난을 겪다 이곳에서 79세의 나이로 눈을 감았다. 노안당 왼쪽 통로를 따라 안쪽으로 들어가면 노락당과 이로당이 나온다. 노락당은 운현궁에서 가장 규모가 크

고종·명성황후 가례의식

운현궁은 고종과 명성황후가 국혼을 올린 현장으로 운현궁에서는 우리의 전통 궁중 문화를 보여 주기 위해 매년 봄과 가을에 당시 행해졌던 의식 그대로의 모습을 재현하는 가례의식 행사를 펼친다. 가례의식은 별궁에 사신을 보내 왕비를 책봉하는 비수책의식과 국왕이 몸소 나가 왕비를 맞아 들여 대궐로 돌아오는 친영례의식으로 진행된다.

독특한 건물 구조가 인상적인 이로당(왼쪽)과 고종과 명성황후의 운명적인 만남이 있었던 노락당(오른쪽)

고 중심이 되는 건물로 명성황후가 간택을 받은 후 이곳에서 왕비수업을 받았고 고종과 명성황후의 가례가 행해지기도 했다. 이로당은 대원군의 부인인 부대부인 민씨가 거처하며 운현궁의 안살림을 맡아하던 곳이다. 주로 여성들이 거주하던 공간이기 때문에 남자들이 쉽게 드나들지 못하도록 노락당과 연결되어 오로지 안채에서만 드나들 수 있게 만든 ㅁ자형 건물의 형태가 이색적이다. 이로당 오른쪽 건물 밑으로 나 있는 작은 통로를 지나면 뒷마당에 우물이 있다. 이 뒷마당에 서서 보면 노안당과 노락당이 한 줄로 길게 연결되어 좁은 골목을 형성하고 있는 모습이 독특하다. 안에서는 서로 다른 공간이지만 뒤편에서는 하나로 연결되는 구조가 재미있다.

정문을 지나 넓은 마당 왼쪽 끝에는 유물전시관이 자리하고 있다. 운현궁과 흥선대원군에 관련된 유물이 전시된 곳으로 이를 통해 우리 역사 속에서 운현궁이 지녔던 의미와 한국 근대사의 흐름을 파악할 수 있도록 구성하였다.

보너스 볼거리

수운회관

운현궁 관람 후 도로 건너편에 있는 수운회관을 둘러보는 것도 좋다. 수운은 천도교의 전신인 동학의 창시자 최제우의 호로 회관 안에는 천도교의 총본산 교당인 천도교 중앙대교당이 들어서 있다. 전체적으로 바로크 양식을 보이면서도 독특한 건축 형태가 가미된 벽돌 건물로 1921년 건립 당시 명동성당, 조선총독부와 더불어 서울의 3대 건축물로 꼽혔다. 건축 당시 일제의 온갖 방해에도 무릅쓰고 300만 교도를 대상으로 가구당 10원씩 모금한 결과 당시 화폐로 22만 원을 만들어 시공했다. 일제 때 항일운동의 거점이었을 뿐만 아니라 소파 방정환(천도교 3대 교주인 손병희의 사위)을 중심으로 한 세계 어린이운동의 발상지라는 점에서도 그 의미가 깊다.

08
선정릉

성종과 중종이 잠든 곳으로
떠나는 여유로운 산책길

2 선릉 · 분당 선릉

지하철로 가는 길
2호선 선릉역 8번 출구에서 나온 방향으로 200m 정도 직진하면 오른쪽에 선정릉 입구가 보인다.

선정릉 안내
이용 시간 06:00~21:00(11~2월 06:00부터), 1시간 전 입장 마감, 월요일 휴관
이용료 만 25~64세 1,000원(매월 마지막 주 수요일 무료)
문의 02-568-1291

선정릉 》 빌딩 숲으로 뒤덮인 도시 한복판에 있으면서도 숲과 왕릉이 어우러져 한적한 자연의 정취를 맛볼 수 있는 곳이 바로 선정릉이다. 선정릉은 조선 제9대 임금인 성종과 성종의 제2계비인 정현왕후 윤씨의 무덤인 선릉과 제11대 임금인 중종의 무덤인 정릉을 일컫는 명칭이지만 일반적으로 선릉으로 더 많이 알려져 있다.

선인의 무덤 속을 거닐며 자연과 하나 되다

매표소를 지나 정문 안쪽으로 들어서면 왼편이 선릉이고 오른편이 정릉인데 선릉을 먼저 들른 후 정릉을 돌아보고 시계 방향으로 한 바퀴 돌아 나오는 것이 일반적인 동선이다. 왕릉으로 들어가는 입구이자 신성한 공간임을 알리기 위해 붉은 칠을 한 홍살문을 거쳐 제를 지내는 정자각을 지나면 왼쪽으로 성종 능으로 오르는 길이 있다. 야트막한 구릉 위에 형성된 능 위에 오르면 무엇보다 탁 트인 전망이 시원하다. 도심 한복판인지라 능을 중심으로 고층 빌딩이 둘러싸고 있는 형상에서 과거와 현대의 오묘한 조화가 묻어나기도 한다. 정현왕후의 무덤은 숲을 사이에 두고 성종의 무덤 오른편 언덕에 자리하고 있는 동원이강릉으로 구성되어 있다. 동원이강릉이란 하나 이상의 능이 같은 능호를 사용하지만 각각 다른 언덕에 조성된 능을 말한다. 성종의 능에는 십이지신상이 새겨진 병풍석과 난간석이 둘러져 있지만 정현왕후릉에는 병풍석 없이 난간석만 둘러져 있다. 또한 성종 능의 문무석인은 윤곽이 굵고 몸집이 큰 반면 정현

1. 성종의 무덤인 선릉에서 정현왕후릉까지 연결된다. 2. 중종의 혼이 잠든 정릉 3,4. 선릉에서 정릉으로 이르는 길에는 숲길이 나 있어 차분하게 걸으며 자연을 만끽할 수 있다. 5. 홍살문 앞에 서서 마음을 정갈하게 정돈한 뒤 정릉으로 들어선다.

왕후릉의 문무석인은 윤곽과 조각이 섬세하고 아름다운 것이 특징이다. 성종과 정현왕후 능 사이의 숲 곳곳에는 벤치가 있어 숲의 향기를 맡고 새소리와 바람에 흔들리는 나뭇잎 소리를 들으며 휴식을 취하기에 그만이다.

정현왕후릉 옆으로 펼쳐진 구불구불한 소나무 밭 사이로 난 계단길을 올라 언덕을 넘어서면 정릉으로 이어지는 오솔길이 이어진다. 세 개의 능을 둘러싼 숲이 제법 넓고 숲을 가로지르는 오솔길이 여러 군데 있어 요리조리 숲길을 걷는 맛이 그만이다. 거닐다 보면 쭉쭉 뻗은 나무가 있는가 하면 부드러운 곡선미를 자랑하는 나무들, 묘기 부리듯 $45°$ 각도로 기운 나무들이 다양하게 들어서 있어 계절마다 나름의 운치를 자아낸다.

제사를 준비하면서 왕이 휴식을 취하던 재실은 사시사철 자연과 어우러져 편안한 느낌을 준다.

중종의 능인 정릉은 원래 경기도 고양시 덕양구 원당동에 위치한 중종 제1계비인 장경왕후의 희릉 오른쪽 언덕에 있었지만 1562년 제2계비인 문정왕후에 의해 지금의 자리로 이장되었다. 풍수지리상 정릉 터가 불길하다는 이유를 내세웠지만 그 속내에는 자신의 사후 중종과 함께 묻히기를 원하는 측면도 없지 않았다. 하지만 새로 옮긴 능도 매년 장마철이면 침수를 면치 못해 결국 중종과 함께 안장되기를 바랐던 문정왕후는 그 뜻을 이루지 못하고 현재 태릉에 홀로 안장되어 있다.

다양한 먹을거리

선정릉과 선정릉역 사이에는 골목골목마다 다양한 종류의 음식점이 많다. 선정릉역 2번 출구 인근에 있는 칠백식당(02-3447-7005)은 한우모둠구이, 한우육회를 비롯해 한우설렁탕, 한우육회비빔밥, 장아찌국수가 별미인 선정릉 맛집 중 한 곳이다.

숨은 이야기

시신이 없는 능이라는 기상천외한 사실 속에는 가슴 아픈 역사가 숨어 있다. 치열한 역사 속에서 살아 남은 선정릉을 둘러보자.

시신이 없는 능

선정릉은 화재를 비롯해 유난히 많은 변고를 겪었다. 특히 임진왜란 때 파헤쳐지는 과정에서 재궁(왕과 왕비의 관)이 전부 소실되어 선릉과 정릉의 세 능상 안에는 시신이 없다. 당시 성종과 정현왕후의 능침은 아예 잿더미가 되었으며 중종의 능침 주변에서는 시신이 나와 논란이 일기도 했다. 이 시신이 중종의 것인지 아닌지를 가려내기 위해 원로대신에서부터 궁중 나인들까지 동원되어 살펴보았지만 승하한 지 수십 년이 지난 터라 그 실체를 확인할 방법이 없었다고 한다. 또한 시신이 부패하지 않고 남아 있다는 점 때문에 왜군이 왕릉을 욕보이기 위해 가져다 둔 시신이 아닌가 하는 의문이 제기되기도 했지만 혹시나 중종의 시신일지도 모르기에 쉽게 결론을 내리지 못하고 선조는 이 시신을 다른 곳에 잘 묻어 주라는 명을 내렸다. 이후 보수 과정을 통해 선정릉 세 능상 안에는 시신 대신 새로 만들어 올린 의복만 묻히게 되었다. 한편 왕릉 경내는 일반인의 출입이나 개간을 할 수 없는 지역인데도 일제강점기 때 조선총독부가 식량증산이라는 명목 아래 두 무덤 사이 낮은 지대의 개간을 허용해서 한때 능의 영역 안에 사유농지가 생기기도 했다.

선정릉의 주인공인 성종과 중종의 사연 많은 일생을 더듬어 보는 마음으로 차분하게 걸어 보자.

성종(1457~1494년)

세조의 맏아들인 의경세자(사후 덕종으로 추존)와 세자빈 한씨(사후 소혜왕후로 추존)의 둘째 아들로 1457년 경복궁에서 태어났다. 하지만 태어난 지 채 두 달이 되기 전에 의경세자가 20세의 나이로 요절하자 할아버지인 세조 밑에서 자랐다. 이후 의경세자의 동생이자 성종의 숙부인 예종이 세조의 뒤를 이어 즉위했으나 예종 또한 즉위 14개월 만에 승하하면서 성종은 1469년, 13세의 나이로 왕위에 올랐다. 어린 나이에 왕위에 올랐기에 7년 동안 정희왕후(세조의 비)의 수렴청정을 받다 20세가 되면서 친정을 시작했다. 성종은 세조 때의 공신을 중심으로 한 훈구 세력을 견제하기 위해 신진사림 세력을 등용하여 세력 균형 속에 왕권을 안정시켰다. 나라의 근간이 되는 국법인 《경국대전》의 편찬과 함께 정치·경제·문화적으로 성숙한 태평성대를 이룬 공로로 묘호에 이룰 성자를 받았다. 하지만 성종의 원비인 공혜왕후가 소생 없이 일찍 생을 마치자 원자(연산군)를 낳은 숙의 윤씨를 계비로 삼았다가 행실을 문제 삼아 폐비 후 사약을 내려 훗날 생모의 죽음을 알게 된 연산군이 폭정하는 계기를 만들었다. 성종은 1494년 창덕궁 대조전에서 38세의 나이로 승하했다.

중종(1488~1544년)

성종과 폐비 윤씨 사건 이후 제2계비에 오른 정현왕후 윤씨에게서 태어난 아들이다. 성종의 뒤를 이은 연산군의 폭정을 계기로 중종반정(1506년)이 일어남에 따라 연산군이 폐위된 후 19세의 나이로 왕위에 올랐다. 중종은 혼란스러운 정국 속에서 연산군의 잘못된 정치를 바로잡고 민생을 안정시키고자 했으나 연산군 반정세력에 의해 추대된 탓에 권력의 기반이 약했다. 조광조 등 사림 세력을 끌어들여 새로운 왕도정치를 바탕으로 개혁을 도모했으나 급진적인 조광조의 성향과 공신파 사이의 다툼이 끊이지 않고 정치적 혼란은 거듭되었다. 중종은 1544년 창경궁 환경전에서 57세의 나이로 승하했다.

태릉》 태릉은 조선 제11대 임금 중종의 두 번째 비인 문정왕후 윤씨의 무덤이다. 문정왕후는 사후에 중종 곁에 묻히는 것이 소원이었다. 하여 자신의 능과 함께 쓸 요량으로 원래 제1계비인 장경왕후릉 옆에 있던 중종 능을 굳이 현재의 선정릉으로 옮겼으나 매년 홍수로 침수되는 바람에 문정왕후는 중종과 함께 묻히고자 했던 소원을 이루지 못하고 현재의 위치에 홀로 묻히게 되었다.

09
태릉

소나무 향을 온몸으로 느끼며
걷는 숲길

6 화랑대

지하철로 가는 길

6호선 화랑대역 1번 출구로 나와 73번, 82A번, 1156번 버스를 타고 태릉 입구에서 내린다. 걷는 걸 좋아하는 사람들은 6호선 화랑대역 4번 출구로 나와 경춘선 숲길을 따라 옛 화랑대역을 지나 태릉으로 갈 수도 있다. 화랑대역에서 태릉까지는 도보로 25분 정도 걸린다.

태릉 안내

이용 시간 09:00~18:00(6~8월 18:30까지, 11~1월 17:00까지). 1시간 전 입장 마감, 월요일 휴무
이용료 만 25~64세 1,000원
문의 02-972-0370

서울 동북쪽 끝자락에 자리한 태릉은 중종의 두 번째 부인인 문정왕후 윤씨의 무덤이다. 중종의 곁에 묻히지 못한 그녀의 슬픔이 담겨 있어 아련한 마음을 갖게 한다.

도심 끝 역사와 자연을 만나는 공간

매표소를 지나 안쪽으로 들어서면 구불구불한 소나무와 큼지막한 나무들이 빽빽하게 들어선 나무정원이 펼쳐진다. 나무의 모양새도 각양각색이다. 구불구불한 나무기둥은 마치 S라인을 뽐내는 여인 같기도 하고 무희가 살포시 춤을 추는 듯 나무마다 표정이 살아 있다. 나무 구경하는 재미와 함께 새소리를 음악 삼아 능 앞까지 걸어가는 맛이 쏠쏠하다.

홍살문을 지나 제를 올리는 정자각(丁자 모양을 하고 있어 붙은 이름)에 이르기까지는 여느 왕릉과 마찬가지로 약간 다른 높이의 박석길이 펼쳐져 있다. 왼쪽의 약간 높은 길은 신이 다니는 길이라 하여 신도, 오른쪽의 낮은 길은 왕이 다니는 길이라 하여 어도라 불린다. 원칙적으로 신도는 사람이 다닐 수 없는 길이니 능으로 들어설 때 참고하는 것이 좋다.

태릉은 봉분을 둘러싸고 구름무늬와 십이지신상이 새겨진 병풍석과 함께 난간석이 이중으로 둘러져 있다. 뿐만 아니라 봉분을 보호하기

태릉 봉분 주변은 다양한 형태의 봉분석과 난간석으로 둘러져 있다.

위해 반원형으로 다시금 둘러싼 곡장 안쪽에는 석양, 석호 등이 무덤을 호위하고 있다. 봉분 앞에는 관복을 입은 문인석과 두툼한 갑옷에 투구를 써 위용 넘치는 무장의 모습을 한 무인석, 석마 등이 배치되어 있다. 이처럼 태릉은 왕이 아닌 왕비의 단릉이라고는 믿기 힘들 만큼 웅장한 느낌을 주는데 이는 조성 당시 문정왕후의 세력이 어떠했는지를 짐작케 한다. 아울러 정자각 오른쪽 옆에는 조선 왕조 계보도가 상세하게 그려진 판이 있어 조선 왕조의 흐름을 한눈에 파악할 수 있다.

반면 태릉 오른편에 있는 강릉은 문정황후의 아들이자 조선 제13대 임금인 명종과 그의 비 인순왕후의 능으로 그동안 원형 보존을 위해 일반인에게 공개되지 않았지만 2014년부터 개방해 둘러볼 수 있다. 입장시간은 오전 9시~오후 5시(6월~8월 ~오후 5시 30분, 11~1월 ~오후 4시 30분)이며, 태릉 입장권으로 더불어 관람할 수 있다.

왕비의 무덤이라 하기에는 웅장한 규모에서 당시 '철의 여인'이라 불린 문정왕후의 권세를 알 수 있다.

놓치면 아쉬운 볼거리

화랑대역에서 태릉에 이르는 화랑로에는 공원과 맛집 등이 있으며 특히 지금은 폐역사가 된 경춘선 화랑대역이 있어 추억을 떠올리며 걸을 수 있다.

경춘선 숲길

서울과 춘천을 오가는 경춘선은 1939년 우리 자본으로 개설한 최초의 철도다. 당시 일제가 개설한 국내 철도는 대부분 침탈용이었다. 일제가 춘천에 있던 강원도청을 경원선이 지나는 철원으로 옮기려 하자 이에 반발한 춘천 부자들이 사비를 들여 완성한 것이다. 그렇게 탄생한 경춘선은 훗날 젊은이들이 즐겨 찾던 '청춘 기차길'로 유명했다.

2010년 새롭게 개통된 복선 전철 일부 구간이 변경되면서 운행이 중단된 옛 성북역-갈매역 구간은 한동안 쓰레기와 불법 주차로 몸살을 앓다가 지금은 낭만이 깃든 '동네 철길'로 변신했다. 노원구 월계동 경춘철교 건너 옛 화랑대역을 거쳐 서울시와 구리시 경계인 담터마을까지 이어지는 경춘선 숲길(약 6.5km)은 옛 철로를 그대로 살려 중장년층은 아련한 청춘을 떠올리며 걷기 좋고, 요즘 청춘들은 아날로그 감성을 느끼며 걷기 좋다. 특히 화랑대역에서 태릉으로 가는 길목에 있는 옛 화랑대 역사는 '노원불빛정원'으로 꾸며져 해가 지면 기찻길과 불빛터널, 다양한 조형물들 곳곳에서 알록달록 불을 밝혀 화려한 밤을 선사하는 곳이다.

옛 화랑대역

1939년에 세워질 당시에는 '태릉역'이었지만, 1958년 육군사관학교가 이곳 옆으로 이전하면서 화랑대역으로 바뀌었다. 서울의 마지막 간이역인 옛 화랑대역(등록문화재 300호) 실내는 기차 여행의 옛 추억을 더듬어 볼 수 있는 전시 공간이다. 역사 앞 옛 화랑대역 표지판이 세워진 승강장에는 과거 이 철로를 오가던 무궁화 열차가 서 있고 선로가 갈리는 기찻길에는 증기 기관차와 무궁화 열차, 체코와 일본에서 들여온 노면전차(트램) 등이 전시돼 있다.

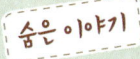

숨은 이야기

문정왕후(1501~1565년)

연산군 7년(1501년)에 태어난 문정왕후는 중종의 제1계비인 장경왕후가 1515년에 세자(인종)를 낳은 뒤 산후병으로 7일 만에 세상을 뜨자 2년 뒤 왕비로 책봉되었다. 중종 승하 후 인종이 즉위했으나 8개월 만에 승하하면서 1545년 명종이 12세의 어린 나이로 즉위하고 문정왕후가 8년 동안 수렴청정을 하였다. 당시 인종과 명종의 외척들의 세력 다툼이 팽팽한 가운데 문정왕후가 집권하자 남매지간이던 윤원형 일파가 득세하면서 반대 세력을 대대적으로 숙청하는 피바람이 불었다. 이후 문정왕후는 당대 자신에 대한 언급이 금기될 정도로 강력한 권력을 거머쥐면서 훗날 조선의 측천무후, 철의 여인 등 다양한 별명을 얻게 되었다. 독실한 불교신자인 문정왕후는 당시 조선의 지배이념이던 숭유억불정책을 무시하고 봉은사 주지로 임명된 보우를 앞세워 불교중흥정책을 시행해 유생들의 불만을 사기도 했다. 보우는 훗날 중종과 함께 묻히고 싶어 했던 문정왕후와 함께 중종의 능을 옮긴 장본인이다. 각지에서 유생들이 요승 보우를 타도하라는 상소와 함께 집단시위를 벌이기도 했지만 문정왕후의 불교중흥정책은 계속되었고 권세를 누리던 문정왕후는 1565년 창덕궁 소덕당에서 65세의 나이로 생을 마감했다. 문정왕후가 승하하자 보우는 제주도로 유배되어 결국 죽임을 당했다.

문정왕후의 대단하고도 치열했던 삶의 궁곡이 배어 있는 태릉. 역사 속 카리스마 넘치는 여성의 발자취를 따라가 보자.

10 정릉

영화 같은 이야기가
발길을 이끄는 곳

우의산설
정릉

정릉안내

이용 시간 06:00~18:00(6~8월 ~18:30, 11~2월 06:30~17:30). 매주 월요일 휴무
이용료 만 25~64세 1,000원
문의 02-914-5133

🚇 지하철로 가는 길

우이신설선 정릉역 2번 출구로 나오면 '정릉 700m' 이정표가 있다. 이정표를 따라 아리랑시장길을 지나 왼쪽 주택가 위로 오르면 주택가 끝자락에 정릉이 있다.

정릉〉〉 정릉은 태조 이성계의 두 번째 부인인 신덕왕후 강씨의 무덤이다. 원래는 덕수궁 뒤편에 있는 현 영국대사관 자리에 있었으나 1409년(태종 9년) 태종에 의해 현재의 위치로 이전되었다. 덕수궁이 자리한 지금의 정동은 정릉이 있었기에 붙여진 명칭이다.

숨은 이야기를 찾아 걸음을 옮기다

정릉은 그 어느 능보다 우여곡절이 많았다. 1396년(태조 5년)에 신덕왕후가 승하하자 부인을 지극히 사랑했던 태조는 상복을 입고 직접 다닌 끝에 훗날 신덕왕후 옆에 자신이 묻힐 자리까지 함께 마련하여 원래의 위치에 왕비의 능역을 대대적으로 조성했다. 뿐만 아니라 능 동쪽에 왕비의 명복을 빌기 위한 원찰로 흥천사를 세운 후 자주 왕래한 것은 물론 이곳에서 정릉에 재를 올리는 종소리를 듣고서야 아침 수라를 들었다고 한다.

이렇게 융숭한 대접을 받던 정릉은 태조 승하 후 왕위에 오른 태종 이방원에 의해 갖은 수난을 겪었다. 원비 신의왕후의 아들인 태종은 평소 신덕왕후를 무척이나 미워했다. 살아생전에도 자신의 앞길을 막더니 죽어서도 아버지의 사랑을 독차지하는 계모에 대한 미움이 극에 달해 신덕왕후를 평민으로 강등시키고 급기야 신덕왕후의 능에도 손을 댔다. 때마침 태종의 속내를 아는 신하들로부터 '왕릉이 모두 도성 밖에 있는데 정릉만 도성 안에 있는 데다 능역이 너무 넓으니 도성 밖으로 옮겨야 한다.'라는 상소

태조의 깊은 애정이 담긴 정릉은 태종에 의해 파헤쳐져 모진 수모를 겪어야 했다.

를 받아들여 태종은 정릉 100보 밖까지를 주택지로 허락해 당대 세도가들이 정릉의 숲을 베어내고 저택을 지을 수 있게 되었다. 이어서 능을 현 위치로 옮기면서 봉분을 깎아 버려 사람들이 알아볼 수 없게 하였고 정자각 등을 헐어 태평관을 짓고 석물들은 모두 땅에 묻어 버렸다. 뿐만 아니라 이듬해 청계천 광통교(현재의 광교)가 홍수에 무너지자 능의 병풍석을 다리 복구에 사용하기까지 했다.

이후 정릉은 수백 년간 왕후의 무덤이라기보다는 존재감마저 잊힌 무덤으로 쓸쓸하게 남아 있다가 260년이 지난 현종 10년(1669년)에 지금의 모습으로 회복되었다. 복구된 능에는 병풍석과 난간석을 세우지 않았고 무인석 없이 문인석 한 쌍을 비롯해 몇 개의 석물만 조촐하게 들어선, 전체적으로 다른 왕비릉에 비해 빈약한 편이지만 조선 최초의 왕비릉으로서

도심 속에 자리해 시민들의 좋은 휴식처가 된 정릉은 신덕왕후의 슬픔이 서려 더욱 애틋하다.

의 의미가 깊다. 능이 완성된 후 성대한 제사를 지냈는데 그날 정릉 일대에 많은 비가 내려 사람들이 이를 '세원지우(洗寃之雨)'라 불렀다고 한다. 세원지우는 신덕왕후의 원을 씻어 주는 비라는 뜻이다.

놓치면 아쉬운 볼거리

정릉을 감싸 안은 숲길은 서 있기만 해도 기분 좋아지는 곳이다. 태초의 자연을 만나듯 푸르름으로 가득한 숲길을 걸어 보자.

정릉 숲 산책로

도심 주택가 끝자락에 자리한 정릉은 매표소를 지나 안으로 들어서는 순간부터 다른 세상이 펼쳐진다. 수령 300년이 넘는 느티나무를 비롯해 울창한 나무들로 인해 주택가와는 다른 숲 분위기가 물씬 풍겨난다. 숲길을 따라 졸졸 흘러내리는 아담한 개울은 도룡뇽과 가재까지 살 정도로 맑다. 능을 둘러본 후에는 무엇보다 능을 에워싼 숲길을 걷는 맛이 좋다. 정자각 앞마당에서 작은 개울을 건너 왼쪽으로 가면 정심약수터를 지나 능을 둘러싸고 한 바퀴 도는 숲 산책로가 펼쳐진다. 산책로는 2.5km로 한 시간 정도면 충분히 둘러볼 수 있다. 정심약수터를 지나 올라가다 보면 두 갈래 길이 나오는데 오른쪽 길이 크게 한 바퀴 도는 길이다. 숲길 안으로 들어서면 차 소리와 주택가의 소음은 사라지고 오로지 바람에 흔들리는 나뭇잎 소리, 졸졸 흐르는 시냇물 소리, 새소리만 들리는 자연의 공간이 펼쳐진다. 능 뒤쪽에서 돌아 나오는 길은 오르락내리락 굴곡이 있는 산언덕 길이지만 길이 잘 정비되어 있어 자연을 음미하며 걷기에 좋다.

숨은 이야기

태조의 사랑과 태종의 미움을 함께 받았던 신덕왕후가 잠든 정릉. 다정한 위세와 처절한 짓밟힘의 역사가 고스란히 배어 있다.

광교

현재 청계천에 자리한 광교(광통교)는 조선 왕조의 시조인 태조 이성계의 계비 신덕왕후의 아픔이 묻혀 있는 다리이다. 원래 흙으로 만들어졌는데 1410년(태종 10년) 여름에 폭우로 유실되자 태종 이방원이 신덕왕후의 능을 옮기는 과정에서 묘에 사용했던 병풍석으로 다리를 다시 세웠다. 왕비의 묘에 사용했던 돌을 다리 건설에 사용한다는 것은 있을 수 없는 일이나 이는 당시 왕권장악에서 적적 관계에 있던 계모 신덕왕후를 증오한 이방원이 사람들로 하여금 짓밟고 다니게 하기 위함이었다. 뿐만 아니라 신덕왕후 능에 있던 신장석도 다리에 사용하였는데 그중 일부는 거꾸로 놓았다. 신징식에는 세련된 당초 문양이 새겨져 고려 말, 조선 초기 전통문양의 아름다움을 보여 주는데 이런 문양석을 거꾸로 놓은 것은 당시 신덕왕후에 대한 이방원의 미움이 어느 정도였는지 파악할 수 있는 대목이다.

신덕왕후(?~1396년)

신덕왕후는 고려 말 권문세가였던 상산부원군 강윤성의 딸이다. 고려시대에는 고향에서 결혼한 부인인 향처(鄕妻)와 서울에서 얻은 새 부인인 경처(京妻)를 두는 풍습이 있었다. 태조의 경처인 신덕왕후는 향처인 신의왕후가 조선이 개국되기 1년 전에 세상을 떠나면서 태조 원년(1392년)에 조선 최초의 왕비로 책봉되었다. 당시 신덕왕후 강씨 가문은 지방 출신인 이성계에게 중앙정치무대로 등극하는 길을 열어 주었을 뿐만 아니라 조선을 건국하는 데 중요한 역할을 담당했다. 게다가 신덕왕후는 사리도 밝고 슬기로워 태조의 사랑과 신뢰를 듬뿍 받아 단순히 왕비로서가 아니라 정치적으로도 든든한 동반자였다. 신덕왕후는 태조와의 사이에 방번과 방석 두 아들과 경순공주를 두었는데 당시 원비인 신의왕후 소생의 장성한 아들들을 제치고 차남 방석을 세자로 세울 만큼 태조를 비롯해 개국공신들의 신임을 받았다. 그러나 그 영화는 오래가지 못하고 1396년(태조 5년)에 아쉽게도 병환으로 갑작스레 승하하였다. 신덕왕후가 승하한 지 2년 후, 신덕왕후의 가장 큰 정적이던 이방원(태종)은 방석을 세자로 책봉한 데 반감을 품은 끝에 왕자의 난을 일으켜 방번과 방석을 살해하고 이후 결국 왕위에 올랐다. 태종은 또한 종묘에 자신의 친어머니인 신의왕후의 신위만 모시고 신덕왕후의 신위는 모시지 않음으로써 왕비의 지위를 박탈했다. 신덕왕후는 260년이 지난 1669년(현종 10년)이 되어서야 정릉의 복구와 함께 종묘에 신위가 안치되어 그 한을 풀게 되었다.

조계사 한국 불교의 구심점에서 불교의 향기에 심취하기
길상사 법정 스님의 발자취를 따라 무소유에 대한 깨달음 얻기
진관사 북한산 줄기 따라 신비로운 기가 서린 절
관음사 한적한 숲길에서 새소리에 취해 걷기
화계사 한걸음 내디디면 도시의 번잡함을 덜어 내는 길
봉은사 도심 속 조용한 숲에서 여유를 누릴 수 있는 곳

★ PART 5

지하철로 떠나는
도심 속 사찰 여행

조계사 〉〉한국 불교의 중심 사찰인 조계사는 1910년 승려들의 모금으로 설립된 각황사가 모태인 절이다. 일제강점기에는 태고사로 불리다 1954년 일제의 잔재를 청산하는 불교정화운동이 일어난 후 지금의 조계사로 명칭이 바뀌었다. 서울 종로 도심 한복판에 자리한 조계사는 높은 빌딩들로 둘러싸여 있어 산중의 사찰처럼 호젓하고 아늑한 멋은 없지만 조계종의 본산인 만큼 불교문화를 엿보기에 좋다.

01
조계사

한국 불교의 구심점에서
불교의 향기에 심취하기

1 종각   **3** 안국

1. 조계사로 통하는 성스러운 관문, 일주문 2. 화려하면서도 불교의 향기가 가득 담겨 있는 대웅전의 전면 3. 체신기념관은 아담하지만 멋스러워 사진을 찍기 위해 찾는 여행자들이 많다. 4. 1900년대 초 우체부의 모습도 살펴볼 수 있다.

도심 속 불교문화를 전파하는 곳

사찰의 관문인 일주문을 지나 안으로 들어서면 사찰의 주된 건물인 대웅전을 중심으로 왼편에 극락전이 자리하고 있다. 석가모니불을 모신 조계사 대웅전은 규모가 웅장할 뿐 아니라 화려한 꽃무늬와 나무, 새의 모양이 정교하게 새겨진 문살이 돋보인다. 아울러 대웅전 앞마당에는 1913년 스리랑카의 한 스님이 기증한 부처님의 진신사리가 봉안된 7층 석탑이 눈길을 끈다. 천연기념물로 지정된 수령 500여 년 된 백송과 수령 450여 년 된 회화나무 등 거대한 고목이 사찰의 고풍미를 더한다.

놓치면 아쉬운 볼거리

체신기념관

조계사 오른쪽 옆에는 고즈넉한 옛 건물 한 채가 덩그러니 놓여 있다. 이곳은 원래 조선 초기에 궁 밖에 사는 왕족의 진료를 위한 병원인 전의감으로 지어졌던 것인데 1884년 우리나라 근대 우편 사업의 효시가 되었던 우정총국 건물로 변신한 후 현재는 체신기념관으로 운영되고 있다. 아담한 전시관 내에 들어서면 1884년에서 1905년까지 사용하던 우리나라 초기 우표 55종을 비롯해 삿갓에 도포를 입은 모습이 독특한 1900년대 초 우체부들의 복장과 모자, 구한말 부뚜막불의 중량과 규격을 재던 저울, 우체국 관인 등을 살펴볼 수 있다. 기념관 주변에 조성된 소공원에는 엽서를 주고받던 옛 낭만을 되살리기 위해 설치한 사랑의 메시지창이 있는데 누구든 직접 엽서를 작성해 전시관 안에 넣으면 일정 기간 전시해 두었다가 발송해 준다.

관람 시간 09:00~18:00(동절기 17:00까지, 토요일 13:00까지). 공휴일 휴관
관람료 무료
문의 02-734-8369

다양한 먹을거리

조계사 앞 도로 건너편에 있는 템플스테이 통합정보센터 안에 자리한 발우공양(02-733-2081)은 조계종에서 직접 운영하는 사찰요리 전문점으로 정갈하고 담백한 사찰음식을 코스로 맛볼 수 있다. 조계사를 바라보고 왼쪽으로(종로 방향) 150m가량 가면 나오는 사거리에서 종로구청 방향 오른쪽 길로 접어들면 유명한 공평동꼼장어를 비롯해 골목 안쪽에 다양한 음식점이 몰려 있다.

조계사는 낮에 둘러보는 것도 좋지만 해 질 무렵 찾으면 더욱 운치 있다. 특히 저녁 예불을 드릴 즈음, 도심 한복판에서 법고와 운판, 목어, 범종이 차례로 울려 퍼지는 소리가 이색적이다. 법고는 땅에 사는 중생을 위해, 운판은 공중을 날아다니는 중생을 위해, 목어는 물속에 사는 중생을 위해, 범종은 지옥에서 고통받는 중생을 위해 울리는 것이다. 특히 범종은 새벽 예불 때 28번, 저녁 예불 때 33번 치는데 이는 새벽에 28개의 지옥문을 열어 부처님의 설법을 듣고 저녁에 33개의 천상문을 열어 모두 극락으로 인도한다는 의미가 담겨 있다. 이어서 예불과 함께 목탁 두드리는 소리가 도심 한복판에 은은하게 퍼지는 소리를 들으면 비록 불자가 아니더라도 마음이 차분해지고 여유로워진다.

조계사 대웅전 뒤편에는 불교역사문화기념관과 불교중앙박물관이 있어 우리의 불교문화를 이해하는 데 도움이 된다. 조계사 일주문 양옆으로는 불교 용품을 판매하는 곳이 많아 작은 부처, 연꽃 등 하나하나 구경하는 재미가 쏠쏠하다.

주변에 불교 용품을 파는 가게들이 많아 구경하는 재미가 쏠쏠하다.

길상사》 길상사는 '무소유'의 깨달음을 주고 떠난 법정 스님으로 유명해진 절이다. 법정 스님이 삶의 끝자락에서 머물렀던 길상사에는 아름다운 사연이 깃들어 있다. 이곳은 원래 1960년대부터 1980년대까지 밤 문화를 주도하며 한 시대를 풍미했던 고급 요정으로 이름난 대원각이었다. 고급 요정이 사찰로 변신하게 된 것은 요정 주인 김영한 여사와 법정 스님의 만남 때문이었다. 1987년 우연히 법정 스님의 설법을 듣게 된 김영한은 스님의 '무소유'에 감명받아 대원각 건물과 대지 등 총 1,000억 원대에 달하는 재산 일체를 기증하겠다는 뜻을 내비쳤다. 하지만 무소유를 설파하던 법정 스님이 엄청난 소유를 권하는 그 제의를 선뜻 받아들일 리 만무했다. 하지만 10년에 걸쳐 끊임없이 불교 수행도량으로 써 달라며 기부하겠다는 김영한의 간곡한 요청에 못 이겨 받아들이면서 1997년 길상사라는 이름으로 새롭게 태어났다.

02
길상사
법정 스님의 발자취를 따라
무소유에 대한 깨달음 얻기

④ 한성대입구

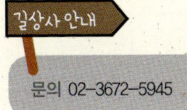

🚇 지하철로 가는 길

4호선 한성대입구역 6번 출구에서 나온 방향으로 600m 정도 걸으면 선잠단지가 있다. 이곳을 지나자마자 오른쪽으로 꺾어지는 도로를 따라 600m가량 가면 길상사가 나온다. 고급 주택가들이 들어선 이 길목은 간간이 차만 다니고 걷는 이들은 거의 없어 호젓한 분위기이다.

길상사 안내
문의 02-3672-5945

소박하면서도 단정한 느낌을 주는 극락전

법정 스님과 김영한의 숭고한 정신이 깃든 곳

주택가에 둘러싸인 길상사는 일주문을 들어서는 순간 분위기가 확연히 달라진다. 야트막한 산자락이 병풍처럼 둘러친 사찰 내부에는 수령 260여 년의 거대한 느티나무를 비롯해 아름드리나무가 많아 봄과 여름에는 푸른 나무들로 인해 싱그럽고 가을에는 단풍과 낙엽의 운치가 가득하며 겨울에는 눈이 내려 고요하고 순수한 자태를 뽐낸다. 널찍한 마당 끝에 자리한, 길상사의 중심 건물인 극락전은 화려한 단청 대신 단색으로 처리된 데다 촘촘하게 짜인 섬세한 문살 모양이 단아하면서도 정갈하다. 설법전 앞에 자리한 보살상은 언뜻 성모마리아상 분위기가 나는 모습이 독특한데 이는 가톨릭 신자인 조각가 최종태의 작품이다.

극락전을 바라보며 왼쪽에는 물이 흐르는 작은 도랑을 따라 오솔길이 나 있다. 초입에 도랑을 가로지르는 좁은 다리를 건너면 자신의 모든 것을 바

한국가구박물관

길상사에서 언덕길로 더 올라가면 나오는 한국가구박물관은 조선 시대의 생활 가구를 모아 놓은 곳이다. CNN이 한국에서 가장 아름다운 박물관이라 소개해 한국을 방문하는 외빈들과 유명 인사들이 꼭 둘러본다는 곳이다. 사전 예약제로 운영하며 관람료는 비싼 편이지만 가이드를 따라 하나하나 설명을 들으며 보는 재미가 의외로 쏠쏠하다. 전시품 구경도 좋지만 창경궁 전각을 되살려 지은 궁채, 사대부집, 부엌채, 곳간채, 정자 등 10여 채의 한옥을 덤으로 구경하는 재미도 있다

관람 시간 11:00~19:00(토요일 09:00~18:00), 일·월요일·공휴일 휴무
관람료 2만 원(사전 예약제로 운영, 자유 관람 불가)
문의 02-745-0181

친 김영한의 공덕비도 볼 수 있다. 도랑 위 야트막한 언덕 곳곳에 자리한 공간들은 마치 휴양림 안의 아담한 통나무집 같은 모양새인데 이는 대원각 시절의 별실들로, 지금은 스님들의 수행처로 활용되고 있다. 군데군데 나무토막을 툭툭 잘라 만든 의자와 벤치가 놓인 오솔길을 걷다 보면 나무 기둥에 걸린 의미 있는 문구가 눈에 띈다. '행복이란 구하거나 노력한다고 얻어지는 게 아니라 불만을 없애고 욕망을 자제함으로 얻어지는 것', '침묵하라, 그리고 말하라'…… 아울러 극락전 뒤편에 자리한 '침묵의 방'은 일반인들 누구나 들어와 명상을 할 수 있게 한 공간으로 오전 9시부터 오후 5시까지 개방된다. 이렇듯 길상사는 종교를 뛰어넘어 누구나 부담 없이 들어와 사색을 즐기고 마음의 평안을 얻는 쉼터가 되기를 바라던 법정 스님의 뜻에 걸맞게 자유롭게 개방되어 사람들의 발길을 이끈다.

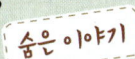

김영한과 백석의 러브스토리

어려운 집안 형편으로 인해 16세에 기생이 된 김영한은 22세 때 시인 백석(당시 26세)을 운명적으로 만나 사랑에 빠진다. 기생과의 사랑을 탐탁지 않게 여긴 백석의 부모가 둘을 갈라놓기 위해 아들을 다른 여인과 결혼시켰다. 백석은 부모의 뜻을 거역하고 김영한에게 만주로 가서 함께 살자고 했지만 김영한은 이를 거절했다. 결국 백석은 혼자 만주로 떠났고 6·25전쟁으로 인해 남북이 갈라지는 바람에 두 사람은 영영 만나지 못하게 되었다. 이후 김영한은 백석이 그리울 때마다 담배를 피우던 끝에 폐암에 걸렸고, 자신의 삶을 정리하는 과정에서 평생 운영해 오던 대원각을 시주하여 길상사가 탄생하게 되었다. 이때 김영한은 법정 스님에게 '길상화'라는 법명을 받았다. 김영한은 1999년 평생 한 사람만을 사랑하고 그리워하다 결국 생을 마감했다. 그녀의 유해는 자신의 유언대로 화장되어 길상사 마당에 뿌려졌다고 한다.

03
진관사
북한산 줄기 따라
신비로운 기가 서린 절

③ 연신내

진관사 〉〉 북한산 기슭에 살포시 들어앉은 진관사는 고려 현종이 자신의 목숨을 구해 준 진관대사의 은혜에 보답하고자 세운 천년 고찰이다. 당시 왕위 계승자였던 현종은 호시탐탐 왕위를 노리는 정적들에 의해 항상 목숨이 위태로운 상황이었다. 급기야 현종을 살해하기 위해 그를 절에 가둔 정적들의 음모를 간파한 진관대사가 지하에 굴을 마련해 숨겨 주어서 현종은 가까스로 목숨을 구할 수 있었다. 이후 왕위에 오른 현종은 즉위 이듬해(1011년)에 사찰을 짓고 진관대사의 이름을 따서 진관사라 부르게 했다.

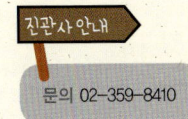

지하철로 가는 길

3호선 연신내역 3번 출구 인근에서 701번, 7211번 버스를 타고 하나고등학교 진관사 입구에서 내린다. 이곳에서 은평한옥마을 옆 진관길을 따라 500m가량 걸어가면 진관사 일주문이 나온다.

진관사 안내
문의 02-359-8410

충성심과 불심이 어우러진 곳

왕을 구한 사찰이라 하여 고려시대 역대 왕들의 왕래가 빈번했던 진관사는 조선시대에도 수륙재(水陸齋)의 근본 도량으로 명성을 떨친 유서 깊은 절이다. 수륙재란 물과 육지에서 헤매는 외로운 영혼과 아귀(목마름과 배고픔에 가득 찬 세상에 사는 중생)를 위로하기 위해 불법을 강설하고 음식을 베푸는 불교의식이다. 태조는 조선을 건국하는 과정에서 죽어 간 고려 왕족의 영혼을 기리고 백성들의 동요를 막아 조선 왕실의 안정을 꾀할 목적으로 진관사에 수륙사를 건립한 후 매년 수륙재를 성대하게 열었다. 아울러 세종 때에는 집현전 학자들의 비밀 연구소로 사용했고, 일제강점기에는 비밀결사대를 조직해 적극적으로 독립운동을 펼쳤던 곳으로 역사적인 의미가 크다. 6·25전쟁 당시 폭격으로 소실되어 폐허가 되었던 것을 1963년 비구니 진관 스님이 재건한 후부터 현재에 이르기까지는 비구니 사찰로 이름났다.

병풍처럼 둘러친 북한산, 맑은 계곡과 어우러진 진관사는 아담한 마당을 중심으로 ㅁ자형으로 둘러싼 절집들의 구성이 아기자기하다. 건물 현판의 글씨도 뱀이 구불구불 똬리를 틀듯 쓰인 모습이 독특하다. 단순한 격자 문양과 더불어 섬세한 꽃 문양으로 구성된 대웅전도 눈길을 끌지만 독성전과 칠성각, 나한전도 눈여겨볼 만하다. 대웅전 오른쪽 옆에 자리한 이 건물들은 6·25전쟁 당시 화마를 피해 남은 것으로 조선 후기 건축양식

북한산 걷기

진관사를 둘러보고 절 뒤 계곡 등산로를 따라 북한산에 올라보는 것도 좋다. 등산로는 진관사 돌담길을 지나 계곡을 끼고 오르는 길과 일주문에서 시작되는 두 길이 있다. 진관사 돌담길 뒤로 이어지는 길목에는 쇠줄을 잡고 가야 하는 가파른 암반이 펼쳐져 있어 조심해야 하지만 산꼭대기부터 계곡까지 45°로 기울어진 바위가 넓게 펼쳐진 모습은 여느 곳에서는 좀처럼 볼 수 없는 절경이다. 암반길을 지나가다 보면 '비봉 1.2km' 이정표가 나온다. 이곳에서 비봉에 오르는 코스도 만만치는 않지만 걸음을 옮길수록 펼쳐지는 암산의 장쾌한 매력에 감탄사가 절로 나온다. 가파른 암반으로 이루어진 비봉에는 신라 진흥왕이 영토 확장을 기념하기 위해 세운 진흥왕순수비가 세워져 있다. 국보 제3호인 진흥왕순수비 진품은 국립중앙박물관에 보관되어 있고 이곳에 있는 것은 복제품이다. 비봉에서 사모하는 여인을 기다리던 청년이 그대로 바위가 되었다는 전설을 지닌 사모바위에 이르는 400m 거리는 완만한 능선길로, 서울 시내를 한눈에 내려다보며 걷기에 좋다.

사모바위에서 진관사 방향으로 내려오는 길목에도 백운대, 인수봉, 노적봉, 만경대, 문수봉 등이 병풍처럼 펼쳐진 풍광이 장관을 이룬다. 진관사에서 출발하여 비봉과 사모바위를 거쳐 다시 진관사로 내려오는 데는 3~4시간이 걸린다. 군데군데 가파른 암반이 많아 등산화와 장갑은 필수이고 주변에 식당도 별로 없어 물과 간단한 간식거리를 준비하는 것이 좋다.

북한산이 감싸 안은 진관사는 화려하지는 않지만 고즈넉한 전통미가 느껴지는 곳이다.

과 토속신앙을 이해하는 데 중요한 자료로 평가되어 서울시 문화재로 지정되었다.

특히 독성전에 모셔진 〈산신도〉는 흔히 산신도의 배경으로 즐겨 그려진 산과 나무를 생략하고 호랑이와 산신만을 단순하면서도 해학적으로 표현한 점이 돋보인다. 아울러 독성전 옆에 있는 칠성각은 독립운동 유물이 발견된 곳으로도 유명하다. 2009년 칠성각을 해체·복원하던 중에 일제강점기 당시 항일운동의 일환으로 백초월 스님이 일장기 위에 덧그린 태극기를 비롯해 독립운동 사료 50여 점이 90년 동안 묻혀 있다 발견되어 화제가 되기도 했다. 진관사는 지금도 매년 수륙재를 지내고 템플스테이도 운영하고 있다. 사찰 내에 전통찻집 '성시산림'도 있어 절 구경 후 따뜻한 전통차를 마시며 휴식을 취하기에 그만이다.

04 관음사

한적한 숲길에서
새소리에 취해 걷기

② 사당 ④ 사당

문의 02-582-8609

🚆 **지하철로 가는 길**

지하철 2, 4호선 사당역 4번 출구에서 나온 방향으로 150m 정도 가면 '관음사 700m'라는 표지판이 보인다. 표지판을 따라 오른쪽 길로 들어서면 주택가 도로가 이어지는데 이곳은 특히 가을이면 노랗게 물든 은행나무가 줄을 이어 걷는 맛을 더한다. 주택가가 끝나는 지점이 관음사 입구로, 숲길을 따라 300m가량 올라가면 관음사가 나온다.

관음사〉〉 예부터 개성 송악산, 파주 감악산, 포천 운악산, 가평 화악산과 더불어 경기5악의 하나로 불리는 관악산은 규모는 그리 크지 않지만 깊은 골짜기 곳곳에 병풍처럼 둘러친 암봉들이 위엄을 자아내는 산이다. 수려한 산세를 자랑하는 관악산 북쪽 줄기에 폭 파묻힌 관음사는 신라 말기인 진성여왕 9년(895년)에 도선국사가 창건한 유서 깊은 비보사찰이다. 비보사찰이란 명당에 절을 세우고 기도하면 나라가 융성하게 된다는 불교의 호국사상에서 비롯된 것으로, 지금도 관음기도도량으로서의 명성이 높아 사시사철 불자들의 발길이 끊이지 않는다.

도심과 가까운 곳에 숨은 향기로운 쉼터

한적한 주택가 도로를 지나 관음사 입구로 들어서는 순간부터 우거진 숲 속 여기저기에서 새소리가 들려 몇 걸음 차이로 도심 풍경과는 완전히 다른 모습을 선사한다. 일주문을 지나 약간 언덕진 길로 100m 정도 오르면 관음대장군과 관음여장군이 온화한 미소로 방문객을 반긴다. 그 길목에 신도들이 기증한 석등이 줄줄이 늘어서 있는 모습이 독특하다.

경내로 들어서면 산자락 밑 아담한 공간에 대웅전을 비롯해 건물들이 아기자기하게 펼쳐져 있다. 관음사는 천여 년의 역사를 지닌 고찰이지만 대부분의 건물이 근래에 증축되었다. 그래서 오랜 세월의 흔적을 온전히 엿

가을철이면 진관사를 중심으로 울긋불긋 물든 단풍이 아름답게 펼쳐진다.

자연과 사찰이 그림처럼 어우러져 포근함과 정겨움을 느끼게 한다.

볼 수는 없으나 고요한 사찰에서 풍겨 나오는 평온함은 여전해 바쁜 일상 속에서 지친 마음을 잠시나마 달랠 수 있다.

정면 4칸, 측면 3칸으로 이루어진 대웅전은 화려한 단청으로 치장되어 산뜻함을 자아낸다. 대웅전 옆에 자리한 대형 관음보살상은 머리 부분에 작은 불상이 새겨진 모습이 독특하다. 그 옆으로는 삼성각과 아담한 용왕각이 자리하고 있다. 용왕각 앞에 가부좌 형태로 앉아 있는 스님의 조각상 밑으로 둥그스름한 연꽃 모양의 돌그릇을 타고 내려오는 이색적인 약수터도 있다. 삼성각 왼쪽 옆으로는 거대한 약사여래불상과 1997년 불교방송 개국기념으로 조성한 9층 석탑을 볼 수 있다. 아울러 중생의 구제를 위한 부처인 지장보살을 모신 명부전은 화려한 꽃무늬와 다양한 형태의 용무늬가 새겨진 모습으로 눈길을 끄는데, 이곳에서 아래를 내려다보면 산자락으로 둘러싸인 가운데 V자형 경사면 사이로 N서울타워와 빌딩들로 가득 찬 서울 시내의 모습이 한눈에 보인다.

놓치면 아쉬운 볼거리

관음사를 둘러보고 난 뒤에 관악산에 올라보자. 관음사 입구에서 시작하는 등산로를 따라 오르다 보면 크기도, 이름도 제각각인 기암괴석을 지나 연주대의 절경을 마주하게 된다.

관음사 등산로

관음사 입구에는 관악산 정상인 연주대로 오르는 등산로가 연결되어 있어 더불어 둘러보기에 좋다. 사찰 입구에서 연주대까지의 거리는 약 4km이다. 암산으로 이루어진 관악산 길은 돌길과 바위면을 타고 오르는 곳이 많아 만만한 코스는 아니지만 끊임없이 이어지는 기암괴석의 진수와 그에 어우러진 아기자기한 풍경, 탁 트인 서울 시내 전경 등을 요모조모 볼 수 있어 등산의 묘미가 느껴지는 곳이다. 연주암을 거쳐 조금 더 오르면 관악산 정상인 연주봉 끝이다. 깎아지른 듯한 절벽 위에 아슬아슬한 모습으로 자리한 연주대를 볼 수 있다. 연주대는 신라 문무왕 17년(677년)에 의상대사가 건립한 것으로 애초에는 의상대라 불렸지만 조선 초기에 개축되면서 지금의 명칭으로 바뀌었다.

연주대라는 이름으로 바뀌게 된 데에는 두 가지 이야기가 전해 온다. 하나는 태조 이성계가 조선을 개국한 후 고려에 대한 충절을 지키던 충신들이 이곳에 올라 개성을 바라보며 망해 버린 고려왕조를 연모했다 하여 연주대라 불렀다는 이야기, 또 하나는 조선 태종이 그의 셋째 아들 충녕대군을 왕세자로 책봉하려 하자 이를 눈치챈 첫째 아들 양녕대군과 둘째 아들 효령대군이 왕궁을 빠져나와 방랑하다 이곳에 올라 왕위에 대한 연모의 심정을 담아 왕궁을 바라보았다는 이야기이다. 관악산 내 모든 등산로의 집결지이기도 한 연주대는 그야말로 사방이 확 트인 시원한 풍경을 선사해 오를 때의 수고로움을 말끔히 씻어 준다.

다양한 먹을거리

산행을 마치고 내려오면 허기진 뱃속이 요동을 칠 것이다. 사당역 부근에 식당이 많이 몰려 있으므로 식성에 따라 골라 들어가 보자.

사당역 인근은 골목마다 다양한 음식점이 많다. 사당역 10번 출구에서 도보로 5분 거리에 있는 백채김치찌개(02-3474-3475)는 집밥이 그리울 때 찾아가면 좋은 곳이다. 10번 출구에서 도보 3분 거리에 있는 전주전집(02-581-1419)은 주문 즉시 노릇노릇하게 구워주는 모듬전을 비롯해 고기, 해물, 채소 등 종류별로 전이 다양해 골라 먹기도 좋아 따뜻한 전에 막걸리를 마시기 좋은 곳이다.

05
화계사

한걸음 내디디면
도시의 번잡함을 덜어 내는 길

우이신설
화계

화계사 » 백운대와 만경봉, 동장대를 품고 있는 삼각산 자락에 위치한 화계사는 조선 중종 17년(1522년)에 신월 스님이 지은 절이다. 이후 광해군 10년(1618년)에 있었던 화재와 오랜 세월로 인해 건물이 낙후되자 고종 3년(1866년)에 흥선대원군이 다시 지어 현재의 모습을 갖추게 되었다. 도심에서 가까운 거리에 있으면서도 삼각산 기슭의 울창한 숲에 둘러싸인 화계사는 언제 어느 때든 번잡함을 떨쳐 버리고 둘러보기에 그만이다.

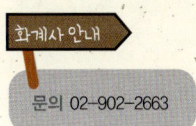

문의 02-902-2663

🚇 **지하철로 가는 길**

우이신설선 화계역 2번 출구로 나와 한신대 방향인 화계사 길로 10분 정도 걸으면 화계사 입구다.

화계사는 흥선대원군의 전폭적인 지지 아래 웅장하면서도 기품 있는 자태를 유지할 수 있었다. 왕이 머물렀을 정도여서 일반적인 사찰과는 다른 면모를 살펴볼 수 있다.

왕실이 사랑한 절 속에 머물다

화계사는 조선 고종의 아버지 흥선대원군과 얽힌 이야기로 유명한 곳이다. 조선 말기에 안동 김씨 세력의 세도정치가 나라를 쥐락펴락할 당시 세도가들의 눈치를 보며 할 일 없이 지내던 흥선대원군은 무료함을 달래기 위해 화계사에 왔다가 만인 스님과 운명적인 만남을 갖게 되었다. 흥선대원군을 통해 왕기(王氣)를 직감한 만인 스님은 흥선대원군에게 '아버지인 남연군의 묘를 500리 떨어진 곳으로 이장하면 자손이 왕위에 오를 것'이라 했고 흥선대원군은 스님의 말대로 부친의 묘를 옮겼다고 한다. 그로부터 7년 뒤 철종이 후사 없이 승하하자 흥선대원군의 아들이 열두 살 어린 나이에 조선 제26대 왕인 고종의 자리에 오르게 되었다. 어린 임금을 대신해 섭정을 하던 흥선대원군은 전폭적인 지원과 함께 화계사를 원찰로 삼았다. 이로 인해 화계사는 한때 '왕궁의 절'이라는 별칭이 붙기도 했다.

왕실에서 직접 시주하고 중창한 화계사는 여느 절과 가람 배치가 다르다. 무엇보다 일반 살림집의 면모를 갖춘 보화루가 주불전인 대웅전 앞에 배치되어 있는 점이 독특하다. 이는 왕실 가족이 절에 왔을 때 사용하던 건물로 마루에 서면 대웅전 불상이 보여 이곳에서 바로 예불을 드렸다고 한다.

화려한 전경도 좋지만 구석구석에 숨어 있는 볼거리가 많으므로 세심히 살펴보자.

색색의 종이에 자신의 소원을 적으면 매월 초삼일간 기도 후에 불에 실어 올려 준다.

불교 용품 및 전통 용품 등을 구매할 수도 있다.

정면 3칸, 측면 3칸으로 조성된 대웅전은 조선 후기 건축양식을 충분히 살린 전각으로, 규모는 아담하지만 고풍미가 물씬 풍겨 난다. 높은 단 위에 세워진 대웅전을 마당에서 올려다보면 지붕의 양끝부분은 마치 새가 날개를 펼친 듯 활력이 넘치고, 다포계양식의 팔작지붕은 화려하면서도 위엄이 깃들어 있다. 대웅전을 중심으로 좌우에 천불오백성전과 명부전이 자리하고 있는데 특히 흥선대원군의 친필 현판과 친필 주련이 걸린 명부전이 대웅전을 향해 합장하고 서 있는 듯 배치된 점이 이색적이다. 대웅전 마당 왼쪽에는 자신의 소망을 색종이에 써서 매달아 놓으면 매월 초삼일간 기도 후 회향하는 날 불에 실어 소원을 올려 준다는 축원방 코너가 마련되어 있다.

화계사는 일제강점기인 1933년에 조선어학회 주관으로 최현배, 이희승 선생 등 국문학자 9명이 모여 '한글맞춤법 통일안'을 탄생시킨 장소이기도 하다. 아울러 2층 6각형 형태로 조성된 범종각 내에는 조선 숙종 무렵 승려이자 조선 시대 종의 명장으로 유명한 사인 스님이 제작한 '화계사 동종(보물 제11-5호)'이 있다. 사인 스님이 만든 종은 양산 통도사 동종과 홍천 수타사 동종을 비롯해 모두 8개인데 종마다 각기 다른 특징과 독창적인 멋을 지녀 일괄적으로 보물 제11호로 지정되어 있다. 화계사 동종은 종을 매다는 용뉴 부분에 두 마리 용을 조각한 것이 특징이다.
뿐만 아니라 화계사는 국적을 초월하여 외국인 수행자들에게 한국의 전통불교를 알리는 국제포교의 중심 사찰로 '하버드대학 출신의 파란 눈의 스님'으로 유명한 현각 스님도 이곳에서 수행의 길을 걷게 되었다.

북한산 둘레길

화계사 일주문을 지나자마자 양편으로 북한산 둘레길로 연결되는 길이 나 있어 절을 둘러본 후 북한산 둘레길을 걸어도 좋다. 걷기 편하게 조성된 산책로를 따라 북한산 자락을 한 바퀴 도는 둘레길은 길이 63km 정도에 이른다. 화계사가 포함된 흰구름길 구간(약 4km)에는 북한산 둘레길 중 유일하게 12m 높이의 구름전망대가 설치되어 있어 정상에 올라가지 않아도 북한산의 경관과 서울 도심의 풍경을 볼 수 있다.

한신대학교 앞에 있는 장수갈비(02-980-4544)는 댓잎갈비를 비롯해 불고기쌈밥, 비빔밥 등을 판매하는 곳으로 등산객이 즐겨 찾는 곳이다. 화계사에서 도보로 약 15분 거리에 있는 국립재활원 앞에 위치한 엘림칼국수(02-996-2583)는 들깨수제비와 칼국수로 이름난 맛집으로 수제비나 칼국수를 시키면 보리밥과 수육을 덤으로 내주어 식사 시간 때는 사람들로 줄을 잇는 곳이다. 그 인근에 있는 토방(02-904-6800)은 보쌈, 청국장, 도토리칼국수 등 토속적인 음식을 맛볼 수 있다.

봉은사》 삼성동 수도산에 위치한 봉은사는 신라시대의 고승 연회국사가 신라 원성왕 10년(794년)에 견성사란 이름으로 창건한 절로 1,200년의 역사를 자랑하는 고찰이다. 봉은사로 개명된 것은 조선 연산군 4년(1498년) 선릉(성종의 무덤)의 봉릉사찰로 삼기 위해 절을 중창하고부터이다. 현재의 위치로 옮겨진 것은 명종 17년(1562년) 때로 당시 어린 나이에 즉위한 명종을 대신해 섭정을 하던 문정왕후가 조선 불교를 다시 일으켜 세우면서 전국의 으뜸사찰로 자리매김했다.

06
봉은사
도심 속 조용한 숲에서
여유를 누릴 수 있는 곳

9
봉은사

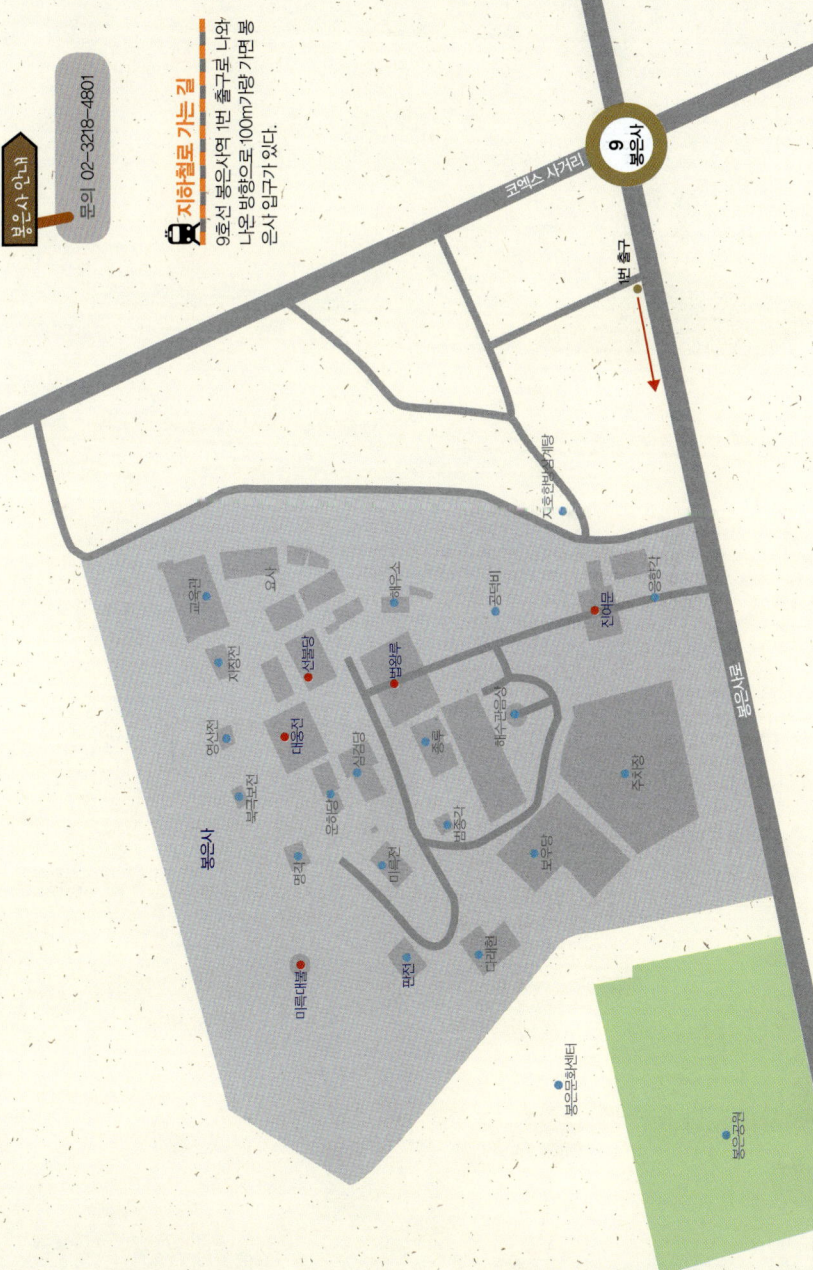

도심 속에 있는 절이라고는 믿기지 않을 정도로 큰 규모를 자랑하는 봉은사는
곳곳에 볼거리가 많아 불자가 아니더라도 들러 볼 만하다.

부드러운 처마 곡선과 직선 빌딩의 조화

봉은사는 서울 시내에 자리한 사찰치고 규모가 꽤 큰 편인데 아쉽게 도 1939년 대화재로 대부분의 전각이 소실되었다. 지금의 건물은 대개 1940~80년대에 지어진 것이다. 봉은사의 첫 관문은 진여문이다. '사물의 있는 그대로의 모습'이라는 의미를 담고 있는 진여문에는 4개의 큼지막한 나무문에 사방위 신이자 악으로부터 불법을 수호하는 사천왕상이 그려져 있다. 진여문을 지나 완만한 경사의 계단길 왼쪽으로는 졸졸 흐르는 시냇물과 연못이 있고 오른쪽에는 소나무와 어우러진 부도와 공덕비 등이 펼쳐져 있다. 그 길 끝에 놓인 법왕루는 대법회가 열릴 경우 부족한 기도공간을 대신하는 역할을 하는 곳으로, 무엇보다 화려한 단청과 섬세한 꽃무늬 창살이 눈길을 끈다.

깊은 밤, 미륵대불이 도심을 내려다보고 있는 풍경이 묘한 감동을 불러일으킨다.

법왕루와 마주한 대웅전은 봉은사의 중심 건물로 두툼한 나무기둥과 창호는 물론 용마루에 이르기까지 한국 전통 목재건물의 아름다움이 고스란히 녹아 있다. 대웅전 오른쪽에 자리한 선불당은 승과를 실시하던 곳으로 승병장으로도 이름난 서산대사, 사명대사가 이곳에서 배출되었다. 대웅전 왼쪽으로 돌아가면 높이 23m에 달하는 거대한 미륵대불이 도시를 지그시 내려다보고 있는 모습을 볼 수 있다. 이 미륵대불과 함께 바라보는 도시의 야경은 어디서도 볼 수 없는 독특한 풍경을 안겨 준다. 부드럽게 흐르는 처마의 곡선과 각지고 뻣뻣한 도심의 빌딩 선이 묘하게 대비되는 풍경 속에, 뻣뻣함이 부드러움을 이길 수 없듯 주변의 건물들이 아무리 높고 화려하게 솟구쳐 올랐어도 봉은사의 부드러운 처마에는 그 위엄을 당하지 못하는 느낌이다.

이곳에서 왼쪽으로 몇 걸음 옮기면 불교 경전을 새겨 놓은 목판을 보관하는 건물인 판전이 나온다. 파삭하게 마른 기둥과 빛바랜 단청, 녹슨 문고

코엑스몰

봉은사 정문 앞 건널목을 건너 왼쪽 지하로 내려가면 코엑스몰이 있다. 코엑스몰은 넓은 지하 공간에 형성된 종합 엔터테인먼트 쇼핑몰로 16개의 상영관을 갖춘 메가박스와 수중세계를 엿볼 수 있는 아쿠아리움을 비롯해 대형서점인 반디앤루니스, 김치박물관, 개성만점의 패션·뷰티 상점과 쇼핑코너, 카페, 레스토랑들이 줄을 이어 볼거리, 즐길거리, 먹을거리가 다양하다.

봉은사 옆 골목에 위치한 **지호한방삼계탕 (02-512-7283)**은 싱싱한 해산물과 닭고기를 곁들여 얼큰하게 끓여낸 해계탕으로 입소문이 난 곳이다. 봉은사 건너편에 위치한 코엑스몰 내에는 다양한 음식을 취향에 따라 골라 먹을 수 있는 음식점들이 많다.

리 등이 그윽한 멋을 자아내는 판전은 봉은사에서 가장 오래된 건물로, 특히 판전의 현판은 추사 김정희의 마지막 글씨로 유명하다. 추사가 죽은 해인 1856년에 쓰인 것으로, 일설에 의하면 이 글씨를 쓴 3일 후에 추사가 세상을 떠났다고 한다.

<u>봉은사는 판전 왼쪽으로 나 있는 산 언덕을 잇는 숲길을 걷는 맛도 일품이다. 울창한 수목에 둘러싸인 길은 호젓하기 그지없으며 봄이면 철쭉과 영산홍으로 가득 덮인 꽃길이 된다.</u> 살랑살랑 불어오는 바람을 타고 딸그랑거리는 풍경 소리와 새소리를 들으며 걷다 보면 모든 것이 빠르고 역동적으로 움직이는 복잡한 도심 속에서 잠시나마 마음이 편안해진다. 자신의 종교를 떠나 메마른 도시 생활자들에게 오아시스 같은 공간이 될 수 있을 것이다.

서울중앙성원 서울 속 이슬람 문화의 정기를 만날 수 있는 성소
동묘 & 벼룩시장 명장 관우와 함께 삼국지 속으로 떠나는 여행
건국대학교 일감호 회색빛 도심 속에 자리 잡은 사랑의 호수
절두산성지 천주교의 슬픈 역사와 아름다운 풍경을 만나는 공간
서울 암사동 유적 선사시대의 생활상을 살펴보며 역사를 배우는 곳
남산골 한옥마을 현대의 서울 속에 남아 있는 조선 시대의 마을
환구단 하늘에 몸과 마음의 안녕을 빌며 걷는 길
이화여대 ECC 새로운 형식과 공간으로 태어난 복합문화공간
광화문광장 서울 시민이 사랑하는 광장 1번지
항동 기찻길 기찻길 침목마다 여유로움이 가득한 길
동대문디자인플라자 도심 속 문화 예술의 오아시스

★ PART 6

지하철로 떠나는
도심 속 이색명소

서울중앙성원 다양한 외국 공관이 들어선 곳이자 많은 외국인이 거주하는 이태원은 서울에서 가장 이국적인 풍경을 자아내는 동네이다. 그중에서도 한국 최초의 이슬람사원인 서울중앙성원 주변은 그들만의 독특한 문화를 엿볼 수 있는 곳으로 더욱 이색적인 분위기를 띠고 있다.

01
서울중앙성원

서울 속 이슬람 문화의 정기를
만날 수 있는 성소

❻ 이태원

서울중앙성원 안내
개관 시간 평일 09:00~18:00
문의 02-793-6908

🚇 지하철로 가는 길
6호선 이태원역 3번 출구로 나와 100m가량 걸은 후 이태원119안전센터를 끼고 오른쪽 오르막길을 따라 올라가면 보광초등학교가 나온다. 초등학교 앞 삼거리에서 왼쪽 길로 들어서서 100m 정도 들어가면 서울중앙성원이 보인다.

서울 속 이슬람 세상으로 떠나는 여행

이태원역 3번 출구로 나와 119안전센터를 끼고 서울중앙성원으로 올라가는 길목에서는 아랍 계통의 음식점을 심심찮게 볼 수 있다. 길을 걷다 보면 식당주인들이 얼굴을 빼꼼히 내밀고 어눌한 발음으로 "맛있어요~ 밥 먹어……." 하며 귀여운 호객 행위(?)를 하기도 한다. 쭉 걷다가 보광초등학교 벽을 따라 왼쪽으로 들어서면 아랍어로 된 간판들이 하나둘 눈에 띄면서 본격적으로 서울 속의 이슬람 세상이 펼쳐진다.

화려한 색상의 아랍 의상·옷감가게, 이슬람서적 전문점, 이집트 콩과자와 중동지역에서 직수입해 온다는 먹을거리, 향신료, 코코넛 등을 잔뜩 쌓아 놓은 아랍 식품점, 시리아식 디저트 가게들이 옹기종기 자리해 독특한 풍경을 자아낸다. 특히 돼지고기를 먹지 않는 이슬람의 식품점과 음식점에서는 무엇보다 '할랄(halal)' 인증을 중요시한다. '할랄' 인증 표시가 없으면 장사가 안 될 정도라고 한다. '할랄'은 '허용된'이라는 뜻으로 가축을 도살, 가공할 때 순식간에 급소를 끊어 고통을 최소화하고 피를 모두 제거해야 하는 것이 원칙이다.

곳곳에 들어선 음식점에서 지글지글 익어 가는 양고기와 향신료 냄새가 바람결에 솔솔 풍겨 나오는 가운데 얼굴만 살짝 내놓은 채 히잡(이슬람 여성용 스카프)을 두른 여성과 페즈(이슬람 남성용 모자)를 쓴 남성들이 오가는 모습에서는 마치 이슬람 지역 어느 거리로 먼 여행을 떠나온 듯한 착각도 든다.

그 길 끝자락에 자리한 서울중앙성원은 1960년대 말 중동 건설붐이 일면서 이슬람권 국가들과의 우호 증진을 위해 한국정부가 부지를 제공하고 이슬람 국가들이 건립비를 지원하여 1976

이슬람 언어로 쓰인 간판을 종종 볼 수 있다.

서울중앙성원 ● 345

마치 중동 지역에 온 듯한 착각을
불러일으킬 만큼 서울중앙성원의
건축물과 분위기는 이색적인
느낌을 준다.

서울중앙성원 주변에는 아랍 음식점과 옷가게를 비롯해 외국의 문화를 느낄 수 있는 다양한 물건을 만날 수 있다.

년에 완공된 한국 최초의 이슬람사원이다. 뾰족한 첨탑에 돔과 아라베스크 양식을 절충한 이슬람사원은 그 독특한 모습이 금세 눈길을 끈다. 파랑과 흰색 타일로 산뜻하게 장식한 입구를 지나 안으로 들어서면 높이 치솟은 두 개의 기둥 사이로 그림처럼 꼬불꼬불 새겨져 있는 아랍어가 눈길을 끄는 사원 본관이 자리하고 있다. 1층은 사무실과 회의실, 2층은 남자 예배실, 3층은 여자 예배실로 구분된 것만 봐도 이슬람 문화의 특색을 엿볼 수 있다. 이곳에서는 매일 5차례의 예배가 열리고 매주 금요일 오후 1시에 열리는 합동예배 때에는 마당까지 기도하는 사람들로 가득 차는 진풍경을 연출한다. 성스러운 예배 공간인 만큼 이곳을 찾을 때는 노출이 심한 복장이나 반바지, 미니스커트, 민소매 등은 삼가는 것이 예의이며 아랍인들의 인사말인 '앗 살람 알라이쿰(당신에게 평화를)' 정도는 알고 가는 것이 좋다.

놓치면 아쉬운 볼거리

우리나라에서도 특히 외국인들이 많이 마치 외국에 온 듯한 느낌을 주는 이태원. 다양한 인종들이 만들어 낸 독특한 문화가 외국인은 물론 한국인에게도 새로운 매력으로 다가온다.

패션의 거리, 이태원

관광특구로 지정받은 이태원은 세계 각국의 다양한 상품으로 가득한 쇼핑 명소 중 하나다. 무엇보다 다국적, 다민족이 어우러진 이국적인 문화가 깃든 거리와 좁은 골목을 따라 다양한 제품의 가게들이 촘촘히 들어선 골목마켓을 둘러보며 쇼핑하는 재미도 남다르다. 이태원은 특히 외국에서 유행하는 패션이 가장 먼저 들어오는 곳으로 패션 고수들이 많이 찾는 장소다.

해밀턴호텔을 마주보고 있는 보광로는 미군들과 대사관 직원 가족들이 한국을 떠나며 내놓은 고가구들이 하나 둘 모여 형성된 앤티크 가구거리가 길게 이어져 있다. 그 거리 안에 앤티크가구거리 모습을 담은 벽화지도도 재미있다.

다양한 먹을거리

다양한 나라의 사람들이 모인 곳이니만큼 음식도 세계적이다. 새로운 음식을 만나 보고 싶다면 이태원으로 가라. 세계 각국의 음식을 한자리에서 만날 수 있을 것이다.

스페인 분위기가 고스란히 묻어나는 인테리어와 활기찬 분위기 속에 감바스, 빠에야 등 스페인 전통 음식을 맛볼 수 있는 타파스바(0507-1473-0799), 멕시코를 비롯한 남미 음식을 맛볼 수 있는 솜브레로 이태원점(0507-1349-2341), 튀르키예 전통 음식을 맛볼 수 있는 케르반 레스토랑(0507-1412-4767) 등을 비롯해 골목골목마다 해외 각국의 요리를 전문으로 하는 음식점들이 포진해 있어 여러 나라의 다양한 음식을 맛보기에 그만이다.

동묘 & 벼룩시장 〉〉 종로구 숭인동에 위치한 동묘(보물 제142호)는 중국 촉한의 명장이자 《삼국지》의 영웅 중 하나인 관우의 위패를 모시고 제사를 지내는 사당이다. 정식 명칭은 동관왕묘이며 관왕묘, 관제묘라고도 한다. 중국의 명장인 관우를 굳이 우리나라에서 모시게 된 연유는 우리와 의지라기보다는 중국의 입김이 강력하게 작용한 결과이다. 임진왜란이 끝난 직후 명나라에서는 "우리가 군대를 보내 왜군을 물리칠 당시 영령이 비범한 관우의 신령이 나타나 많은 도움을 주었으니 묘를 세워 그 공을 갚는 것이 마땅하다."라며 신종이 친필로 쓴 편액과 건립기금을 보내왔다. 이에 선조 35년(1602년)에 조선에서도 어쩔 수 없이 건립 비용을 보태 동묘를 지었다.

02
동묘&벼룩시장

명장 관우와 함께
삼국지 속으로 떠나는 여행

1 동묘앞 6 동묘앞

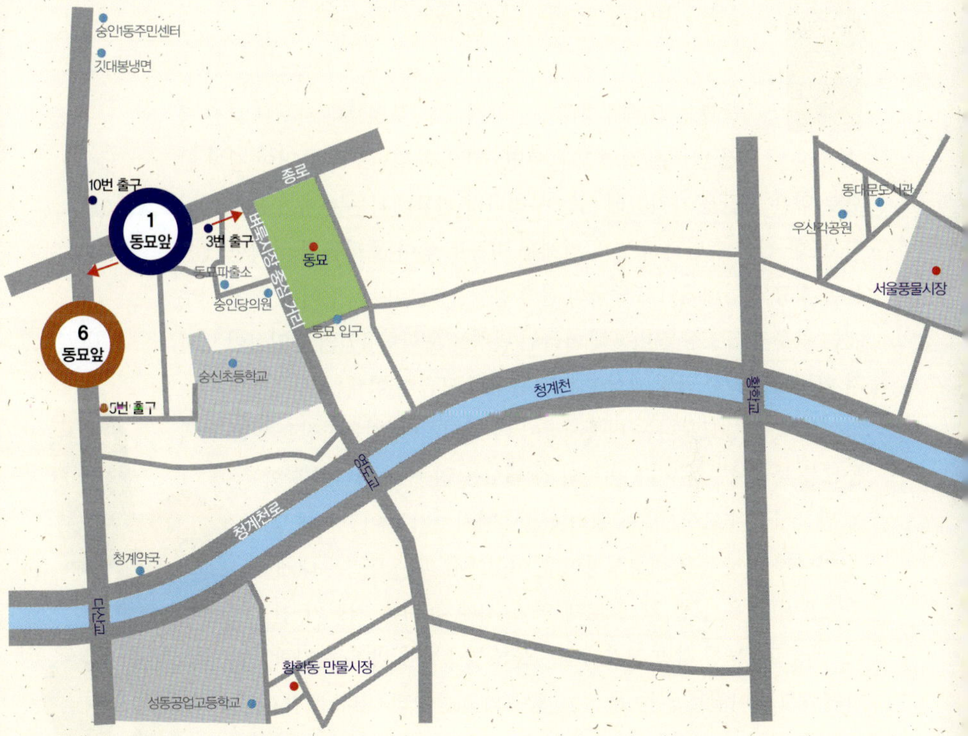

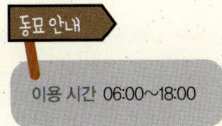

지하철로 가는 길

1호선 동묘앞역 3번 출구로 나오면 거리에 벼룩시장이 줄지어 있다. 3번 출구 방면 반대 방향으로 몇 걸음 옮기면 동묘 담벼락을 끼고 양옆으로 좌판이 줄줄이 펼쳐지는데 이 거리가 동묘 벼룩시장의 중심가인 셈이다. 동묘는 벼룩시장길 중간 즈음에 있다. 6호선 동묘역에서는 5번 출구로 나오면 된다.

동묘 안내
이용 시간 06:00~18:00

벼룩시장만의 푸근함과 시끌벅적함에 빠져든다

동묘는 건물의 형태가 이색적이다. 무엇보다 관우를 모신 정전 건물은 정면 5칸, 측면 6칸으로 정면보다 측면이 길어 안으로 깊은 공간을 가지는데 이는 우리나라 건물에서는 보기 드문 형태이다. 또한 건물 측면과 후면의 벽체를 벽돌로 쌓아 호화롭게 장식한 것은 물론 지붕의 형태에서도 중국의 건축 양식을 띤 것이 특징이다. 본전 내부에는 관우의 목조상을 비롯해 아들인 관평을 포함한 4인의 무인상이 모셔져 있는데 화려한 금빛 의상을 걸친 관우의 모습이 이채롭다.

사실 이곳은 동묘보다는 벼룩시장이 더 인기이다. 벼룩시장을 찾은 김에 동묘를 둘러보는 셈이다. 벼룩의 간 빼고는 없는 게 없다던 황학동 만물시장이 도시개발에 밀려나면서 여기저기 흩어졌는데 그 중 하나가 바로 동묘 벼룩시장이다. 이곳에서 파는 물건은 대개 중고품이다. 옷, 신발, 책, 골프채, 악기, 시계, 휴대폰, 전화기, 전축, 냉장고, TV 등 각종 전자제품은 물론 밥주발에 밥통, 숟가락, 젓가락까지 그야말로 없는 게 없는 '중고의 지존장터'이다. 뿐만 아니라 진공관 라디오, 유성기, 딱지, 우표, 고서화, 고가구 등 옛날 물건도

화려한 금빛 의상을 걸친 관우를 기리는 동묘는 벼룩시장과는 또 다른 감상에 젖게 만든다.

벼룩시장 앞 거리는 마치 1970년대로 되돌아온 듯 아련한 추억을 떠올리게 한다.

수두룩해 수십 년 전의 과거로 돌아간 느낌이다. 누군가에게는 버려지는 것, 쓸모없는 것들이 새 주인을 만나 새롭게 태어나는 이곳은 알뜰파는 물론 옛 추억을 떠올리기 위해 찾아오는 이들이 많아 '중년들의 홍대거리'라 불릴 만큼 주말이면 발 디딜 틈이 없다.

곳곳에 산더미처럼 수북하게 옷을 쌓아 놓고 "골라~골라~"를 외치는 상인들, 수북한 옷들 속에 파묻혀 물건을 고르느라 정신이 없는 사람들로 시장은 활기가 넘쳐난다. 무조건 1,000원이라는 '착한 가격'이니 눈썰미만 좋으면 그야말로 '왕건이'를 건질 수 있는 보물창고 같은 곳이다. 신발도 마찬가지이다. 한 트럭 분량의 신발을 무작정 길바닥에 쏟아 놓고 파는 코너에서도 잘만 고르면 2,000~3,000원에 땡 잡는 격이다.

중고 전자제품에서 골동품, 과일, 자전거, 잡동사니까지, 동묘 앞 벼룩시장에서는 없는 것 빼고 다 있다고 할 정도로 다양한 물건을 만날 수 있다. 굳이 물건을 사지 않더라도 옛 추억에 젖어 보고 싶은 사람, 옛 시절을 경험해 보고 싶은 사람이라면 꼭 한 번 들러 보라.

서울풍물시장

동묘에서 청계천길로 나와 왼쪽(광화문 방면)으로 500m 정도 가면 황학교 인근에 서울풍물시장이 있다. 이곳 역시 황학동 만물시장이 밀려나면서 한동안 농내문문통징으로 터를 옮겼지만 이마저 헐리면서 지금의 터에 새롭게 둥지를 튼 벼룩시장이다. 2층 규모로 형성된 풍물시장 또한 옛 추억을 떠올리게 하는 물품들로 가득하지만 물품별로 정갈하게 구분된 코너들로 인해 동묘벼룩시장처럼 시장 특유의 왁자지껄한 분위기는 덜하다.

산더미처럼 쌓여 있는 물건이 있는 반면 사과궤짝 위에 시계 몇 개 얹어놓고 담배만 뻐끔뻐끔 피우면서 손님이 오기를 기다리는 아저씨, 낡은 휴대폰만 수북이 쌓인 곳, 지금은 중년이 된 연예인들의 싱싱했던 20대 모습이 담긴 잡지 코너, '입선 작가 아무개 작고하셨음'이라는 문구를 붙여 놓고 판매하는 그림 코너, 〈월하의 공동묘지〉, 〈신입사원 얄개〉 등 오래된 영화포스터들이 옛 추억을 살려 준다. 여기에 '눈밭에 굴러도 춥지 않을 외투'라는 등 구수하고 재미있는 상인들의 입담과 곳곳에서 울려 퍼지는 신나는 리듬의 뽕짝 음악이 뒤섞인 벼룩시장은 굳이 물건을 사지 않더라도 구경하는 재미가 쏠쏠하다. 벼룩시장은 비나 눈이 오지 않으면 매일 오전 10시경부터 해질 무렵까지 펼쳐진다.

이곳에선 분위기에 걸맞게 장터 곳곳에 마련된 포장마차 음식을 먹어보는 것도 좋다. 포장마차마다 몇 개의 테이블을 갖춰놓고 토스트와 찹쌀붕어빵 등 간단히 먹을 수 있는 음식과 커피, 음료 등을 판매한다. 동묘앞역 10번 출구에서 창신역 방면으로 가면 브라운스톤 아파트 건너편에 서울 3대 매운 냉면집 중 하나인 깃대봉냉면(02-762-4407)이 있다. 새콤달콤하면서도 매운 냉면과 물만두처럼 부드럽고 따끈따끈한 만두 맛이 일품이다.

03
건국대학교 일감호

회색빛 도심 속에
자리 잡은 사랑의 호수

2 건대입구　7 건대입구

건국대학교 일감호 》캠퍼스 한복판에 자리한 일감호는 전국 대학 내 인공호수 중 최대 규모로 여느 대학과는 다른 독특한 풍경을 자아낸다. 일감호에서는 멀리 고가선로를 오가는 지하철이 보이는데 양쪽 방면에서 달려오는 열차가 마주치며 서로 교차해 지나가는 모습을 보면 사랑이 이루어진다는 말이 전해져 와 연인들이 즐겨 찾는 곳이기도 하다. 근거 없는 속설이지만 사랑이 이루어지기를 바라는 연인들을 위해 사랑의 호수가 되어 주기에는 손색이 없다.

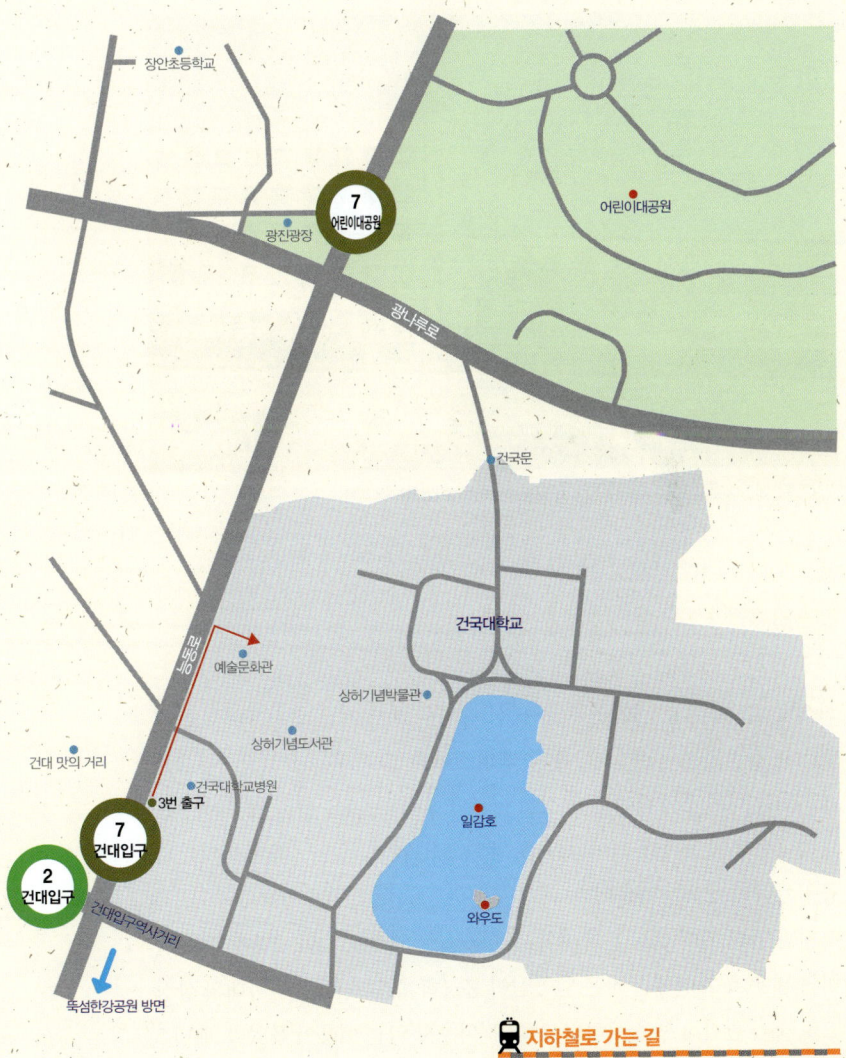

지하철로 가는 길

2, 7호선 건대입구역 3번 출구로 나온 후, 건국대학교 병원을 지나 100m가량 가면 알록달록한 색채의 건물(예술문화관)이 보인다. 이곳에서 상허기념도서관을 지나 안쪽으로 들어가면 일감호가 펼쳐진다.

일감호 주변에 카페테리아 형태의 쉼터가 있어 차를 마시며 일감호를 감상하기에 좋다.

젊음의 공간을 채우는 일감호를 산책하다

회색빛 빌딩숲으로 뒤덮인 서울 도심 속에서 예나 지금이나 가벼운 산책 코스로 각광받는 곳은 바로 대학 캠퍼스이다. 그중에서도 건국대학교는 젊은이들 사이에서 데이트 명소로 이름난 곳이다. 넓은 교정 곳곳에 아름드리나무와 계절마다 피어나는 꽃 풍경으로 인해 캠퍼스 자체가 하나의 공원처럼 다가오기 때문이다.

하지만 뭐니 뭐니 해도 건국대학교의 명물은 '일감호'이다. 2만여 평에 달하는 넓은 호수 안에는 작은 인공섬이 봉긋하게 솟아 있다. 건국대의 상징으로 소가 편안히 누운 듯하다고 하여 '와우도'라는 이름이 붙었다. 매년 5월이면 대학축제인 '일감호 축전'이 열리는데 축제 기간에는 보트를 타고 와우도 코앞까지 갈 수 있다. 타원형으로 길쭉하게 펼쳐진 호수에는 청둥오리들이 둥둥 떠다니는가 하면 팔뚝만 한 잉어와 붕어, 자라들이 유유히

보너스 볼거리

어린이대공원

캠퍼스를 한 바퀴 둘러본 후 건국문으로 나가면 어린이대공원이 나온다. 어린이대공원에는 입구에 자리한 수변공원을 비롯해 다양한 놀이기구를 탈 수 있는 놀이동산, 여느 곳에서는 좀처럼 볼 수 없는 희귀한 맹수들을 보는 재미가 쏠쏠한 동물원, 앵무새마을, 낙타 체험장, 식물원, 어린 시절 할머니·할아버지가 들려 주던 옛날 이야기를 테마로 구성한 전래동화마을 등 볼거리와 즐길거리가 가득하다.

헤엄쳐 다닌다. 뿐만 아니라 와우도에는 멸종 위기에 놓인 왜가리가 둥지를 틀어 간간이 왜가리를 볼 수도 있다.

호수를 둘러싸고 1km 남짓 이어지는 산책로는 시원한 호수를 감상하며 걷기에도 좋고 느긋하게 쉬어 갈 수 있는 벤치도 많아 학생들은 물론 인근 주민과 직장인들 사이에서 인기가 높다. 호수 안쪽으로 들어서면 붉은 벽돌로 조성된 아치형의 홍예교가 있는데 해 질 무렵 앙증맞은 홍예교와 호수를 붉게 물들이는 저녁 노을은 도심 속 캠퍼스에 색다른 풍경을 안겨 준다. 홍예교 옆에는 간단한 음식과 커피, 음료 등을 마실 수 있는 쉼터가 있어 잠시 차 한 잔 마시며 호수를 감상하거나 캠퍼스의 젊음을 만끽하기에도 좋다.

다양한 먹을거리

건대입구역 1번, 2번 출구 뒤편 골목은 건대 맛의 거리로 지정된 곳이다. 짬뽕 잘하는 집으로 입소문이 난 홍콩반점(02-466-0410), 향긋한 훈제구이가 일품인 볏집구이마을, 깔끔한 실내 인테리어에 냉채족발과 매운족발로 젊은이들에게 인기가 높은 꿀단지(02-454-9344), 호르몬철판야끼와 호르몬동(대창덮밥) 등으로 인기가 많은 코후쿠(010-9679-3840) 등 다양한 음식을 입맛대로 골라 먹기 좋은 곳이다.

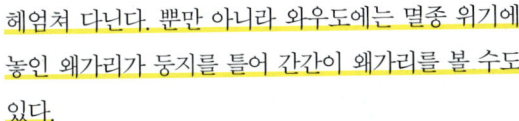

건국대학교 맞은편에는 대학가답게 다양한 먹자거리가 형성되어 있으므로 이곳에 들러 다양한 먹을거리를 맛볼 수 있다.

04 절두산 성지

천주교의 슬픈 역사와
아름다운 풍경을 만나는 공간

2 합정 · 6 합정

절두산 성지 〉〉 절두산은 원래 한강으로 돌출한 봉우리 모양이 누에의 머리 혹은 용의 머리와 같다 하여 잠두봉, 용두봉이라 불렸다. 하지만 1866년 흥선대원군에 의해 수천 명의 천주교인들이 이곳에서 목이 잘려 죽게 된 이후부터 절두산이라는 이름이 붙었다. 이른바 병인박해로 불리는 비극의 역사가 붙여 준 명칭이다. 수많은 천주교 신자들의 머리가 잘려 나간 순교 현장을 기리기 위해 병인박해 100주년이 되는 1966년, 순교기념관이 건립되면서 한국 천주교의 성지로 거듭나게 되었다. 이후 1984년에 교황 요한 바오로 2세가, 1985년에 마더 테레사 수녀가 절두산 성지를 방문하면서 도심 속의 성지순례지로 명성이 높아졌다.

1. 한강 쪽으로 튀어나온 모양이 이색적인 절두산은 수많은 천주교 순교자의 넋을 기리는 곳이다. 2, 3. 순교자 기념공원 곳곳에 순교자들을 위한 조각품들이 놓여 있어 자연을 벗삼아 감상하기에 좋다.

편안한 마음으로 둘러보고 위안을 얻는 곳

절두산 성지는 절두산순교박물관과 순교자기념성당, 순교성인 28위의 유해가 안치된 성해실, 순교자기념공원으로 구성되어 있다. 박물관 내에는 이탈리아의 선교사 마테오리치가 저술한 천주교 교리서 《천주실의》를 비롯해 조선 천주교 신자들이 그레고리 16세 교황에게 보낸 편지, 순교자들의 재판 기록, 목격 증언록 등 천주교 역사와 관련된 각종 문헌자료와 유품 등이 전시되어 있다. 기유박해 때 죽은 순교자들의 묘표도 눈길을 끈다. 조선 시대에는 당시 사형된 자는 묘에 비석을 쓸 수 없었기에 훗날 순교자의 신원을 확인하기 위해 사기그릇으로 만든 묘표를 관 앞에 묻었다고 한다.

박물관 아래에 있는 담쟁이덩굴로 뒤덮인 건물은 순교자들이 당한 고문과 감옥 체험 등을 할 수 있는 체험관이다. 실내에는 상복을 입은 외국인 선교사의 모습을 재현해 놓았다. 천주교 박해 당시 상을 당한 사람들에게는 말을 걸지 않는 풍습에 따라 사람들의 관심을 끌지 않고 들키지 않게 하기 위해 상복으로 변장하고 다녔다고 한다.

김대건 신부를 비롯해 한국 천주교의 발전을 위해 노력한 다양한 인물을 살펴볼 수 있다.

양화진 외국인 선교사 묘역은 공원 같은 분위기에서 산책도 할 수 있는 편안한 곳이다.

체험관에서는 순교자들이 당했던 고문과 감옥 체험을 할 수 있다.

보너스 볼거리

외국인 선교사 묘역

절두산 성지에서 합정역으로 가는 길목에 양화진 외국인 선교사 묘역이 있다. 절두산이 천주교 유적지라면 외국인 선교사 묘역은 개신교 유적지라 할 수 있다. 한국 기독교의 최초 선교사인 아펜젤러와 언더우드 등 구한말에 활동한 세계 각국에서 온 선교사들의 묘를 비롯해 한국의 독립을 위해 외교 활동을 벌인 헐버트의 묘 등 한국을 사랑하고 이 땅에 묻히기를 소망한 수백 명의 외국인 가족의 안식처이다. 우리의 무덤과 달리 봉분은 없고 다양한 형태의 비석으로 가득한 모습이 이색적이다.

박물관 앞에는 한국인 최초의 신부인 김대건 신부 동상과 마리아상, 요한 바오로 2세 흉상 등이 들어선 기념공원이 있는데 반원형을 그리며 십자가의 길이 조성되어 있다. 예수가 사형 선고를 받고 십자가에 못 박혀 죽은 후 다시 부활하기까지의 과정을 15개의 조각상으로 표현한 길이다. 십자가의 길은 경건한 분위기를 자아내지만 아기자기하게 구성된 길 자체가 예뻐 서울시가 지정한 아름다운 길 중 하나로 꼽히기도 했다.

공원 옆으로는 조선 시대에 양화나루터였던 한강변으로 내려가는 돌계단이 있다. 강변으로 내려가면 20여m 높이로 우뚝 솟은 암벽과 어우러진 풍경이 아름다워 그 옛날 시인 묵객들의 발걸음이 끊이지 않았으며 중국 사신들이 빼놓지 않고 들렀다고 한다. 절두산 성지는 천주교가 유입된 초기에 그 뿌리를 내리지 못한 채 수많은 순교자의 넋이 어린 곳으로 마음을 숙연하게 하기도 하지만 천주교 역사와 더불어 아기자기한 볼거리, 아름다운 풍경이 어우러져 천주교 신자가 아니라도 찾는 발걸음이 많다.

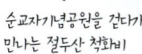

순교자기념공원을 걷다가 만나는 절두산 척화비

서울 암사동 유적》 1925년 한강 대홍수로 인해 우연히 발견된 서울 암사동 유적은 기원전 3000~4000년경에 우리 조상들이 살았던 신석기시대 유적지이다. 지금까지 밝혀진 국내 최대의 신석기시대 집단취락지로 신석기시대 문화를 대표하는 빗살무늬토기를 비롯해 주거지였던 움집, 돌도끼, 돌화살촉, 그물추, 신석기 사람들의 주요 식량이었음을 짐작게 하는 탄화된 도토리 등 다양한 유물이 발견되었다. 최첨단 문명의 혜택을 받고 사는 현대에, 바로 지금 이 자리에서 6,000년 전 신석기인들의 생활 모습을 엿볼 수 있어 이색적이다.

05
서울 암사동 유적

선사시대의 생활상을 살펴보며
역사를 배우는 곳

8
암사

신석기시대에 살았던 사람들의 생활 모습과 주거 형태 등을 직접 눈으로 보고 체험해 볼 수도 있다.

과거와 현재가 만나는 곳에서의 산책

사적 제267호로 지정된 서울 암사동 유적은 다양한 체험공간으로 구성되어 있다. 나무를 이용해 신석기시대의 느낌을 연출한 체험마을 입구를 지나면 과거를 거슬러 올라가는 동굴을 조성한 시간의 길, 선사시대 마을 모습을 재현한 움집군락, 원시 어로 체험장, 선사시대 숲, 센서가 부착된 동물 모형을 이용한 수렵 체험장, 발굴 체험장, 움집 만들기와 석기 제작 등의 체험장과 원시생활전시관 등이 줄줄이 이어진다.

서울 암사동 유적의 중심 공간인 움집군락에는 갈대와 짚 등을 엮어 만든 9채의 움집이 옹기종기 모여 있는데 이 중 한 곳은 체험움집으로 개방하여 직접 들어가 당시 사람들의 생활 모습을 생생하게 엿볼 수 있다. 화덕을 중심으로 창을 손질하는 아버지와 음식을 만드는 어머니, 물고기를 굽는 아들과 음식을 먹는 딸까지 한곳에 옹기종기 모여 단란한 가족의 모습을 보여 준다.

서울 암사동 유적 안쪽에 자리한 원시생활전시관은 두 군데로 나뉘어져 있다. 1전시관은 가운데의 널찍한 공간에 바닥을 파서 발굴 당시의 움집터를 재현해 놓았다. 주위의 지면보다 깊이 팬 집터를 통해 여름에는 시원하게, 겨울에는 따뜻하게 보내려는 선조의 지혜를 엿볼 수 있다. 아울러 벽면에는 고기잡이, 조리하기 등 당시의 생활 모습이 상황별로 나뉘어 그려져 있어 재미있다. 1전시관 오른편 복도로 이어지는 2전시관은 신석기시대 사람들의 생활 모습을 다양하고 구체적으로 보여 주는 공간이다. 이렇듯 수천 년 전에 살았던 선조들의 삶의 흔적을 더듬어 볼 수 있는 서울 암사동 유적은 솔숲이 어우러진 잔디밭과 더불어 나무숲 사이사이로 산책로가 형성되어 있어 천천히 걸으며 호젓한 시간을 갖기에 좋다.

06
남산골 한옥마을

현대의 서울 속에 남아 있는
조선 시대의 마을

③ 충무로 ④ 충무로

남산골 한옥마을 » 남산골 한옥마을이 들어선 필동 지역은 조선 시대 당시 선조들이 맑은 물이 흐르는 골짜기마다 정자를 짓고 풍류를 즐기던 곳으로 명성이 높았다. 그 옛 정취를 되살려 물길과 어우러진 고풍스러운 정자와 연못으로 구성된 전통 정원, 한양 도읍 곳곳에 산재해 있던 한옥 5채를 이전·복원해 놓은 곳이 지금의 남산골 한옥마을이다.

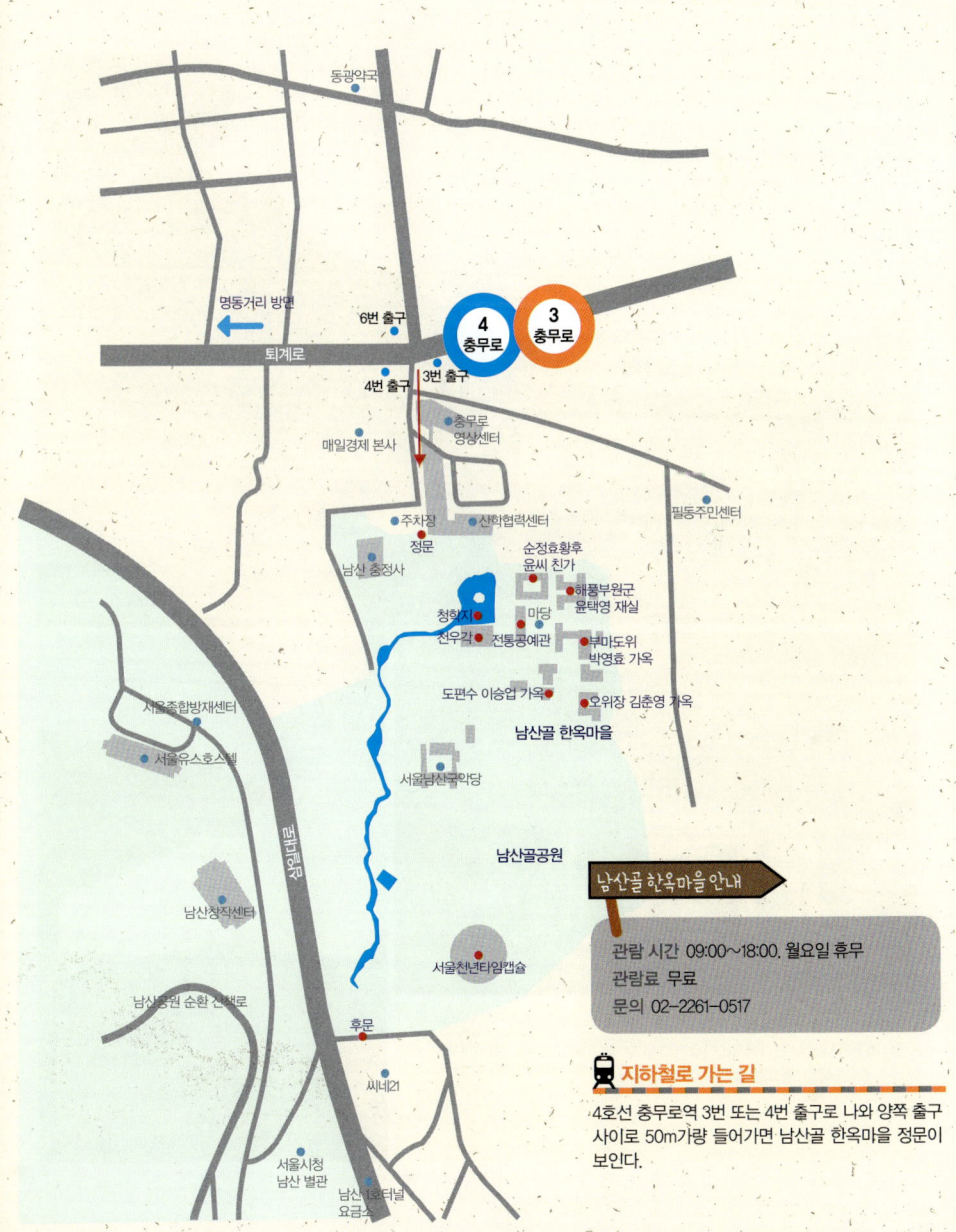

박영효 가옥을 비롯해 한국 전통 가옥이 그대로 보존되어 있는 남산골 한옥마을. 이곳에서는 저 멀리 N서울타워까지 볼 수 있다. 해가 질 때 더욱 매력적인 자태를 뽐내므로 가족 또는 연인과 함께 꼭 가 보자.

서울 정도 1,000년이 되는 해에 공개되는 서울천년타임캡슐

 미래를 기억하는 한국의 전통을 품은 곳

조선 시대 당시 한양 8대가 중 하나였던 박영효 가옥에서부터 평민의 집에 이르기까지 신분에 따라 규모와 구조가 각각 다른 전통 한옥 내에는 신분에 걸맞은 가구들까지 세세하게 배치되어 있어 선조들의 생활 모습을 고스란히 엿볼 수 있다. 뿐만 아니라 한옥마을 정원 안쪽에는 보신각종 모형 안에 현재의 서울 모습을 비롯해 시민생활과 사회·문화를 대표하는 각종 문물 600점을 담은 '서울천년타임캡슐'이 매설되어 있다. 서울 정도(定都) 600년을 기념하여 1994년 11월 29일에 조성된 타임캡슐은 서울 정도 1,000년이 되는 2394년 11월 29일에 후손들에게 공개될 예정이다. 남산골 한옥마을은 이처럼 과거와 현재, 미래가 한자리에 공존하는 이색적인 명소로 거듭나면서 사람들의 발길을 불러 모으고 있다.

'동입서출'의 전통방식에 따라 들어갈 때는 동쪽 문을, 나올 때는 서쪽 문을 이용하라는 안내문이 표시된 한옥마을 출입문 안으로 들어서면 마당 정면에 조선 제25대 임금인 철종의 딸 영혜옹주와 남편 박영효가 살았던

한국의 전통 음악은 물론 전통놀이까지 다양한 문화 체험도 할 수 있어 외국인들에게 특히 인기가 있다.

부마도위 박영효 가옥이 자리하고 있다. 이곳에서 가장 큰 규모(98평)를 보이는 박영효 가옥은 안채와 사랑채, 별당채로 구성되어 있는데 특히 6칸으로 구성된 큰 부엌을 통해 대가의 살림 규모를 엿볼 수 있다. 박영효 가옥 왼편에는 조선 제27대 순종의 장인 해풍부원군 윤택영의 재실이 있다. 1906년 그의 딸이 동궁계비(훗날 순정효황후)로 책봉되어 창덕궁에 들어갈 때 지은 것으로 가옥 구조가 국내에서는 보기 드문 '元(원)'자 모양인 것이 독특하다. 그 앞에 자리한 순정효황후 윤씨 친가는 순정효황후 윤씨가 동궁계비로 책봉되어 출가하기 전까지 살았던 집으로 당시 최상류층 저택의 면모를 살펴볼 수 있다.

박영효 가옥 오른편에 있는 조선 말기 오위장을 지낸 김춘영 가옥은 1890년대에 지은 집으로 전체적으로 평민 주택의 양식을 보이고 있지만 길가에 면한 안방 벽면에 사괴석과 전돌로 화방벽을 쌓아 집의 격조를 높인 것이 특징이다. 그 앞에 자리한 도편수 이승업 가옥은 흥선대원군이 경복궁을 중건할 당시 도편수(목수의 우두머리)였던 이승업이 1860년대에 지은 것으로 조선 말기 중인 계층의 주택 구조를 고스란히 보여준다. 5채의 집

남산공원 순환 산책로
남산골 한옥마을 안쪽 '서울천년타임캡슐' 끝에서 남산공원 순환 산책로로 연결되는 길이 있어 더불어 돌아보기에 좋다. 타임캡슐 뒤쪽에 넘신 1호 디넬 앞 도로를 가로지르는 구름다리를 건너면 왼쪽에 작은 터널이 나오는데 이 터널을 지나 서울시청 남산 별관 위로 오르면 남산공원 순환 산책로가 나온다. 이 길을 따라 오른쪽으로 850m가량 가면 N서울타워이다.

들로 둘러싸인 넓은 마당에는 투호, 널뛰기, 제기차기 등의 전통민속놀이 체험장과 더불어 도자, 금속, 목칠, 가죽, 전통악기 등 우리 전통공예품의 정취를 느낄 수 있는 전통공예관이 자리하고 있다.

아울러 전통 한옥에서 국악의 향기를 느낄 수 있는 남산국악당 뒤쪽으로는 초현대적인 건축 조형미가 돋보이는 '서울천년타임캡슐'이 자리하고 있어 시간의 의미를 넘나드는 풍경을 동시에 엿볼 수 있다. 한옥마을은 낮에 돌아보는 것도 좋지만 저녁 무렵 찾는 것도 좋다. 어슴푸레해지면 곳곳에 은은한 빛의 청사조롱이 밝혀지면서 정갈한 한옥의 운치를 더한다.

> 한옥마을의 곳곳을 살피다 보면 옛 생활 용품들을 마주하게 된다. 지금은 사라진 옛 물건에서 새로운 재미를 느낄 수 있다.

환구단》 환구단은 하늘에 제사를 드리는 제단이다. 우리나라의 제천의례는 삼국시대부터 풍작을 기원하거나 기우제를 지내기 위해 시작된 것으로 추정하고 있다. 고려시대까지 이어지던 제천의례는 고려 말 우왕 11년(1385년) 당시 하늘에 제사를 드릴 수 있는 것은 천자뿐이니 제후국인 고려는 의례를 따라야 한다는 중국의 명분론에 의해 폐지되었다. 하지만 농업국가로서 전통적으로 행해 오던 기우제가 필요하다는 의견이 끊임없이 제기되면서 환구단의 설치와 폐지가 되풀이되던 끝에 조선 세조 10년(1464년)에 실시된 제사를 마지막으로 결국 환구단은 폐지되었다. 이후 환구단이 다시 건립된 것은 고종 광무 원년(1897년)이다.

07
환구단
하늘에 몸과 마음의 안녕을 빌며 걷는 길

① 시청 ② 시청

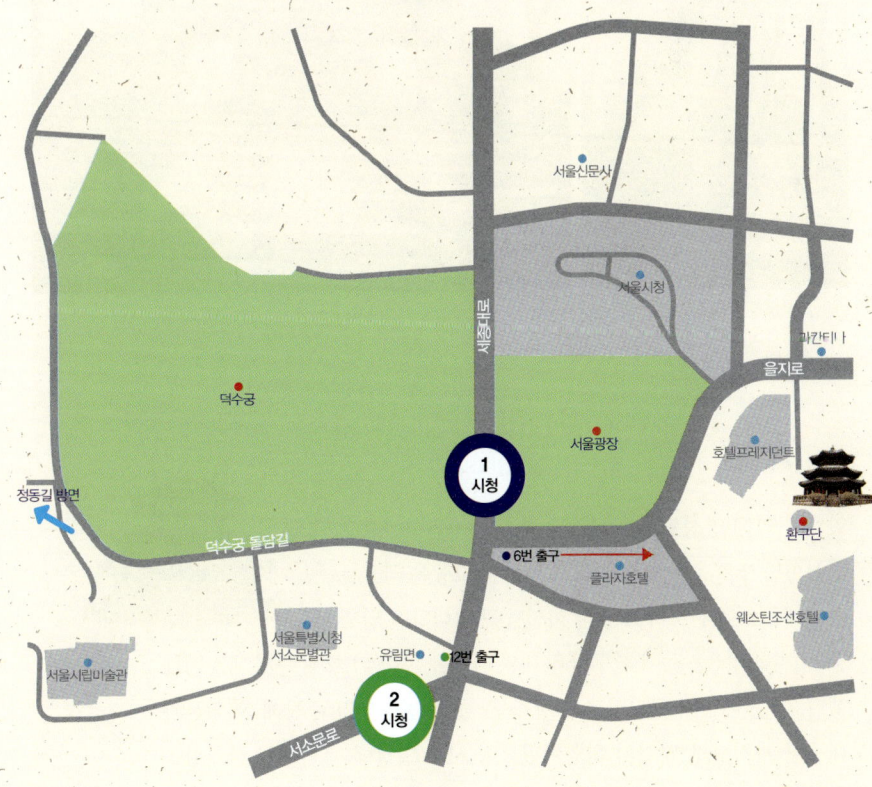

🚇 지하철로 가는 길

1, 2호선 시청역 6번 출구로 나와 서울광장을 가로질러 웨스틴조선호텔 방향으로 도로를 건너면 환구단 정문이 있다.

일제와 중국에 맞서기 위해 만들어진 환구단은 일제강점기 때 일제에 의해 처참하게 무너졌다.

조선의 마지막 역사와 함께 사라진 곳

일제에 의해 명성황후가 시해된 후 러시아공사관으로 피신했다가 경운궁(덕수궁)으로 돌아온 고종은 국호를 대한제국으로 선포하고 중국 사신들을 접대하던 남별궁 터(지금의 소공동)에 환구단을 세워 천제를 올린 뒤 황제 즉위식을 거행했다. 이는 예부터 천자라고 주장해 온 중국, 천황이라 주장해 온 일본과 대등한 자격으로 맞서기 위함이었으며 서구 열강에 독립적인 국가상을 보여 주고자 했던 정치적, 역사적인 의미를 담고 있다.

이때 만들어진 환구단은 3층으로 구성된 제단에 중앙 상부는 원뿔 모양의 지붕을 얹은 형태였다. 예부터 천원지방(天圓地方)이라 하여 하늘에 제사를 지내는 단은 둥글게, 땅에 제사를 지내는 단은 모나게 쌓았던 것에 기반한 것이다. 환구단이 조성된 2년 후에는 신위를 봉안하기 위한 황궁우가 세워졌고 1902년에는 고종 즉위 40주년을 기념하여 돌로 만든 북(석고)을 세웠는데 이는 천제를 위한 악기를 상징한다.

덕수궁 돌담길에서 정동길까지
환구단 정문 앞에 펼쳐진 시청 앞 광장 너머에는 덕수궁과 덕수궁 돌담길을 끼고 아름다운 정동길이 연결되어 있다. 정동길은 특히 은행잎이 노랗게 물든 가을날 걸으면 운치만점이다.

시청역 인근에 자리한 유림면(02-755-0659)은 50년 전통을 고수하는 국수 전문점으로 직접 반죽한 면을 주문 즉시 삶기 때문에 쫄깃한 맛이 일품이다. 깔끔하고 개운한 메밀국수와 비빔국수, 담백하고 구수한 냄비국수가 인기다. 환구단 앞 프레지던트호텔 건너편 삼성빌딩 지하에 있는 라칸티나(02-777-2579)는 1967년에 문을 연 서울에서 가장 오래된 이탈리아 식당이다. 오래된 연륜만큼 정장을 말쑥하게 차려입은 중년의 직원들이 능숙하게 서비스하는 곳에서 음식을 먹는 맛이 독특한 곳이다.

이처럼 제를 올리는 환구단과 천신의 위패를 모시는 황궁우, 석고를 비롯해 어재실과 향대청 등 나름의 짜임새를 갖추었으나 일제가 당시 자주독립의 상징인 환구단을 보고만 있을 리 만무했다. 일제강점기인 1911년 환구단은 총독부 소유로 넘어갔고 1913년에 일제가 환구단을 헐고 조선총독부 철도호텔을 짓는 바람에 현재 남아 있는 것은 황궁우와 3개의 석고뿐이다. 조선총독부 철도호텔은 1968년 이후에 조선호텔로 바뀌었지만 가슴 아픈 근대 역사의 흔적은 고스란히 남아 있다.

서울시청 앞 광장과 빌딩 숲에 갇힌 채 조선호텔 경내에 남아 있는 황궁우는 3층 규모의 팔각 정자 형태이다. 위로 올라갈수록 지붕이 조금씩 좁아지면서 전체적으로 안정감을 주고 세밀하게 처리된 지붕과 장식은 우아한 자태를 보인다. 또한 석고의 몸체에 조각된 화려한 용무늬는 조선 말기 조각의 걸작품으로 꼽힌다. 아울러 원래 조선호텔 출입구가 있는 소공로 변에 있던 환구단 정문은 1960년대 말에 철거된 후 오랫동안 소재를 알지 못하다 2007년 우이동의 한 호텔을 재개발하는 과정에서 발견되어 2009년 지금의 자리로 옮겨지게 되었다. 이렇게 남겨진 환구단은 1967년 사적 제157호로 지정되었지만 여전히 아쉬움이 남는 곳이다.

이화여대 ECC(Ewha Campus Complex) 》 이화여자대학교 캠퍼스 내에 조성된 복합단지인 ECC는 독특한 건축 형태와 기능으로 신촌의 새로운 명소로 떠오른 곳이다. 과거 운동장이던 땅을 파서 조성한 ECC 건물은 연면적 2만여 평에 지하 6층 규모이다. 완만한 경사를 이루며 폭 25m, 길이 250m 규모로 팬 통로 양편으로 솟아오른 건축물 형태가 마치 깎아지른 듯한 절벽계곡을 연상케 하는가 하면 언뜻 홍해를 가른 모세의 기적을 떠올리게도 한다. 땅속으로 파고 들어앉은 건물을 덮고 있는 지상은 녹지공간으로 조성되어 자연스레 넓은 옥상정원이 되었다.

08
이화여대 ECC

새로운 형식과 공간으로
태어난 복합문화공간

2 이대

1. 거대한 절벽 사이를 걷는 듯 묘한 느낌을 주는 이대 ECC 전경 2. 영화관 아트하우스 모모를 비롯해 서점 등 여러 문화공간에서 다양한 문화 생활을 즐길 수 있다. 3. 학생들은 카페에서 편안히 차를 마시며 공부를 할 수 있다. 4. 전면이 유리로 되어 있어 전혀 지하 같은 느낌이 들지 않는다.

패션명소는 물론 문화공간으로 거듭난 이대 ECC

2008년에 완공되어 여러모로 이색적인 모양새가 눈길을 끄는 ECC 건축물은 프랑스 건축가 도미니크 페로의 설계 작품이다. '땅을 재단하는 건축가'로 불리는 도미니크 페로(Dominique Perrault)는 책을 펼쳐놓은 듯한 모양의 파리 미테랑 도서관 설계로 세계적인 명성을 얻으며 마리오 보타, 장 누벨과 함께 세계 3대 건축가로 꼽히는 인물이다.

'지하 같지 않은 지하 세계'를 건축 모토로 삼은 도미니크 페로의 ECC 건물은 지하 6층으로 구성됐지만 지하라는 느낌은 별로 없다. 벽면 전체를

이화여자대학교 캠퍼스
ECC를 둘러본 후 이화여자대학교 캠퍼스를 천천히 돌아보는 것도 좋다. 근대 건축물과 어우러진 넓고 아기자기한 캠퍼스는 아름드리나무숲이 곳곳에 펼쳐져 호젓하게 걷는 것만으로도 기분이 좋아진다. 교문을 들어서자마자 왼편에는 시기별로 상설테마전과 특별기획전을 통해 다양한 전시물을 볼 수 있는 이화여자대학교박물관도 자리하고 있다.

유리로 처리하고 조각조각 붙인 스틸 반사경이 하루 종일 햇빛을 끌어들이는가 하면 여러 각도로 빛을 반사하여 화사함을 자아낸다. 거대한 계곡을 연상시키는 양쪽 벽면에서 반사되는 '빛의 폭포'가 지하 공간은 어둡고 답답하다는 통념을 깰 것이다.

아울러 지하 공간이기에 여름에는 시원하고 겨울에는 따뜻한 ECC 내에는 강의실과 독서실, 세미나실뿐만 아니라 지하 4층에는 영화관과 공연전시관, 서점, 피트니스센터, 카페, 레스토랑, 옷가게, 꽃가게, 24시간 편의점 등 다양한 편의시설이 들어서 있다. 특히 국내 최초로 대학 캠퍼스 안에 설립된 상설영화관인 '아트하우스 모모(02-363-5333)'는 2개의 상영관을 통해 작품성과 대중성을 고루 갖춘 영화를 상영할 뿐만 아니라 공연, 음악, 전시 등 다양한 문화예술의 장을 선사한다. 학문의 공간인 대학 캠퍼스 안에 다양한 상업시설이 들어선 것에 곱지 않은 시선을 받기도 하지만 ECC의 묘한 매력은 여전히 많은 사람의 발걸음을 유혹하고 있다.

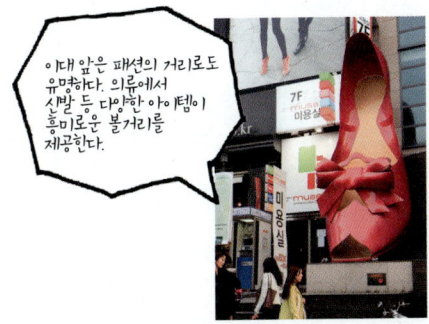

이대 앞은 패션의 거리로도 유명하다. 의류에서 신발 등 다양한 아이템이 흥미로운 볼거리를 제공한다.

09
광화문광장
서울 시민이 사랑하는
광장 1번지

5 광화문

광화문광장 》 광화문에서 세종로사거리로 이어지는 도로 중앙에 길게 뻗어 있는 광화문광장은 서울을 대표하는 중심 광장으로 떠올랐다. 광화문은 조선 왕조의 정궁인 경복궁의 정문으로 당시 광화문 앞 대로변에는 핵심 관아들이 줄줄이 자리해 '조선의 정치 1번가'로 통하던 곳이었다. 하지만 일제강점기 당시 일본에 의해 조선 왕조의 상징적 건물인 경복궁이 훼손되면서 광화문 또한 뜯겨 나가고 사람들이 오가던 조선 시대 육조거리는 차도로 변해 그 모습이 근본적으로 달라졌다.

지하철로 가는 길
5호선 광화문역 2번, 3번, 4번, 7번 출구로 나오면 바로 광화문광장이다.

광화문광장 지하 전시관 안내
관람 시간 10:30~22:30(일요일, 공휴일 ~20:00), 매주 월요일 휴관
관람료 무료
문의 02-399-1114

1. 광화문광장을 지키는 이순신 동상 뒤로 인왕산 자락이 들어온다. 2. 세종대왕 동상 뒤편에 〈세종이야기〉 전시관으로 통하는 입구가 있다. 3. 여름철에는 시원한 분수에 아이들이 몰려들어 광화문광장은 활기로 넘친다.

조선 시대 육조거리를 다시금 걷는다

오랫동안 차량의 행렬로 정신없던 광화문대로가 이제는 사람 중심의 광장으로 새롭게 태어나 100여 년 만에 옛 흔적을 찾게 되었다. 600년 역사를 지닌 과거 한양의 육조거리를 재현하면서 2009년 재탄생한 광화문광장은 우리나라의 역사를 상징하는 거리로서의 의미가 깊다. 길이 557m, 너비 34m로 조성된 광장에는 세종대왕과 충무공 이순신의 대형 동상을 비롯해 연못과 바다분수 등이 설치되어 있다. 이순신 장군 동상 밑으로 안내센터와 기념품점 등이 들어선 해치마당이 있는데, 입구에 왕과 왕비의 의상을 직접 입어 보고 기념 촬영하는 코너가 마련되어 있다.

광화문광장 지하 공간에는 세종대왕과 충무공의 모든 것을 엿볼 수 있는 알토란 같은 전시관이 있다. 광화문광장의 새로운 명소로 떠오른 〈세종이야기〉와 〈충무공 이야기〉 전시관은 세종대왕 동상 뒤편에 들어가는 입구가 있다.

〈세종 이야기〉에서는 한글 창제 과정과 세종대왕 때 발명된 발명품은 물론 '나라를 다스리는 법은 믿음을 보이는 것이 가장 중요하다.', '모든 일은 위에 있는 사람이 비록 옳다고 할지라도 아래 있는 사람이 마음 속으로 그른 것을 알면 윗사람에게 의견을 말하여 숨김이 없어야 마땅하다.' 등 세

〈세종 이야기〉 전시관에서는 세종대왕 때 만들어진 발명품과 한글 창제 과정 등을 살펴볼 수 있다.

●지하철로 떠나는 도심 속 이색명소

광화문광장은 전시관을 비롯해 한복 체험 코너, 세종문화회관 등 다양한 체험 공간이 있어 가족 나들이에 손색이 없다.

종어록을 통해 세종대왕의 사상을 살펴볼 수 있다. 또한 '세종의 이름은 이도, 취미는 공부와 독서, 성격은 이지적이고 실리주의적, 특기는 절대음감의 소유자(편경의 소리를 듣고 음이 틀린 것을 한 번에 맞출 수 있음), 지나친 독서로 인한 눈병, 좋아하는 음식은 고기와 앵두' 등 세종의 사적인 내용을 적어 놓은 것도 재미있다. 아울러 '한글로 이름 쓰기' 체험 코너를 통해 전통 붓글씨를 써볼 수 있다.

충무공 이순신의 삶과 일대기를 전시한 공간인 〈충무공 이야기〉에서는 그가 남긴 업적은 물론 그동안 잘 알려지지 않았던 그의 인간적인 면모를 엿볼 수 있다. 특히 실제 거북선의 55% 크기로 축소 제작된 거북선은 내부를 직접 둘러볼 수 있고 판옥선 조립, 조총이나 대포로 영상 화면에 나타나는 배를 격침시키는 체험 코너는 관람객들에게 인기가 높다. 이순신 장군이 대승을 거둔 해전사를 생생한 영상으로 보여 주는 코너는 마치 한 편의 영화를 보는 듯한 느낌을 준다.

다양한 먹을거리

세종문화회관 뒤편 골목길에 있는 **광화문집(02-739-7737)**은 수십 년간 이어 온 김치찌개 전문 식당이다. 오래된 건물에 자리도 협소하지만 언제나 사람들로 붐비는 유명 맛집으로 칼칼한 김치찌개에 계란말이, 생두부를 곁들여 먹는 맛이 일품이다. 세종문화회관 뒤편 경희궁의 아침 4단지에 있는 **감성타코 광화문점(02-738-8887)**은 분위기 좋은 실내에서 다양한 멕시코 음식을 맛볼 수 있는 곳이다.

한류스타들의 사진이나 물품 등을 전시해 놓아 해외 관광객은 물론 한국인들에게도 흥미로운 볼거리를 제공한다.

10 항동 기찻길

기찻길 침목마다
여유로움이 가득한 길

7 천왕

항동 기찻길 » 구로구 오류동에서 항동을 거쳐 부천시 옥길동으로 이어지는 항동 기찻길의 본래 명칭은 오류동선이다. 이 철길은 1959년 옥길동에 위치한 비료 회사인 경기화학공업주식회사(현 KG케미컬)가 원료와 생산물을 운반하기 위해 만든 것이다. 과거에는 화물 열차가 수시로 다녔으나 반세기 넘는 세월이 흐른 지금은 다양한 운송 수단의 발달로 군용품을 나르는 기차만이 어쩌다 한 번씩 지날 뿐이다.

지하철로 가는 길

7호선 천왕역 2번 출구로 나와 300m가량 직진하면 철길 차단기가 나온다. 이곳에서 지구촌학교 건물이 있는 왼쪽 철길로 들어서면 된다.

철로를 품은 골목길

바쁜 일상에서 벗어나 문득 한적한 길을 걷고 싶을 때가 있다. 그럴 때 찾아가면 좋은 곳이 바로 항동 기찻길이다. 기찻길은 주택가에 살포시 숨어 있다. 아파트와 다세대 주택 사이를 가로지르는 철길 옆에는 간간이 차가 다니는 주택가 이면도로가 나란히 뻗어 있다. 철로를 품은 골목길 풍경이 이색적이다. '사색과 공감의 항동 철길'로 명명된 이곳은 요즘 사진 찍기 좋은 곳이자 데이트 명소로 떠오른 '핫 플레이스'다.

기차의 통행이 뜸한 터라 길게 이어진 녹슨 철길에는 자갈 틈을 비집고 나온 잡초들이 수북하게 자라 폐철로처럼 보이기도 한다. 봄이면 노란 유채꽃이 길을 화사하게 수놓고, 여름이면 하얗게 피어난 아카시아꽃 향기가 진동하고, 가을에는 바람에 하늘거리는 코스모스가 만발하고, 겨울이면 하얀 눈으로 덮이는 도심 속 낭만 철길이 된다. 기차를 위한 철로라기보다 사람을 위한 산책로가 된 이곳은 그야말로 호젓하게 걷기에 그만이다. 혼자 걸어도 좋고 연인이나 친구의 손을 맞잡고 침목 한 칸 한 칸 발맞춰 걷거나 철로 위를 비틀비틀 걸어도 재미있다. '힘들 땐 쉬어 가세요.' 기찻길 침목마다 여유로움을 갖게 하는 다양한 문구가 새겨져 있는가 하면 폐품으로 만든 재미있는 조형물들도 많아 철길 걷는 재미를 더해 준다. 어쩌다 한 번씩 지나가는 기차도 오히려 사람들의 눈치를 보며 기적을 울리고 달팽이처럼 천천히 움직이니 위험한 것도 없다.

아파트 단지가 끝날 즈음이면 철길과 나란히 뻗은 이면도로는 없어지고 양옆으로 숲이 우거진 호젓한 철길이 시작된다. 부근 어딘가에 아담한 간이역이라도 있을 것만 같은 소박하고 정겨운 풍경이 은밀하게 숨어 있다 느닷없이 나타나기 때문에 항동 기찻길의 백미로 꼽히는 지점이다. 좀 더 걸어가면 기찻길 옆에 푸른수목원 후문이 나오는데 이 지점부터 가을이면 코스모스가 가득 피어나는 구간이다. 몇 해 전만 해도 철길 옆에 항동

항동 기찻길은 가을이면 녹슨 철로 변에 코스모스가 가득 피어나 화사하면서도 고즈넉한 분위기를 더한다.

저수지를 끼고 논이 펼쳐져 코스모스와 더불어 황금물결로 출렁이는 목가적 풍경을 보였지만 지금은 그 자리에 수목원이 들어섰다.

수목원으로 연결된 쪽문부터 차단기가 놓인 차도 건널목까지 일직선으로 곧게 뻗은 철길이 항동 철길 중 사람들이 가장 많이 몰리는 구간이다. 예전에는 차도 건널목을 지나 더 호젓한 길이 펼쳐졌었다. 철길 양옆으로 논밭이 가득해 '여기가 서울인가?' 싶을 정도로 독특한 풍경을 보여 주었던 곳이지만, 지금은 공공 주택 단지가 들어서면서 그 풍경은 사라졌다.

하지만 낭만 기찻길 옆 수목원 산책은 또 다른 기분을 안겨 준다. 철길 차단기 건널목 오른쪽으로 가면 바로

다양한 먹을거리

푸른수목원 후문으로 나와 오른쪽으로 500m 정도 가면 나오는 깔끔한 국수전문점인 다원국수가(서울 구로구 경인로 22) 있다. 인공 조미료를 사용하지 않아 뒷맛이 개운한 잔치국수, 비빔국수, 초계국수, 어묵국수, 따끈한 왕만두 등을 판매한다.

이용 시간 평일 11:00~15:00, 17:00~20:00(주말, 공휴일 11:00~17:00), 월요일 휴무
문의 02-2060-0090

푸른수목원 정문이 나온다. 2013년에 개장한 푸른수목원은 축구장 10개 크기가 넘는 공간으로 초입에 자리한 항동저수지를 거쳐 수목원 곳곳을 꼼꼼하게 돌아보면 적어도 2km는 족히 걷게 되는 곳이다. 그 길 끄트머리에 있는 초승달 모양의 유리온실(KB숲교육센터)을 지나면 철길 초입에서 보았던 쪽문이 있다.

놓치면 아쉬운 볼거리

항동 기찻길 옆에 있는 푸른수목원에서는 유리온실 가득한 허브를 비롯해 다양한 꽃과 식물을 접할 수 있다.

푸른수목원

푸른수목원은 서울시가 최초로 조성한 시립 수목원이다. 규모가 제법 큰 수목원 안에는 향긋한 허브 식물들로 가득한 유리온실을 비롯해 25개의 테마 정원이 있어 천천히 걸으며 자연을 느끼기에 좋은 곳이다. 기찻길과 평행선을 이루며 쭉쭉 뻗은 메타세쿼이아 길 곳곳엔 느긋하게 쉬어 가기 좋은 벤치도 많다. 수목원 내에 있는 항동 저수지에는 나무 데크 길이 요리조리 조성되어 있어 연꽃과 다양한 수생 식물로 가득한 저수지 내부를 자세히 살펴볼 수 있다. 푸른수목원 정문 앞 관리사무소 옆에 북카페와 가든 카페도 있다.

이용 시간 05:00~22:00, 연중무휴
입장료 무료
문의 02-2686-3200

12
동대문디자인플라자

도심 속
문화 예술의 오아시스

동대문디자인플라자(DDP) 2007년에 철거된 옛 동대문운동장 자리에 조성된 복합 문화 공간이다. 2014년 봄에 개관한 동대문디자인플라자는 여성 최초로 건축계의 노벨상 격인 프리츠커상을 받은 이라크 출신의 여성 건축가 자하 하디드(Zaha Hadid)의 작품으로 무엇보다 독특한 모양새로 동대문의 명물이 되었다.

동대문디자인플라자 이용 안내

운영 시간 배움터 10:00~19:00, 매주 월요일 휴관 / 살림터 10:00~21:00(주말 22:00까지). 매월 셋째 주 월요일 휴관
요금 단체투어(일반 5인 이상 참가비 8,000원, 학생 20인 이상 참가비 5,000원)를 할 경우, 전문해설사와 DDP를 누비며 건축, 역사, 디자인별로 꼼꼼한 설명을 들을 수 있다.
문의 02-2153-0000

지하철로 가는 길

4호선 동대문역사문화공원역 1번 출구로 나오면 바로 동대문디자인플라자다.

거대한 곡선이 주는 편안함이 있는 곳

동대문역사문화공원역 1번 출구로 나오자마자 마주하게 되는 동대문디자인플라자(DDP)의 첫인상은 마치 거대한 우주선이 사뿐히 내려앉은 것 같은 느낌을 준다. 빌딩 숲 사이에 살포시 들어앉은 DDP는 축구장 3배가 넘는 규모지만, 알루미늄으로 뒤덮인 건물은 안이든 밖이든 어디 하나 각진 데 없이 부드럽게 이어져 큰 덩치에도 불구하고 위압감보다는 편안함이 앞선다.

과거 동대문운동장이 '체력은 국력'을 내세운 특정 시대의 산물이라면 독특한 몸체로 거듭난 DDP는 이제 '문화가 국력'이라는 시대의 변화를 암시한다. 지하 2층에서 지상 4층까지 물 흐르듯 부드럽게 연결된 DDP는 알림터, 배움터, 살림터를 갖춘 실내 공간과, 동대문디자인플라자의 앞마당 격인 어울림광장과 동대문역사문화공원으로 이루어진 외부 공간으로 형성되어 있다.

알림터는 다양한 전시회와 패션쇼, 콘서트 등이 열리는 장소로 활용되고 배움터는 디자인박물관, 디자인전시관, 디자인 콘텐츠를 체험할 수 있는 디자인놀이터로 구성되어 있다. 살림터는 잔디사랑방, 디자인나눔관으로 구성되어 있다. 24시간 개방되는 실외의 어울림마당에선 다양한 게릴라

DDP에 마련된 타요버스는 아이들에게 인기 만점인 전시품이다.

동대문디자인플라자 397

1.은은한 조명이 스며들어 밤에는 더 신비롭게 다가오는 DDP 건물 2.실내 전시장에서는 시기별로 다양한 전시회들이 열린다. 3.실외에 있는 전통 보자기 아트숍은 그 자체가 설치 미술처럼 보인다.

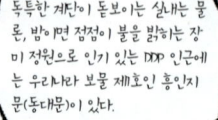

독특한 계단이 돋보이는 실내는 물론, 밤이면 점점이 불을 밝히는 장미 정원으로 인기 있는 DDP 인근에는 우리나라 보물 제1호인 흥인지문(동대문)이 있다.

동대문운동장기념관

동대문디자인플라자가 들어선 자리는 일제강점기에 일본이 한양도성 성벽을 허물고 경성운동장을 조성했던 곳이다. 1936년 베를린 올림픽 마라톤에서 한국인 최초로 금메달을 딴 손기정 선수가 올림픽 참가 직전 각종 장거리 달리기에서 우승을 했던 곳이 바로 이 경성운동장이다. 1945년 8·15 광복을 맞아 서울운동장으로 이름을 바꾼 후 전국종합경기대회가 열렸을 때 운동장에 펄럭이는 태극기를 보고 많은 사람이 눈물을 흘렸던 곳이다.

특히 이곳의 야구장은 1975년 고등학생 투수로 17이닝 연속 노히트 노런 기록을 세운 최동원이 등장하면서 고교야구 전성시대를 누렸지만 88올림픽을 위한 잠실종합운동장이 생기면서 동대문운동장으로 명칭이 바뀌었다. 운동장 뜨겁게 달구던 축구장과 야구장은 2007년에 사라졌지만 동대문역사문화공원 한쪽에 자리한 동대문운동장기념관은 다양한 전시물을 통해 그 시절의 추억을 고스란히 되돌아보기 좋은 곳이다.

이용 시간 10:00~19:00, 월요일·설날·추석 휴무
입장료 무료

공연이 펼쳐지고, 어린 시절 소중한 보물을 나만의 공간에 숨겨 놓고 몰래 꺼내 보던 동심의 추억을 기리는 DDP 보물상자도 볼 수 있다. 또한 동대문역사문화공원은 동대문역사관, 동대문운동장기념관, 서울성곽, 이간수전시장 등을 품고 있다.

고층 빌딩으로 둘러싸인 꽉꽉한 도심에서 '문화 예술의 오아시스'를 자처하고 있는 DDP 내부로 들어가보면, 출입구가 앞으로 기울어져 있는 모습부터 이색적이거니와 독특하게 휘어지는 중심 계단과 그 가장자리를 따라 기둥 없는 통로가 동글동글 감아 올라가는 디자인 둘레길을 통해 건물 안팎을 구석구석 둘러보는 것만으로도 재미있다. 4층으로 올라가면 누구든 칠 수 있는 피아노가 한 대 놓여 있고, 피아노 선율을 들으며 쉬어 가기 좋은 푹신한 의자가 있어 아예 잠을 청하는 이도 심심치 않게 볼 수 있다. 옥상의 야외 잔디 마당으로 나가서 완만한 경사로 스르륵 내려가는 길을 따라 걸으면 1층으로 자연스럽게 내려오게 된다.

어둠이 깃들면 은빛으로 반짝이는 둥글둥글한 건축물과 2만여 송이의 하얀 인조 장미를 은은하게 비추는 LED 조명이 DDP를 더욱 신비롭게 만들어 서울 야경 명소로도 이름을 얻고 있다. 주변에 패션 타운이 많아 쇼핑하기에 좋고 청계천도 가까워 물길을 따라 가볍게 산책하기에 좋다.

남한산성 느긋한 걸음으로 걸으며 만나는 자연과 역사
인천차이나타운 중국의 음식과 문화, 예술과 생활을 만나는 곳
수원화성 한국 성곽 예술의 꽃이라 부르는 화성 산책길
양수리 세미원 우아한 연꽃이 만발하는 세미원의 여름 나들이
오이도 싱싱한 해산물도 맛보고 바닷바람도 쐬는 곳

운길산 수종사 자연이 품은 절 속으로 들어가는 설렘 가득한 여행
안양예술공원 숲과 계곡을 따라 다양한 예술 작품을 만나는 숨바꼭질
일산호수공원 꽃과 낙엽, 눈꽃이 아름답게 피어나는 호숫가 산책
망월사 계곡을 지나 숲 속 절로 오르는 즐거움
부천 아인스월드 단 하루 만에 만나는 세계 문화유산
분당 율동공원 잔잔한 호수를 보며 연인과 함께 걷는 길
월미도 서울에서 가까운 인천 앞바다를 마음껏 누리는 곳
구곡폭포 & 문배마을 우렁찬 물줄기를 바라보며 가슴까지 시원해지는 길
남이섬 섬 속에 숨겨진 아름다운 동화 속 나라 여행
성남 모란장 대한민국을 대표하는 5일장의 명소

★PART 7

지하철로 떠나는
당일치기 근교 여행

01
남한산성

느긋한 걸음으로 걸으며 만나는
자연과 역사

8
산성

지하철로 가는 길

8호선 산성역 2번 출구로 나와 52번 버스를 이용하여 종점(남문안로터리)에서 내린다. 산성을 걸으려면 종점 바로 전 정류장인 남문(지화문) 입구 앞에서 내리는 것이 편리하다.

남한산성〉〉 경기도 광주시, 성남시, 하남시에 걸쳐 있는 남한산성은 북한산성과 함께 도성을 지키던 중요한 요충지였다. 신라 문무왕 12년(672년)에 토성으로 축성되었던 것을 조선 광해군 13년(1621년)에 석성으로 개축한 후 인조 4년(1626년)에 이르러 지금의 형태를 갖추게 되었다. 주봉인 청량산을 중심으로 연주봉, 망월봉, 벌봉 등을 연결하여 쌓은 성벽의 길이는 약 12km이다. 성벽 외부는 급경사를 이루는 데 비해 성의 내부는 경사가 완만한 천혜의 지형을 갖추어서 외침에 의해 정복당한 적은 없었으나 병자호란 당시 이곳으로 피신해 온 인조가 45일간 항전하다 식량 부족 등으로 인해 결국 투항한, 가슴 아픈 역사를 간직하고 있다.

계절마다 새로운 얼굴의 산성을 따라 걷다

현재 남아 있는 산성 중 비교적 원형 유지가 잘 되어 있는 남한산성은 서울이 한눈에 내려다보이는 전망과 봄의 벚꽃터널, 여름의 울창한 숲, 가을의 단풍, 겨울의 눈꽃터널 등 계절마다 멋을 달리해 사시사철 찾는 사람이 많다. 성벽을 따라 산책로도 말끔하게 조성되어 트래킹 코스로도 인기가 높다. 트래킹은 남문에서 시작해 산성을 한 바퀴 도는 것이 일반적인 코스이다. 한 바퀴 도는 데 3시간 30분 정도 걸리지만 울창한 소나무 숲이 많아 향긋한 솔내음을 맡으며 쉬엄쉬엄 걷기에 좋다. 일주 코스가 부담스럽다면 남문에서 수어장대와 서문, 연주봉을 거쳐 북문에서 산성로터리(남문안로터리)로 내려오는 3km가량의 코스도 산성의 멋을 엿보기에 무난하다. 남문인 지화문은 산성 내 4대문 중 가장 크고 웅장한 관문으로, 성문 앞에 식재된 350년 수령의 느티나무와 함께 산성의 역사를 말없이 보여 준다.

자연과 어우러진 오래된 건축 양식에서 옛 선인들의 지혜를 엿볼 수 있다.

남문 입구에서 오른쪽 성벽 길을 따라 1.1km 정도 걸으면 수어장대가 나온다. 나무계단, 돌계단, 흙길 등으로 조성된 오르막과 내리막 길을 반복해 걷는 동안 웅장하면서도 아기자기한 산성의 모습을 감상할 수 있다. 수어장대는 지휘와 관측을 위한 군사적 목적에서 지은 누각으로 성안에 남아 있는 건물 중 가장 화려하고 웅장한 자태를 가지고 있다. 병자호란 당시 인조가 친히 군사들을 격려하여 45일간 항전했던 곳이기도 하다.

수어장대 옆에 있는 청량당은 인조 때 남한산성의 축성 책임을 맡았던 이회 장군의 억울한 죽음을 기리기 위해 건립된 사당이다. 당시 남한산성 중 지세가 가장 험한 동남쪽 성벽을 맡았던 그는 완벽을 기해 공사를 하다 기일 내에 완공하지 못하고 공사비용이 부족해지자 공사대금을 횡령했다는 누명을 쓰고 참수형을 당할 처지에 놓이게 되었다. 이회는 자신의 죄가 없으면 사형당할 때 매 한 마리가 날아올 것이라 예언했는데 그가 죽는 순간 매 한 마리가 날아와 사형을 당하는 장면을 쳐다보았다고 한다. 이회가 죽은 후 횡령 사건을 다시 조사하는 과정에서 횡령한 사실이 없음은 물론 오히려 빈틈을 찾아볼 수 없을 만큼 견고하게 쌓은 것이 밝혀지면서 누명을 벗게 되었다는 이야기가 전해 온다.

1. 오래된 남한산성 성곽을 따라 걷는 맛이 특별하다. 2. 숲이 울창한 길목에서 자연과 하나 되는 물아일체의 묘미도 느낄 수 있다. 3. 성곽을 걷다 만나는 전망대에 오르면 남한산성 자락은 물론 저 멀리 시내까지 시원스레 펼쳐진다.

수어장대에서 600m가량 더 가면 서문이 나온다. 서문에서 외벽 쪽으로 나와 100m 정도 오르면 해 질 무렵 아름다운 낙조를 볼 수 있는 전망대도 있고 조금 더 가면 하남시와 서울시가 훤히 내려다보이는 연주봉 옹성도 자리하고 있다.

매년 9월이나 10월 즈음이면 남한산성 일원에서 남한산성문화제가 열린다. 축제 기간에는 대동굿을 비롯해 수어사 출정식, 거리 행진, 조선군사 열병식, 풍류음악회와 전통 줄타기 공연, 다양한 전통민속놀이 체험 행사가 펼쳐진다.

놓치면 아쉬운 볼거리

자연을 벗 삼아 산성을 따라 걷다 만나는 만해기념관. 망국의 역사 속에서 꿋꿋하게 맞서 저항한 만해 한용운의 행적은 물론 만해 연구에 몰두해 온 전보삼 교수의 노고도 느낄 수 있다.

만해기념관

남문안(산성)로터리 주변 대형음식점들 안쪽에 있는 만해기념관은 만해 한용운(1879~1944년) 선생이 보여 준 민족에 대한 사랑과 일제에 항거한 독립정신, 그의 문학과 철학사상을 후세에 전하기 위해 설립되었다. 한평생을 만해 한용운 연구에 몰두해 온 전보삼 교수가 남한산성 내에 세운 기념관의 규모는 아담하지만 한용운 선생의 흔적을 살펴보기에는 손색이 없다. 안에 들어서면 무엇보다 우리에게 익숙한 《님의 침묵》 중 〈나룻배와 행인〉이라는 시가 담긴 병풍이 눈에 띈다. 기념관 내부에는 세계 각국의 언어로 번역된 한용운 선생의 시집 《님의 침묵》을 비롯한 그의 저술과 일제강점기 동안 금서였던 《음빙실문집》, 《영환지략》, 《월남망국사》 등 평소 그가 즐겨 보았던 수택본, 3·1운동으로 투옥 중에 행한 옥중 투쟁을 보여 주는 각종 신문 자료, 1962년 정부가 추서한 대한민국 건국 공로 최고 훈장인 대한민국장이 전시되어 있다.

관람 시간 09:30~18:00(동절기 17:00까지). 매주 월요일, 1월 1일 휴관
입장료 어른 2,000원, 어린이 1,000원
문의 031-744-3100

다양한 먹을거리

남한산성 주변에는 정갈한 한옥과 산세가 잘 어우러져 멋스러운 음식점이 많다. 공기와 풍경 모두 멋진 곳에서 먹는 음식이야말로 진수성찬이리라.

남한산성 중심부에 위치한 남문 로터리 주변에 천일관전통순두부집(031-743-6590)을 비롯해 백제장(031-743-4296), 석산정(031-749-0518), 밤나무집(031-746-9643) 등 한정식 전문점과 두부집, 동동주와 파전, 감자전, 도토리묵 등을 판매하는 음식점들이 아주 많다.

02
인천 근대역사문화거리

중국의 음식과 문화,
예술과 생활을 만나는 곳

1 인천

🚇 지하철로 가는 길

1호선 전철 종착역인 인천역에서 내리면 도로 건너편이 차이나타운이다. 역을 등지고 오른쪽으로 걸어와 한중문화관 옆길로 오르면 청일조계지 계단이다.

인천 근대역사문화거리》 1883년 제물포항이 개항되면서 인천은 지금껏 당시의 근대 유산이 곳곳에 남아 있다. 비록 외세에 의한 강제 개항으로 다져진 오욕의 현장이기도 하지만 이 또한 떨칠 수 없는 우리 역사이기에 품고 새겨둘 현장이다. 특히 인천역 앞 일대는 개항기 모습이 가장 잘 보존된 곳이다. 항구가 열리면서 외국인들이 몰려오고 은행, 호텔, 사교클럽, 성당 등 당시로써는 생소한 건물들이 우후죽순처럼 생겨난 이 지역은 지금으로 치면 국내 최초의 '국제도시'였던 셈이다.

100년 전 거리 지나 동심의 세계를 만나는 곳

시간을 거슬러 우리 근대사의 모습을 더듬어 볼 수 있는 이 여행길의 중심점은 청일조계지 계단이다. 개항 당시 청나라와 일본구역을 가르던 청일조계지 계단을 기준으로 오른편에는 일본 거리, 왼편에는 차이나타운, 위편으로는 국내 최초의 근대식 서구공원인 자유공원이 삼각형 구도로 펼쳐져 있기 때문이다. 이처럼 각국의 흔적이 뒤섞인 이 지역은 일명 '개항장 근대역사문화의 거리'로 불린다.

먼저 오른쪽 일본 거리에 있는 중구청사 앞에는 일본식 목조건물 형태의 가게들이 줄지어 있어 독특한 풍경을 보여준다. 근대역사문화타운으로 지정된 이 거리에서 눈길을 끄는 건 아무래도 개항 당시 원형을 그대로 보존하고 있는 일본은행들이다. 당시 일본영사관 금고 역할을 했던 '일본제1은행'은 현재 '인천개항박물관'으로, '일본제18은행'은 '인천개항장 근대건축전시관'으로 변신한 반면 인천전환국에서 만든 신구 화폐를 교환하는 업무를 담당했던 '일본58은행'은 요식업조합 건물로, 개항 후 가장 먼저 세웠던 일본영사관은 현재 중구청으로 사용되고 있다. 과거 우리 민

한국으로 이주해 온 중국사람들이 이룬 거리로 곳곳에서 중국 전통문화를 엿볼 수 있는 물건들을 판매한다.

족을 수탈하기 위해 세워진 이 오래된 건물들은 다양한 근대문화재로 등록되어 있다. 당시 고급 숙소로 유명했던 일본인 소유의 대불호텔은 대불전시관으로 다시 태어났다.

반면 계단 건너편으로 들어서면 거리의 색깔도 냄새도 확 달라진다. '한국 속의 작은 중국'으로 중국 특유의 붉은 물결을 이룬 차이나타운은 단조로운 색감의 일본거리에 비해 화려한 치장이 돋보이는 거리다. 차이나타운의 상징인 패루(화려한 지붕을 얹은 중국 전통 대문)가 곳곳에 들어앉은 '그들만의 거리'엔 중국풍 건물과 기념품점이 줄을 이어 정말로 중국의 한 뒷골목에 들어선 것 같은 착각이 들기도 한다.

이곳은 그 옛날 최고의 외식 메뉴이자 지금의 서민 음식으로 자리매김한 짜장면 발상지이기도 하다. 개항 후 쏟아져 들어온 중국 노무자들을 상대로 수레에 솥을 싣고 나가 즉석에서 면을 삶아 춘장을 얹어주다 고기를 넣어 볶기도 하고 야채를 첨가하면서 지금의 짜장면이 되었다. 그 길거리 음식을 당시 청요리집 '공화춘'이 정식메뉴에 포함시키면서 본격적으로 짜장면 시대가 열렸고, 1980년대까지 짜장면의 원조 음식점으로 명성을 이어오던 공화춘은 현재 '짜장면박물관'이 되었다.

1.개항 당시의 모습과 중국 문화가 어우러져 이색적인 분위기를 자아낸다. 2.소설 《삼국지》의 내용을 보여 주는 벽화를 따라 걷다 보면 어느새 소설 한 권을 독파할 수 있다. 3.중국 문화를 닮아 화려한 자태를 뽐내는 패루의 모습

 청일조계지 계단을 올라 차이나타운으로 내려가는 왼쪽 골목으로 꺾어지면 '삼국지 벽화'를 만나게 된다. 담장을 따라 150m가량 이어지는 이 벽화는 소설 삼국지를 만화 형식의 그림(77장면)과 함께 내용을 일목요연하게 정리해 한 장면씩 차분하게 읽다 보면 삼국지 한편을 떼는 셈이다.
 반면 청일조계지 계단 위 응봉산자락에 조성된 자유공원은 개항 당시 각국에서 들어온 외국인들을 위한 휴게 공간으로 원래 만국공원이라 불렸지만 한국전쟁 당시 인천상륙작전을 지휘한 맥아더 장군 동상을 건립하면서 자유공원이라 개칭되었다. 공원 초입에 자리한 제물포구락부는 당

시 외국인들의 사교 클럽으로 그저 먹고 즐기는 장소라기보다 각국의 이권을 챙기는 치열한 외교의 현장이기도 했다. 우리에겐 아픈 과거가 어린 곳이지만 나무그늘이 드리워진 공원에 오르면 인천항을 비롯해 멀리 월미도와 영종도까지 한눈에 보이는 풍광이 시원하다.

자유공원을 한 바퀴 돌아 서쪽 끝으로 내려오면 언덕 밑에 송월동 동화마을이 있다. 송월동은 1970년대 들어 인근 어시장이 연안부두로 이전하면서 수십 년간 낙후되었던 마을이다. 그 안에 우리에게 친숙한 한국 전래농화와 세계명작동화를 구석구석 담아 가물가물하던 동심의 추억을 되살려주는 곳이다. 실핏줄처럼 연결된 좁은 골목길을 따라 백설공주와 피터팬을 만나고 혹부리영감님도 뵐 수 있는 길에선 그림뿐만 아니라 입체적인 조형물을 맞춤하게 덧붙여 금방이라도 동화 속 주인공들이 벽에서 튀어나올 것 같은 느낌도 든다. 이렇듯 근대역사의 발자취를 따라 차분하게 과거를 만나고 타임머신을 타고 시간을 건너 뛴 듯 동심의 세계로 빨려드는 흥미로운 경험을 안겨주는 곳이다.

놓치면 아쉬운 볼거리

자유공원

청일조계지 경계 계단 위쪽으로 올라가면 우리나라 최초의 서구식 공원으로 알려진 자유공원이 나온다. 개항 당시 각국에서 들어온 서양인들에 의해 만들어졌다. 원래 만국공원이라 불렸지만 6·25전쟁 이후 자유공원이라 개칭되었다. 시원한 나무 그늘과 풀 냄새가 진동하는 공원에 오르면 인천항을 비롯해 멀리 월미도와 영종도까지 한눈에 보여 산책지로 인기만점이다. 저녁이면 야경을 즐기는 연인들의 데이트 코스로도 인기가 높다.

다양한 먹을거리

차이나타운에는 중국음식점이 아주 많다. 어느 동네에서나 맛볼 수 있는 자장면과 별 차이는 없지만 '짜장면 발상지'에서 직접 시켜 먹는 재미가 남다르니 그 짜장면 한 그릇을 먹기 위해 줄지어 서 있는 모습도 심심찮게 볼 수 있다. 길을 걷다 중국 전통음식인 월병과 두꺼운 만두피를 화덕에서 구워낸 화덕만두를 사 먹는 맛도 그만이다. 겉은 크고 빵빵하지만 속은 텅 비어 있는 공갈빵의 바삭한 맛도 차이나타운의 명물이다.

03
수원화성

한국 성곽 예술의 꽃이라 부르는
화성 산책길

① 수원

수원화성 》 수원 시내에 우뚝 솟은 팔달산을 중심으로 시가지를 둘러싼 수원화성은 정조가 아버지인 사도세자의 무덤을 양주 배봉산에서 수원 화산으로 옮기면서 화산에 있던 관청과 민가를 팔달산 밑으로 이전시킨 후 축성한 성곽이다. 정약용의 설계를 바탕으로 1794년(정조 18년)에 쌓기 시작해 1796년에 완성된 화성은 장엄하면서도 우아한 외형뿐만 아니라 포루, 돈대, 치성, 암문, 수문 등 다양한 방어시설을 갖춘 과학적인 구조로 1997년 유네스코부터 세계 문화유산으로 지정받았다. '한국 성곽의 꽃'으로 불리는 화성은 4대문 어느 곳에서부터나 돌아볼 수 있지만 남문인 팔달문에서 시작하는 것이 일반적이다.

지하철로 가는 길

1호선 수원역 4번 출구 앞에 있는 버스정류장에서 11번, 13번 버스 등을 타고 팔달문 앞에서 내린다(5분 소요). 팔달문을 바라보고 왼쪽 옆길로 들어서면 팔달문관광안내소를 지나자마자 화성으로 올라가는 계단길이 시작된다.

수원화성 안내

관람 시간 09:00~18:00
관람료 어른 1,000원, 어린이 500원
(일반 관람 시간 외에는 무료)
문의 031-290-3600

정조의 굳은 의지와 새로운 역사의 꿈이 담긴 길

팔달문을 바라보고 왼쪽 길로 들어서면 팔달문 관광안내소를 지나자마자 화성으로 올라가는 계단길이 시작된다. 이곳에서 성벽을 돌출시켜 성벽으로 접근하는 적을 방어하는 시설인 남치를 시작으로 팔달시장 앞까지 이어지는 성벽길의 거리가 5.7km에 이른다. 평탄한 흙길을 따라 서포루 앞에 있는 매표소를 지나면 수원화성 중에서 가장 높은 곳에 위치한 서장대가 나온다. 화성에 주둔한 군사들을 지휘하던 장소인 서장대에 들어서면 수원 시내와 성벽길이 한눈에 들어와 시내를 둘러싼 성의 규모를 가늠해 볼 수 있다.

서장대 아래편에 자리한 화서문은 동글동글 쌓인 돌벽과 외부 벽체에 구멍을 뚫어 바깥 동정을 엿볼 수 있게 한 서북공심돈과 어우러져 아름다운 조형미가 돋보인다. 화서문 바깥쪽은 화서공원으로, 이곳에서 보는 화서문 풍경이 훨씬 웅장하고 아름답다. 화서문 안쪽 아래편 길로 들어서면 화성행궁으로 갈 수 있다. 화성어차가 다니는 이 길목에는 넓은 돌마당에 정조대왕 동상이 들어서 있다. 성벽 일주를 위해 화서문을 통과하여 장안문으로 향하는 길목은 왼쪽에는 성벽, 오른쪽에는 주택가가 형성되어 과거와 현재가 공존하는 독특한 분위기를 보인다.

장안문을 지나 수원천을 가로지르는 홍예문 위에 세워진 화홍문은, 홍예수문 아래로 장쾌하게 쏟아지는 물보라를 '화홍관창'이라 하여 수원8경 중 하나로 꼽히는 곳이다. 화홍문 옆 동북각루는 방화수류정이라고도 부르는데, 그 아래로 도넛 형태의 연못인 용연이 어우러져 아름다움을 더하며 앞쪽에 있는 북암문은 아치형 돌벽이 이국적인 풍경을 자아낸다. 화홍문을 지나 동문인 창룡문에서부터는 성벽길이 점점 낮아지면서 동남각루를 마지막으로 화성 성벽길이 끝이 난다.

수원화성 • 417

수원화성 산책의 기점이 되는 팔달문은 수원 시내의 구심점이기도 하다.

관람객을 위한 다양한 전통 공연을 볼 수 있으며 걷다 보면 정조대왕 동상도 만나게 된다.

1. 수원을 대표하는 장안문은 도로와 인접해 있어 과거와 현재가 공존하는 묘한 형태를 보인다. 2. 수원화성 코스에서 가장 높은 곳에 위치한 서장대에서는 수원 시내가 시원스레 보인다. 3. 도심과 어우러진 화서문 전경이 정갈한 멋을 느끼게 한다.

놓치면 아쉬운 볼거리

화성행궁

1789년(정조 13년)에 정조가 아버지 사도세자의 묘소를 현륭원(지금의 융릉)으로 이장하면서 건립한 궁이다. 정조는 건립 이듬해부터 1800년(정조 24년)까지 11년간 12차례에 걸쳐 능행을 하면서 이곳에 머물렀다. 행궁은 왕이 지방 행차 때 임시로 거처하던 곳으로 화성행궁은 평상시에는 수원 유수(현대의 도지사급)가 집무하는 동헌으로 활용되었다. 건립 당시 화성행궁은 중심 건물인 봉수당과 정조 행차 시 신하를 접견하던 유여택을 비롯해 600여 칸의 건물들이 미로처럼 연결되어 형성된, 제법 규모가 큰 모습이었다. 일제강점기 때 민족문화말살정책의 일환으로 대부분 훼손되었지만 1996년부터 복원공사를 시작해 2003년 일반인에게 공개되었다. 화성행궁의 정문인 신풍루와 두 개의 문을 지나 안으로 들어서면 정면으로 보이는 건물이 봉수당이다. 봉수당은 정조가 어머니인 혜경궁 홍씨의 회갑연을 연 곳이다. 봉수당 오른쪽으로 돌아가면 일제강점기 당시 유일하게 훼손을 면하고 남아 있는 낙남헌을 볼 수 있다. 낙남헌을 거쳐 행궁 뒤편 담장에는 을묘년 당시 대규모의 능행차를 묘사한 〈정조반차도〉가 꾸며져 있다.

관람 시간 09:00~18:00, 연중 무휴 / 야간 개장 문의 031-290-3600
관람료 어른 2,000원, 청소년 1,500원, 어린이 1,000원
문의 031-228-4677

국궁 활쏘기 체험

창룡문 옆 동장대는 평상시 군사들을 훈련하고 지휘하는 곳으로 연무대라고도 부른다. 연무대 앞에는 국궁 활쏘기장이 있어 초등학생 이상이면 누구나 체험 가능하다.

체험 시간 09:30~17:30(12~2월 ~16:30), 30분 간격 시행
체험료 1인당 3,000원(1회에 10개의 화살을 쏠 수 있음)

효원의 종 타종 체험

수원화성은 군사적 목적보다는 당쟁에 의한 당파정치 근절과 강력한 왕도정치의 실현을 위한 정치적 측면과 더불어 부모에 대한 정조의 효심을 바탕으로 축성되었다. 팔달산 정상 부근에 위치한 서포루 앞에는 효를 상징하는 효원의 종이 있어 직접 종을 쳐 볼 수 있다. 효원의 종은 세 번 칠 수 있는데 1타는 부모 건강, 2타는 가족 건강, 3타는 자신의 발전을 기원한다는 의미가 담겨 있다.

타종 시간 09:00~18:00(11~2월 ~17:00)
이용료 1~2인 1,000원, 3~4인 2,000원

화성어차

화성어차는 조선의 마지막 임금인 순종이 타던 자동차와 조선시대 왕의 가마를 모티브로 한 관광열차로 화성 외곽을 한 바퀴 도는 코스로 운행된다.

운행 코스
연무대 출발 → 화홍문(하차 가능) → 장안문 → 화서문(하차 가능) → 매향교(하차 가능) → 연무대
운행 시간 09:40~17:00, 매주 월요일 휴무
탑승료 어른 6,000원, 청소년 3,500원, 어린이 2,000원
문의 연무대 매표소 031-228-4686

놓치면 아쉬운 **볼거리**

장용영 수위의식

장용영은 정조가 왕권강화를 위해 창설한 국왕 직속 친위부대이다. 장용영 수위의식은 당시 궁성이나 성곽의 출입문에서 거행하던 전통 군례의식으로, 성문을 경비하는 부대와 성의 외곽을 경비하는 부대 간에 정해진 신호와 절차 등 엄격한 예법에 따라 진행되었다. 화성행궁 정문인 신풍루 앞에서 펼쳐지는 장용영 수위의식 중에는 군사들의 사기를 북돋우기 위해 정조가 친히 방문하는 모습과 더불어 군사들의 소총 시범과 활 쏘는 시범도 행해진다. 행사가 끝나면 관람객들이 정조, 군사들과 함께 기념사진을 찍을 수도 있다.

문의 031-290-3600

수원화성 문화제

세계 문화유산인 수원화성을 보존하고 정조대왕의 효심과 개혁사상의 산물인 화성 축성의 의미를 기리기 위해 개최되는 수원의 가장 대표적인 전통문화축제이다. 축제 기간에는 정조가 아버지 사도세자의 무덤을 참배할 당시의 행렬을 재현한 정조대왕 능행차연시 및 시민퍼레이드를 비롯해 장헌(사도)세자와 혜빈 홍씨 가례의식, 혜경궁 홍씨 진찬연, 정조대왕 친림 과거시험, 야간군사훈련, 장용영 수위의식, 무예 24기 공연, 화성 깃발전 등 다양한 궁중 문화 행사와 체험 행사들이 펼쳐진다.

문화제 기간 매년 10월 수원 시민의 날 전후
문의 수원시문화관광과 031-228-2624

무예 24기 공연

무예 24기는 정조의 명을 받은 실학자 이덕무, 박제가와 무예의 달인 백동수가 1790년에 편찬한 《무예도보통지》에 수록된 24가지의 무예를 일컫는다. 《무예도보통지》는 조선의 전통 무예와 더불어 중국과 일본의 우수한 무예를 수용·접목하여 만든 것으로, 당시 화성에 주둔한 최정예 부대였던 장용영 군사들이 행궁 호위를 위해 익혀 왔던 무예이다. 매일 오전 신풍루 앞에서 펼쳐지는 무예 24기 공연은 역동적이면서도 화려한 몸놀림으로 보는 이의 눈을 사로잡는다.

문의 031-290-3600

수원화성을 100% 즐길 수 있는 다양한 즐길거리가 있다.

다양한
먹을거리

보너스
볼거리

수원화성은 도심과 맞붙어 있어서 주변에 갈 만한 음식점이 많이 있다. 특히 수원을 대표하는 갈비집은 곳곳에 있으니 느긋하게 미음에 드는 곳을 찾아 들어가면 된다.

수원의 별미는 뭐니 뭐니 해도 수원왕갈비이다. 수원왕갈비는 이름처럼 다른 지방의 갈비보다 크기가 아주 커서 푸짐한 데다 소금으로 간을 맞추고 갖은 양념에 재어 숙성시킨 후 숯불에 구워 부드럽고 감칠맛이 도는 것이 일품이다. 수원왕갈비집은 동수원 인근 경부고속도로 진입로 주변에 여러 곳 있지만 팔달구 우만동에 자리한 본수원갈비(031-211-8434)와 권선구 인계동에 위치한 가보정(1600-3883) 등이 유명하다. 수원역 구내 쇼핑몰 안에 덮밥, 알밥, 국수류, 만두, 초밥 등 다양한 음식을 판매하는 푸드코트도 있다.

팔달문 부근에 있는 지동시장과 영동시장에는 재미있는 볼거리와 먹을거리가 많으므로 화성 산책 후 들러 보면 좋다.

지동시장과 영동시장
팔달문에서 시작해 시계 방향으로 성을 한 바퀴 돌아보는 마지막 지점인 동남각루에서 좁은 계단을 따라 내려오면 수원천을 중심으로 지동시장과 영동시장 등 여러 시장이 들어서 있다. 이를 통틀어 팔달문시장이라 하는데 그야말로 없는 게 없는 종합시장으로, 돌아오는 길에 재래시장의 훈훈한 모습과 더불어 장을 보고 오기에 좋다.

양수리 세미원》 남한강변에 자리한 물과 꽃의 정원. 세미원의 자랑거리는 뭐니 뭐니 해도 연꽃이다. 여름이 되면 사람 키만큼 자라 올라 연못을 가득 메운 큼지막한 연꽃들이 연못을 화려하게 수놓는다. 창문마다 연꽃무늬로 가득한 세미원 매표소를 지나면 태극 모양으로 형성된 불이문이 나온다. 진리란 둘이 아니라 하나라는 의미의 불이문을 통과하면 깔끔하게 다듬어진 잔디밭 사이로 빨래판 모양의 돌길이 길게 이어진다. 물을 보며 마음을 씻는다는 세미원의 취지처럼 흐르는 한강물을 보면서 마음을 깨끗이 씻어 내자는 상징적인 의미에서 모든 길을 빨래판으로 조성한 것이 이채롭다.

04
양수리 세미원

우아한 연꽃이 만발하는
세미원의 여름 나들이

중앙
양수

걸음걸음 마음을 씻어내는 길

빨래판 돌길을 따라 안으로 들어가면 돌담으로 둘러친 장독대를 지나 정자를 끼고 있는 네모난 연못이 보인다. 가늘고 곧게 뻗은 줄기 위에 봉긋하게 솟은 연꽃 봉오리와 우산을 펴 놓은 듯 넓은 연잎이 다양하게 뒤섞여 피고지고를 거듭하는 연못 한복판에는 둥그스름한 돌탑과 작은 3층 석탑이 들어 있다. 연못을 지나면 본격적으로 연꽃밭이 시작된다. 꾸미지 않은 듯 자연스러운 연꽃밭 가장자리에는 벌개미취를 비롯해 야생화가 가득하다.

유유히 흐르는 남한강이 둘러싸고 있는 널찍한 연꽃밭 사이로는 돌징검다리 통로가 나 있어 연꽃 위를 걷는 듯한 느낌이 든다. 통로가 좁아 넓게 펼쳐진 연잎을 스치고 지나가는 게 미안할 정도지만 코앞에서 연꽃을 감상하기에 그만이다. 꽃송이 자체도 크지만 연잎이 워낙 커서 꽃이 상대적으로 작아 보이는 점이 재미있다. 넓은 연꽃밭이라 이렇다 할 그늘막이 없지만 중간쯤에 연꽃밭 위로 양수대교가 가로지르고 있어 교각 밑 그늘에서 쉬어 갈 수 있다. 교각 밑에는 벤치도 곳곳에 놓여 있다.

교각을 지나 다시 펼쳐지는 연꽃밭 끝에는 아치형 다리가 가로지르는 아

세미원에는 연꽃과 함께 전통적인 멋을 느낄 수 있는 볼거리가 다양해 걷는 맛이 쏠쏠하다.

배다리 & 두물머리

세미원 끝자락에서 배다리를 건너면 두물머리도 더불어 돌아볼 수 있다. 배다리는 1789년 정조 임금이 경기도 양주에 있던 아버지 사도세자의 묘소를 수원으로 이장할 당시 상여를 보다 안전하게 옮기기 위해 수십 척의 배를 엮어 만든 것으로 두물머리와 세미원 사이 강줄기엔 그 형태를 그대로 재현해 놓았다. 배다리를 건너면 연결되는 두물머리 산책로 바로 앞에 세미원에서 운영하는 실내온실인 상춘원이 있다.

북한강과 남한강 물줄기가 한곳에서 합쳐진다 하여 이름 붙은 두물머리는 고요히 흐르는 강물에 떠 있는 황포돛배와 수령 400년이 넘는 거대한 느티나무가 어우러져 운치를 자아낸다. 뿐만 아니라 이른 아침 물안개가 피어오를 때면 고요한 강변에 환상적인 분위기를 더해지고, 해 질 무렵 강가로 붉게 퍼지는 노을도 아름다워 사진을 찍으러 오는 사람들이 많다.

세미원 인근에 허가네막국수(031-774-1375), 김명자낙지마당 양수리점(031-774-9892)을 비롯해 음식점이 많다.

세미원을 둘러보고 해 질 녘이 되면 두물머리의 환상적인 저녁 풍경을 만날 수 있다

담한 모네의 정원이 있다. 프랑스의 세계적인 화가 모네는 연못을 만들어 수련을 심은 후 잔잔한 물과 그 위에서 피어나는 수련이 발산하는 색깔의 어우러짐에 영감을 얻어 노년을 연못과 수련 그림에 전념했다고 한다. 바로 그 모네의 그림 속에 있는 연못과 수련을 이곳에 재현하여 모네의 영감을 화폭에 옮길 수 있는 예술가를 찾기 위해 만든 연못이다.

아울러 세미원 내에는 전통 정원과 몽촌토성에서 출토된 토기탑, 용두당간분수, 보물 제786호로 지정된 청화백자운용문병 등의 조형물이 있어 요모조모 볼거리가 많다. 뿐만 아니라 빨래판 길과 더불어 군데군데 기차침목길, 돌징검다리길, 비닐하우스 나무길, 돌다리길 등도 아기자기하게 조성되어 있어 천천히 둘러보며 걷는 맛이 좋다.

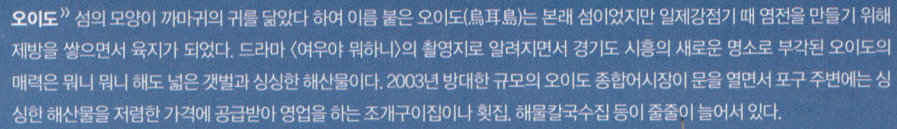

오이도 》 섬의 모양이 까마귀의 귀를 닮았다 하여 이름 붙은 오이도(烏耳島)는 본래 섬이었지만 일제강점기 때 염전을 만들기 위해 제방을 쌓으면서 육지가 되었다. 드라마 〈여우야 뭐하니〉의 촬영지로 알려지면서 경기도 시흥의 새로운 명소로 부각된 오이도의 매력은 뭐니 뭐니 해도 넓은 갯벌과 싱싱한 해산물이다. 2003년 방대한 규모의 오이도 종합어시장이 문을 열면서 포구 주변에는 싱싱한 해산물을 저렴한 가격에 공급받아 영업을 하는 조개구이집이나 횟집, 해물칼국수집 등이 줄줄이 늘어서 있다.

05
오이도

싱싱한 해산물도 맛보고
바닷바람도 쐬는 곳

④ 오이도

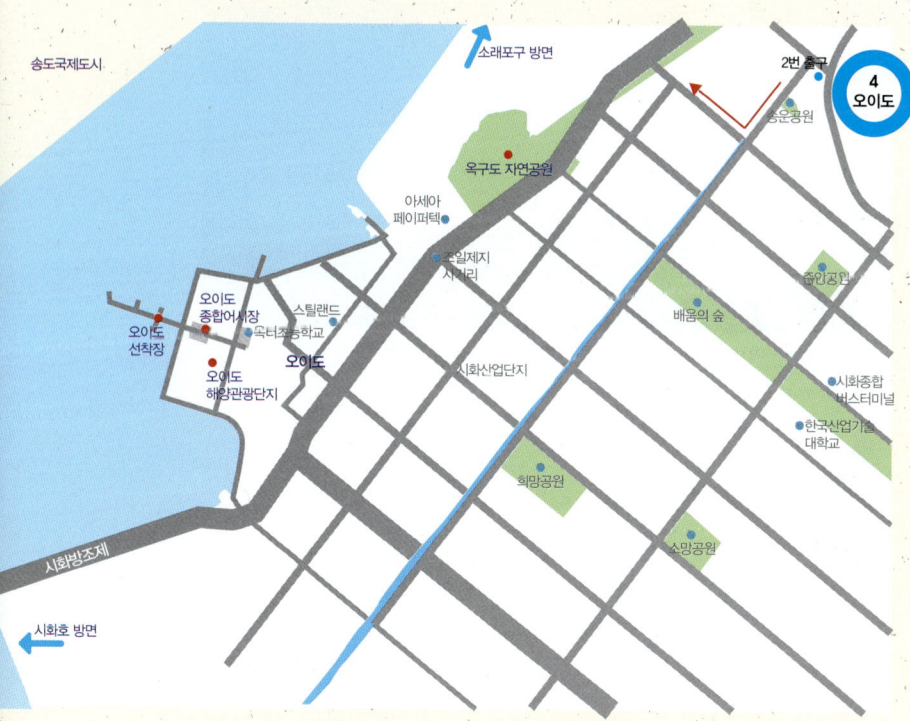

지하철로 가는 길

4호선 오이도역 2번 출구로 나와 10m가량 걸으면 도로 오른편에 버스정류장이 있다. 이곳에서 30-2번 버스를 이용해 오이도 해양관광단지 앞에서 내린다(15분 소요).

푸른 하늘 위를 자유롭게 날아다니는 오이도의 갈매기는 사람들과 가까우며 특히 아이들에게 인기 있다.

바다와 맞닿아 풍성한 재미를 선사하는 곳

오이도는 바닷가를 따라 깔끔하게 조성된 제방도로 산책로가 있어 평일에도 긴 방파제를 따라 다정하게 걷는 연인은 물론 가족과 친구끼리 느긋하게 산책을 즐기는 모습을 많이 볼 수 있다. 탁 트인 해안을 따라 걷다가 제방도로 곳곳에 설치된 벤치에 앉아 여유롭게 바라보는 바닷가의 정취가 그만이다. 바다 건너에는 송도 신도시가 한눈에 보이는데 고층빌딩이 들어선 현대적인 도시 풍경과 어우러진 바다의 모습이 이색적이다. 방파제 아래 벽면에는 대형 조개껍데기 모형과 바다 풍경을 그려 놓은 것은 물론 음식점마다 알록달록 원색의 파라솔을 줄줄이 드리워 오이도의 풍경을 더욱 활기차게 채워 준다. 주말이면 방파제 중간에 마련된 오이도 놀이마당에서 통기타 라이브 공연을 비롯한 각종 이벤트도 펼쳐진다.

> 방파제 너머로 지는 해,
> 물 빠진 갯벌을 붉게 물들이는 노을,
> 저녁이면 색다른 멋을 자아내는 등대
> 등 오이도의 밤은 낮과는
> 또 다른 풍경으로 여행자를 유혹한다.

방파제를 따라 늘어선 차량과 파라솔, 그리고 방파제에 그려진 그림이 오이도만의 독특한 풍경을 만든다.

방파제를 따라 걷다 보면 아담한 포구 앞에 오이도의 명물로 떠오른 빨간 등대 모양의 '낙조전망대'를 볼 수 있다. 4층 높이로 조성되어 나선형의 좁은 계단을 따라 올라가는 전망대 벽면에는 1960년대부터 2000년대까지 변화해 온 오이도 모습을 담은 풍경 사진이 걸려 있다. 전망대에 오르면 오이도포구를 비롯해 길게 뻗은 방파제를 아우르는 바다 풍경이 한눈에 들어온다. 특히 해 질 무렵 이곳에서 바라보는 낙조 풍경이 아름다워 찾는 사람이 아주 많다. 포구가 있는 전망대 주변에는 갈매기도 유난히 많은데 하늘을 유유히 날아다니다 사람들이 던져 주는 새우깡을 날렵하게 낚아 채 먹는 갈매기들의 묘기가 사람들을 웃게 만든다.

낙조전망대를 지나 다시 이어지는 방파제를 따라 1.5km 정도 가면 시화 방조제 입구이다. 오이도와 안산시 사이의 바다를 가로지르며 시원하게 뻗은 시화방조제의 길이는 11km로, 보는 것만으로도 가슴이 탁 트인다. 일직선으로 쭉 뻗은 방파제에는 차도 옆에 넓은 산책보도가 조성되어 주말이면 가족 단위나 친구, 연인들이 시원한 바닷바람을 맞으며 자전거 또는 인라인스케이트를 즐긴다.

놓치면 아쉬운 볼거리

다양한 먹을거리

해안관광단지에서 바라보는 바다 풍경도 좋지만 근처 옥구도 자연공원은 높은 곳에서 시원스레 펼쳐진 풍경을 만끽할 수 있어 더욱 특별하다.

옥구도 자연공원
오이도 해양관광단지 입구에서 오이도역 방향으로 1km 남짓 가면 옥구도 자연공원이 나온다. 이곳 역시 원래는 섬이었지만 매립 작업으로 인해 육지와 연결되면서 공원으로 탈바꿈했다. 4만7천여 평에 이르는 넓은 공간을 자랑하며 봄에는 벚꽃, 여름에는 장미, 가을에는 코스모스와 늦가을의 낙엽 등 사시사철 모습을 바꾸며 사람들을 유혹한다. 공원 내에는 전통 민속생활도구를 전시해 놓은 전시관과 수목원으로 이루어진 고향동산, 숲속교실, 습지원, 연꽃단지가 조성된 해양생태공원 등 테마별로 다양하게 꾸며져 있다. 호젓한 산책로를 따라 무궁화동산으로 올라가면 전망 좋은 옥구정이 있다. 이곳에 오르면 서해바다와 함께 시화공단, 송도 신도시가 한눈에 보이는데 해 질 무렵이면 오이도 못지않은 낙조 풍경을 볼 수 있어 많은 사람이 즐겨 찾는다.

바다 부근이라는 장점을 충분히 살려 해산물을 이용한 먹을거리가 대표적인 오이도에서는 해물칼국수를 꼭 먹어 보자.

오이도에는 싱싱한 해산물을 맛볼 수 있는 횟집이 아주 많다. 특히 낙지, 게, 새우, 각종 조개와 채소를 넣고 끓여 먹는 해물칼국수와 바지락을 듬뿍 넣은 바지락칼국수 맛이 일품이다. 오이도 지역 대부분의 음식점에서 칼국수를 시키면 보리밥을 공짜로 준다. 한편 낙조전망대 바로 앞에 있는 오이도 종합어시장에서 저렴한 가격에 회를 떠다 방파제 위에서 바다를 보며 먹는 맛도 그만이다.

운길산 수종사》경기도 남양주시 조안면에 위치한 수종사는 조선 초기에 세조가 이곳에서 샘을 찾고 종을 발견했다고 해서 붙여진 이름이다. 전해 오는 이야기에 의하면 1458년 금강산을 유람하고 돌아오던 세조가 양수리에서 하룻밤 머물던 중, 어디선가 들려오는 은은한 종소리에 이튿날 그 출처를 찾은 결과 내부에 18나한상이 들어앉은 바위굴을 발견했다고 한다. 또한 세조가 전날 밤에 들었던 청아한 종소리는 실제 종이 아닌, 굴 속에서 떨어지는 물방울 소리였다. 그것을 기이하게 여긴 세조가 이곳에 절을 창건한 후 수종사라 이름 붙였다고 한다. 조선 후기에는 초의선사, 다산 정약용, 추사 김정희를 비롯한 당대 묵객들이 당색과 신분을 따지지 않고 함께 모여 담론을 펼친 곳으로 이름나기도 했던 수종사는 오랜 세월을 거치면서 중창을 거듭했으나 6·25전쟁 때 소실된 후 1970년대에 복원하여 오늘에 이르고 있다.

06
운길산 수종사
자연이 품은 절 속으로 들어가는
설렘 가득한 여행

중앙
운길산

1. 수종사 앞마당에서는 저 아래로 두물머리의 환상적인 풍경이 펼쳐진다. 2. 고려시대의 양식을 엿볼 수 있는 조선 전기의 석탑 3. 어머니 같은 자애로움으로 찾는 이들의 마음까지 감싸는 수종사의 은행나무

맑은 공기 속에서 마음 비워내기

운길산 정상 부근에 폭 파묻혀 있는 수종사는 세조가 절을 세우면서 심었다는 은행나무를 비롯해 북한강과 남한강이 만나는 두물머리가 한눈에 내려다보이는 경관이 수려해 찾는 발걸음이 많다. 산길을 올라 수종사 일주문을 지나면 명상의 길이라 이름 붙은 산책로가 조성되어 있다. 새나 풀벌레 소리가 싱그럽고 대형 부처 조각상도 볼 수 있는 명상의 길을 따라 200m 정도 올라가면 불이문이 나온다. 이곳을 지나면서부터는 다소 가파르고 좁은 돌계단길이 이어진다. 150m가량의 계단길을 오르면 낡은 단청과 섬세한 문창살이 돋보이는 대웅보전을 중심으로 종무소, 산신각이 들어선 아담한 절의 풍경이 펼쳐진다.

이곳에서 특히 눈여겨볼 것은 대웅보전 왼편에 자리한 수종사 5층 석탑과 부도이다. 1459년(세조 5년)에 건립된 5층 석탑은 고려시대 팔각다층석탑의 양식을 계승한 조선 전기의 것으로, 안정된 균형미와 화려한 탑신을 갖춘 모습이 기품 있어 보인다. 1957년 탑신을 지금의 자리로 옮길 때 불상, 보살상 등 18점의 유물이 발견되어 조선 초기 석탑의 양식을 연구하는 데 귀중한 자료가 되었다. 탑신에서 발견된 유물들은 현재 국립중앙박물관에 소장되어 있다. 석탑에 앞서

절 곳곳에서 화려한 색으로 칠해진 단청과 그림을 만날 수 있다.

1439년(세종 21년)에 조성된 부도 안에서도 고려청자로 만든 항아리와 은으로 만들어 금을 입힌 6각의 단지(보물 제259호)가 발견되어 국립중앙박물관에서 소장하고 있다.

대웅보전 앞에는 기와가 둘러진 아담한 마당이 있는데 이곳이 바로 북한강과 남한강이 만나는 두물머리 풍광을 한눈에 볼 수 있는 전망대인 셈이다. 마당 옆에는 절을 찾아온 손님들에게 무료로 차를 내주는 찻집도 있다. 이곳 역시 아담한 방안에서 차를 마시며 통유리창을 통해 두물머리 풍경을 보기에 그만인 장소이다. 아울러 대웅보전을 바라보고 오른쪽 해탈문을 지나면 수령 500여 년 된 거대한 은행나무를 볼 수 있다. 용문사 은행나무가 하늘로 쭉 뻗어 근엄한 아버지 같은 모습이라면 펑퍼짐한 수종사 은행나무는 팔을 쭉 뻗어 감싸 안으려는 모습이 마치 푸근한 어머니와 같다. 이 은행나무 그늘 아래서 강 자락을 내려다보는 멋도 일품이다. 절 구경 후 내친 김에 운길산 정상에 올라 보는 것도 좋다. 수종사에서 정상까지는 800m 거리로 30분 정도면 오를 수 있다.

수종사 찻집에서는 여유롭게 차를 마시며 심신의 안정을 되찾을 수 있다.

놓치면 아쉬운 볼거리

운길산역과 가까운 물의 정원은 계절마다 색다르게 변신하며 사람들의 발길을 유혹한다.

강변에 자리 잡은 수수 카페에는 근사한 야외 좌석이 있어서 강을 바라보며 한가로이 시간을 보내기에 그만이다.

물의 정원

운길산역에서 도보로 10분 거리에 있는 물의 정원은 북한강변에 펼쳐진 수변 공원이다. 넓은 잔디밭을 비롯해 습지, 갈대밭이 어우러진 계절마다 색다른 꽃으로 갈아입는 꽃 들판이기도 하다. 특히 초여름에 빨간 양귀비꽃이 한바탕 흐드러지게 피고 나면 은은한 자태를 뽐내며 피어나는 연꽃이 한여름을 물들이고, 선선한 바람이 불기 시작하면 코스모스꽃 물결이 일렁이며 사람들의 발길을 유혹한다. 강바람을 맞으며 갈래갈래 연결된 산책로를 따라 가볍게 산책하기 좋은 곳이지만, 그늘막이 별로 없어 한여름에는 모자를 준비하는 것이 좋다.

문의 031-590-2783

수수 카페

시간 여유가 있다면 운길산역에서 한 정거장 더 가서 양수역에서 내리면 두물머리와 연꽃 단지로 이름난 세미원까지 더불어 둘러보기에 좋다. 또한 양수3리 마을회관 인근에 있는 수수 카페는 강변에 접한 널찍한 공간에서 차를 마시며 그야말로 '물멍'을 하기에 딱 좋은 곳이다.

문의 0507-1434-8920

07
안양예술공원

숲과 계곡을 따라
다양한 예술 작품을 만나는 숨바꼭질

1 관악 · 1 안양

안양예술공원》 관악산과 삼성산 사이의 계곡을 흐르는 맑은 물과 울창한 숲이 어우러져 과거 수도권 쉼터로 각광받던 안양유원지가 개성만점의 예술공간으로 거듭났다. 2005년 안양공공예술프로젝트를 통해 세계 각국의 예술가 90여 명의 독특한 작품들을 엿볼 수 있는 곳으로 계곡과 숲 속 곳곳에 건축, 조각, 그림, 디자인, 조경 작품 등이 자연스럽게 스며든 천연 예술관이라 할 수 있다. 무엇보다 1.4km에 이르는 계곡과 숲길을 따라 산책하며 숨은 그림 찾기 하듯 작품을 발견하는 재미가 쏠쏠하다.

🚇 지하철로 가는 길

1. 1호선 관악역 2번 출구로 나와 석수경남아너스빌 방면 오른쪽 길로 들어서 600m 정도 걸으면 석수대림e편한세상이 나온다. 여기를 지나자마자 삼성천을 따라 왼쪽으로 들어서서 약 500m를 가면 안양예술공원이 나온다(도보 15~20분 소요).

2. 1호선 안양역 1번 출구로 내려와 롯데백화점 앞에 있는 버스 정류장에서 2번 마을버스(안양대학교 방향으로 가는 것도 있으므로 버스를 타기 전에 안양예술공원행인지 확인해야 함)를 타고 종점에서 내리면 안양예술공원 입구이다(5분 소요).

사람과 자연, 예술이 어우러진 공간

이곳에서 가장 먼저 마주하게 되는 작품은 공원 입구 주차장 한 귀퉁이에 서 있는 〈1평 타워〉이다. 포르투갈 건축가의 작품으로 한국 건축의 기본 단위인 1평을 모티브로 지은 4층 건축물이다. 한 평의 공간이 실제 어느 정도의 크기인지 가늠해 볼 수 있으며 밑에서 보면 별것 아닌 것처럼 보이지만 바닥이 숭숭 뚫린 철판 계단을 따라 올라 4층에 이르면 다소 어지럽기도 하다. 이어서 모습을 드러내는 〈오징어정거장〉은 이탈리아의 건축가 그룹이 지중해산 오징어를 모티프로 만든 작품으로 쭉쭉 뻗은 계단 모양의 오징어 다리를 따라 머리 부분에 이르면 멀리서 오는 버스의 위치를 확인할 수 있다.

〈오징어정거장〉을 시작으로 삼성천변을 따라 올라가다 보면 안양 대홍수 때 산에서 굴러 떨어진 큰 바위 위에 설치한 물고기 형태의 분수, 각목 위에 아슬아슬하게 균형을 잡고 서 있는 체조선수를 표현한 〈각목분수〉, 개발을 통해 잊혀 갈 삼성천 주변의 이름 모를 무허가 건물들을 추억하기 위해 축소 제작한 〈신기루〉, 하천을 둘러싼 석축 안에 알록달록 피어난 꽃송이를 형상화한 〈돌꽃〉, 바르셀로나 구엘공원의 가우디 벤치를 연상시키듯 조각 타일로 구불구불 용의 형상을 한 〈드래곤 벤치〉 등 걸음을 옮길 때마다 독특한 형태의 작품들을 만나는 재미가 그만이다.

천변을 벗어나 야트막한 산 오솔길로 접어들어서도 마찬가지이다. 숲 한복판에 있는 〈거울미로〉는 불교의 상징적 숫자인 108개의 거울기둥으로 이루어진 작품으로 원형으로 겹겹이 둘러싸인 통로를 걷다 보면 곳곳에서 반사된 자신의 모습을 엿볼 수 있어 흥미롭다. 이 밖에도 〈춤추는 부처〉, 겉에서 보면 그저 다양한 색상의 플라스틱 음료박스를

길과 계단도 색다른
아이디어가 더해져
걷기만 해도 즐거워진다.

1. 투명한 원통 구조물을 이용하여 만든 숲 속의 쉼터 2. 안양예술공원과 안양 시내를 한눈에 볼 수 있는 전망대에서도 예술성이 느껴진다. 3. 작품 〈거울미로〉는 숲과 사람, 예술이 하나가 될 수 있는 실험적인 예술 작품이다.

블록처럼 쌓아 놓은 조형물이지만 내부로 들어서면 상자 안으로 스며드는 빛으로 인해 독특한 느낌을 자아내는 요술공간인 〈빛의 집〉, 빨간 장미 얼굴을 지닌 표범을 형상화 조각품 〈신종생물〉을 비롯해 숲 속 곳곳에 놓인 빨강, 노랑, 초록 빛이 어우러진 평상과 벤치들도 작품의 일환이다.

공원을 돌아본 후 마지막으로 네덜란드 건축가 그룹이 조성한 안양전망대에 오르면 안양예술공원 산책 중 가장 멋진 장면을 마주하게 된다. 232m에 이르는 나선형 통로를 따라 빙글빙글 올라가 전망대 정상에 오르면 지금껏 둘러본 안양예술공원은 물론 안양 시내를 한눈에 내려다볼 수 있다.

08
일산호수공원

꽃과 낙엽, 눈꽃이 아름답게 피어나는
호숫가 산책

3
정발산

일산호수공원 ≫ 30만여 평 규모의 일산호수공원은 봄부터 가을까지 계절별로 화사하게 피어나는 꽃과 함께 낙엽이 흩날리는 만추, 하얀 눈으로 덮인 호숫가 겨울 설경 등 사시사철 싱그러운 자연을 고스란히 접할 수 있는 곳이다. 길쭉한 호수를 둘러싸고 구석구석 산책로(총 연장 길이 8.3km)가 조성되어 있어 쉬엄쉬엄 걷기에도 그만이다.

지하철로 가는 길

3호선 정발산역 1번이나 2번 출구로 나와 미관광장을 따라 500m 정도 걸으면 일산 호수공원 입구가 나온다.

화사한 꽃이 만발할 때면 일산호수공원은 가족, 친구, 연인들의 발길이 끊이지 않는다.

꽃의 향기에 취해 걷는 아름다운 길

한울광장에서 호수를 바라보고 오른쪽으로 150m 정도 가면 장미원이 나온다. 고양시의 상징화인 장미를 중심으로 꽃과 인간의 만남이라는 주제로 구성된 장미원에는 2만3천여 본의 장미가 식재되어 있다. 여인 조각상을 둘러싸고 미로처럼 동글동글 이어진 장미산책로 주변에는 다섯 명의 사람이 넙죽 절하는 모습의 조각상과 그 앞에 옛날식 텔레비전을 세워 뻥 뚫린 브라운관을 통해 볼 수 있게 한 점이 재미있다.

장미원을 지나 달맞이섬에 다다르면 구불구불 소나무와 어우러진 정자(월파정)에서 호수를 바라보며 잠시 쉬었다 갈 수 있다. 정자를 중심으로 산책로 곳곳에는 우리나라 토종 야생화로만 꾸민 화단이 조성되어 꽃 구

보너스 볼거리

복합 쇼핑몰 라페스타

호수공원에서 미관광장으로 나와 중간 즈음에서 왼편으로 들어서면 복합 쇼핑몰인 라페스타가 나온다. 300m에 달하는 길이에 걸쳐 6개 동으로 형성된 건물 안에는 패션아울렛매장, 소품매장, 세계의 음식을 한자리에서 맛볼 수 있을 만큼 다양한 전문식당가, 테마카페, 게임센터, 멀티플렉스 영화관, 음악방송국 등이 입점하고 있어 쇼핑과 함께 영화 관람, 다양한 음식을 골라먹는 재미를 누릴 수 있다. 아울러 거리 중앙에 마련된 무대에서는 라이브 콘서트, 거리 오디션, 패션쇼, 예술 작품전 등 다양한 문화이벤트가 펼쳐져 볼거리가 풍성하다.

경을 하기에도 좋다. 정자를 지나 안쪽으로 들어가면 유리온실로 만들어진 선인장전시관과 여름이면 색색의 조명을 받아 환상적인 분위기를 연출하는 노래하는 분수대도 자리하고 있다.

선인장전시관에서 왼쪽 호숫가 길로 접어들면 유리 벽면 너머로 호수와 소나무 풍경이 들어와 마치 그림액자를 보는 듯 독특한 호반화장실이 나온다. 화장실도 이색적이지만 그 앞 지하공간에 조성된 화장실전시관은 지나칠 수 없는 곳이다. 1만 년 전 스코틀랜드 연안의 오크니 섬에서 발견된 수세식 화장실을 비롯해 고대 로마의 공중화장실 등 고대부터 현대에 이르기까지 시대별 화장실 변천사와 함께 세계 각국의 이색화장실, 찻잔처럼 생긴 여성 휴대용 요강, 변기에 앉아 있는 로댕의 〈생각하는 사람〉 등 화장실에 관련된 모든 것을 볼 수 있다.

호반화장실을 지나면 일자로 곧게 뻗은 메타세쿼이아길이 이어지는데 이곳은 특히 낙엽이 우수수 흩날리는 가을에 걸으면 더욱 낭만적이다. 메타세쿼이아길을 지나 인공폭포로 가는 길목, 호수를 가로지르는 다리 교각에는 장미, 국화, 해바라기, 동백 등 다양한 꽃그림이 빼곡하게 그려져 쏠쏠한 볼거리를 안겨 준다. 매년 4월 하순부터 5월 중순 무렵에는 호수공원 내 전시관에서 화사한 꽃전시회가 펼쳐진다.

산책길 곳곳을 채운 화사한 꽃그림은 보는 이를 미소짓게 만든다. 화장실전시관의 다양한 전시품들 또한 보는 내내 웃음이 떠나지 않게 한다.

망월사》 서울 도봉구와 경기도 의정부시에 걸쳐 있는 도봉산은 자운봉, 만장봉, 선인봉이 빚어내는 절경이 금강산 못지않아 예부터 소금강으로 불려 왔다. 그 멋진 경관을 배경으로 도봉산 자락에 포근하게 들어앉은 망월사는 신라 선덕여왕 8년(639년), 해호스님이 여왕의 명에 의해 왕실의 융성을 기리고자 창건한 절이다. 당시 서라벌 월성(月城)을 향해 기원하는 의미를 담아 망월사라 이름 붙였다. 신라 경순왕의 태자가 은거했다고 전해지며 수행도량으로 이름난 망월사는 시대를 거쳐 오면서 중수를 거듭해 제법 짜임새 있는 규모를 갖추었다. 경내에는 경기도 문화재로 지정된 혜거국사 부도와 천봉태흘 부도, 천봉선사탑비를 비롯해 대웅전 역할을 하는 낙가보전과 석조전, 영산전, 칠성각, 선원, 범종루 등이 오밀조밀 들어서 있다. 아울러 망월사 현판은 1891년 유람 삼아 이곳을 찾은 청나라 황제 위안스카이가 직접 쓴 것이라 한다.

09
망월사

계곡을 지나
숲 속 절로 오르는 즐거움

1
망월사

아담한 돌계단을 따라 올라가면 만나는 망월사. 가을이면 울긋불긋 물든 산과 어우러져 한 폭의 산수화 같다.

도봉산자락에 안긴 망월사에서 쉬다

망월사는 무엇보다 숲이 우거진 수려한 풍광의 원도봉계곡을 끼고 오르는 맛이 일품이다. 도봉산 주 등산로를 벗어난 터에 호젓한 분위기가 묻어나 사색을 즐기며 오르기에도 그만이다. 숲에서 맛보는 싱그러운 솔바람, 나뭇잎 소리를 들으며 걷다 보면 마음이 절로 편안해지는 느낌이다. 계곡 내에는 국내 최초로 히말라야 8,000m급 봉우리 14좌를 완등한 엄홍길이 유년시절부터 40세가 되기까지 살았다는 집터도 볼 수 있다.

도봉산

망월사에서 500m 정도 올라가면 도봉산의 대표적인 능선 중 하나인 포대능선으로 연결된다. 예전에 대공포대가 있었다 하여 이름 붙은 포대능선에 오르면 사방이 탁 트인 가운데 도봉산 정상인 자운봉(726m)을 비롯해 선인봉, 만장봉 등 화강암으로 형성된 암봉들이 우뚝우뚝 솟아 장관을 이루는 모습을 한눈에 볼 수 있다. 하지만 오르는 길이 가파르고 만만치 않아 조심해야 하며 등산화는 필수이니라.

망월사를 가는 길목인 신한대학교 앞에 매콤한 불오징어와 불닭발 등을 판매하는 **팔당불오징어**(031-875-3661)가 있다. 망월사역 1번 출구에서 도보로 2분 거리에 있는 **랑차이**(031-877-2811)는 이것저것 먹을 수 있는 세트 메뉴와 살얼음이 동동 떠 있는 냉짬뽕이 별미다.

'망월사 900m'라는 팻말이 있는 곳 앞에는 가파른 돌계단길이 펼쳐진다. 50m가량 이어지는 돌계단을 오르면 서울 시내가 한눈에 보일 만큼 탁 트인 공간에 나무벤치가 있어 잠시 쉬었다 가기에 좋다.

이곳에서는 원도봉계곡의 명물이라는 두꺼비바위도 볼 수 있다. 맞은편 봉우리 밑으로 불쑥 튀어나온 바위인데 그 모습이 영락없는 두꺼비 모양이라 해서 붙은 이름이다. 이어서 덕제샘을 지나 안쪽으로 좀 더 들어가면 망월사 입구이다.

절을 앞두고 오른쪽 담장을 따라 이어진 돌계단을 따라 올라가면 금강문을 통해 절 내부로 들어갈 수 있다. 절에 들어서기 전에 금강문 맞은편에 있는 범종루에 오르면 자운봉, 만장봉, 선인봉이 병풍처럼 두르고 있는 망월사의 멋스러운 풍광을 볼 수 있다. 망월사에서 가장 높은 곳에 자리한 영산전 앞마당에 서면 멀리 아파트들이 비죽비죽 들어선 도심 풍경도 한눈에 내려다보인다. 영산전 아랫녘에 자리한 종무소 앞에는 거대한 바위가 우뚝 솟아 있는데 바위 밑에 약수가 흘러 산행과 더불어 절을 둘러본 후 시원하게 한 바가지 마시기에 그만이다.

바위 밑에 장독들이 늘어선 모습이 이색적이다.

영종도 》 고려 때 개경으로 가던 중국 사신들이 잠시 쉬었다 가던 영종도는 그 옛날 유독 제비가 많아 자연도(紫燕島)라 불렸던 섬이다. 중국 사신들을 접대하던 자연도는 조선 시대 들어 정묘호란과 병자호란을 겪으면서 한양으로 향하는 길목을 지키는 군사 기지가 됐다. 영종도는 효종 때(1653년) 경기도에 있던 해군 기지인 영종진이 이곳으로 옮기면서 바뀐 이름이다.

10
영종도 영종진공원

아픈 역사를 딛고 다시 태어난
힐링 산책 코스

공항철도
영종

지하철로 가는 길

공항철도 영종역 1번 출구로 나와 205번 버스를 타고 영종진공원에서 내린 후 구읍뱃터 건너편 계단을 오르면 영종진공원이 펼쳐진다.

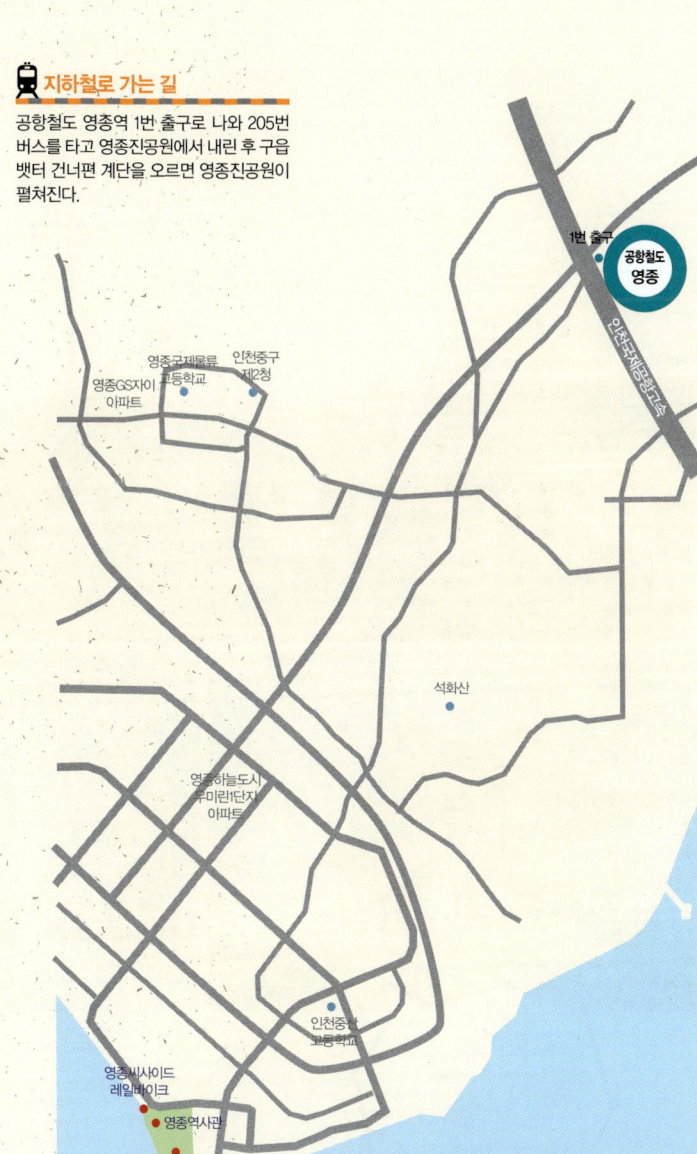

구한말 운요호 사건을 겪었던 영종도의 영종진공원에는 영종진 화포, 태평루, 영종진전몰영령추모비 등이 있어 당시의 아픈 역사를 되새기게 한다.

역사를 생각하며 힐링 산책길을 걷다

영종도는 2001년 인천국제공항이 들어서면서 몸집이 확 불어난 섬이다. 원래 영종도, 용유도, 삼목도, 신불도가 제각각이었지만 공항 건설로 섬 사이를 메워 한 몸이 되었다. 오래전엔 제비가 날아다녔다지만 지금은 각국 비행기가 수시로 드나드는 국제 관문이 된 영종도에서 한 번쯤은 들러 봐야 할 곳이 영종진공원이다.

영종진은 1875년 발생한 운요호사건 당시 가장 큰 피해를 봤던 곳이다. 임진왜란 이후 일본과 상종하지 않았던 조선은 일본의 끈질긴 요청으로 1609년 '기유약조'를 맺어 교류를 허용했다. 그래도 일본을 믿지 못한 조선은 외교와 무역을 부산 왜관(일본인 거주 구역)에서만 행하게 했고 구역을 벗어나는 일본인은 처벌하는 규정을 내세웠다. 이후 1868년 메이지유신 정부의 서구식 근대화를 통해 신흥 강국으로 떠오른 일본은 새로운 교섭을 시도했지만 쇄국정책을 고수하던 조선에게 번번이 거절당하자 조선 영해를 무단 침범한 것이다.

운요호가 강화 앞바다에 나타난 건 1875년 9월이다. 당시 거대한 몸통의 군함인 운요호에서 작은 배로 갈아탄 10여명의 일본군이 초지진으로 스르륵 다가갔다. 정지 명령에 불응하는 정체불명의 배를 향해 초지진 병사들이 경고용 포를 쏘자 이를 빌미로 초지진을 쑥대밭으로 만든 운요호는 뱃머리를 돌려 영종도로 향했다. 당시 영종진에는 400여 명의 조선군이 있었지만 최신형 무기를 갖춘 일본군을 상대하기엔 역부족이었다. 일본군은 달랑 2명만 다친 데 반해, 조선군은 35명이 전사하고 부상자가 속출하면서 전투는 싱겁게 끝났다. 영종진을 접수한 일본군은 주민들을 학살하고 약탈한 것도 모자라 마을을 불바다로 만들고 유유히 일본으로 돌아갔다. 이렇듯 일본은 실상 피해를 입지 않았음에도, 운요호 사건 피해를 내세워 강요한 조약이 바로 1876년에 체결된 '조일수호조규(일명 강화도

깔끔하게 단장된 영종진공원에는 해안 산책로와 단풍 숲길 등이 있어 산책하기 좋다.

조약)'이다.

초지진 화풀이에 이어 심심풀이 보복 공격을 받아 피로 물들었던 영종진 언덕은 2013년 영종진공원으로 변신했다. 깔끔하게 단장된 성벽과 전망 좋은 정자, 가을이면 단풍과 억새 풍광이 멋진 숲속 쉼터, 그 사이사이로 이어진 맨발산책로와 솔잎산책로를 품은 공원은 은근 볼거리도 많고 산책하기도 좋다.

공원 중앙광장에는 운요호사건 때 전사한 35명의 병사들을 기리는 전몰영령추모비가 우뚝 솟아 있지만 그들의 이름은 없다. 당시 일본이 자료까지 탈탈 털어 갔기 때문이다. 추모비에서 산책로를 따라 공원 언덕에 오르면 마주하는 영종역사관은 선사시대부터 근현대까지 영종의 역사와 문화를 세밀하게 살펴볼 수 있는 곳이다. 역사관 앞 야외전시장에는 소원석탑을 비롯해 고인돌과 선정비, 토기 조형물 등이 아기자기하게 전시되어 있다. 아울러 공원 밑에서는 해안을 따라 레일바이크를 탈 수도 있고, 바다 전망대를 품은 인공 암벽을 지나 인천대교 기념관까지 이어지는 산책로(7.8km)가 연결되어 있어 탁 트인 바다 풍광을 엿보며 걷기에 좋다.

놓치면 아쉬운 볼거리

다양한 전시물을 만날 수 있는 영종역사관, 바닷바람을 맞으며 신나게 달리는 레일바이크도 놓치지 말자. 특히 어린이를 동반한 나들이라면 꼭 체크해 두어야 할 볼거리다.

영종역사관
영종진공원에 위치한 영종역사관에서는 선사시대부터 근현대까지 영종·용유 지역의 역사와 문화에 대해 전시하고 있다.

이용 시간 10:00~18:00(입장 마감 17:30) / 매주 월요일, 1월 1일 설, 추석 연휴 휴관
입장료 어른 1,000원, 청소년 700원, 어린이 무료
문의 032-760-6307

영종씨사이드 레일바이크
바다를 따라 연결된 철로에서 신나게 페달을 밟으며 달리는 레일바이크는 왕복 5.6km가량으로, 시원한 바닷바람에 스트레스를 확 날려 버리는 해안 드라이브를 즐기기에 안성맞춤이다.

이용 시간 09:00~17:00(1시간 간격 출발)
요금 2인승 25,000원, 3인승 29,000원, 4인승 32,000원
문의 032-719-7778

다양한 먹을거리

탁 트인 바다를 감상하며 걷다 보면 금세 배가 고파진다. 영종진공원 인근의 구읍뱃터에서 입맛에 맞는 적당한 맛집을 찾아보자.

구읍뱃터 앞에 싱싱한 활어회를 판매하는 상설 어시장도 있고 탱글탱글한 해산물을 비롯해 다양한 밑반찬이 곁들여 나오는 횟집, 푸짐한 조개 찜과 조개구이 전문점, 전망 좋은 카페들이 여러 곳 있다.

보너스 볼거리

월미도
영종진공원 아래에 자리한 구읍뱃터에는 월미도를 오가는 여객선(1시간 간격 운행, 차량 탑승 가능)이 운항되어 바다 건너 월미도까지 더불어 구경하기에 좋다. 구읍뱃터에서 월미도까지 배로 15분 거리다.

배편 문의 032-765-1171

11
분당 율동공원

잔잔한 호수를 보며
연인과 함께 걷는 길

분당
서현

분당 율동공원 〉〉 분당구 율동과 분당동 일대에 걸쳐 있는 율동공원은 도심 속에 숲과 호수를 품고 있는 자연친화적 공간으로 널찍한 호수를 따라 산뜻하게 단장된 2.5km의 산책로를 걷는 맛이 좋다. 호수 안에 갈대산책 목재데크 길도 나 있어 이곳을 걸으면 그야말로 호수 위의 산책이 되는 셈이다.

책 테마파크 안내

관람 시간 10:00~18:00('공간의 책'만 해당됨). 매주 월요일 휴관
이용료 무료
체험 프로그램 문의 031-708-3588

지하철로 가는 길

분당선 서현역 3번 출구로 나와 3번, 521번 버스를 타고 율동공원 입구에서 내린다.

공간을 넘어 예술로 만나는 책

산책로를 따라 안으로 들어서면 잔디마당이 나온다. 둥그스름하게 펼쳐진 잔디마당 초입에는 자글자글한 돌멩이가 촘촘히 박혀 있는 지압마당이 있어 맨발로 걸어도 좋다. 그 뒤로 펼쳐진 야외조각공원은 독특한 조각 작품들이 눈길을 끄는 곳이다. 꽃 모양의 꼬리를 지닌 사자, 알록달록한 소라, 동그랗게 뜬 작은 눈과 두툼하게 튀어나온 입술 모양이 영락없는 붕어빵인 엄마와 아기, 꽃단장하고 데이트 나온 중년부부 등 하나같이 재미있다.

야외조각공원 안쪽에는 책 테마파크가 자리하고 있어 호숫가를 산책하다 휴식을 취하며 독서삼매경에 빠지기에 좋다. 이곳은 단순히 책을 보는 곳이라기보다는 책과 미술, 건축이 절묘하게 어우러져 새로운 예술세계로 빠져들게 하는 곳이라 할 수 있다. 바람, 시간, 공간, 한글, 하늘, 물, 음악 7가지 테마로 구성되어 있는 책 테마파크에서 가장 먼저 눈에 띄는 것은 바람의 책이다. 책을 지칭하는 각 나라의 글자들이 솟대처럼 삐죽삐죽 솟은 가느다란 기둥 끝에 매달려 있는데 바람이 불 때마다 글자들이 부딪치는 소리가 독특하다. 2만여 권의 책과 수많은 전자도서를 갖춘 '공간의 책(북

야외조각공원 곳곳에 있는 예술품들을 감상하며 느긋하게 여유를 만끽할 수 있다.

1. 공원 내에는 아이들을 위해 자전거 등을 대여할 수 있는 공간이 있다. 2. 몸을 맞춰 보고 싶은 욕구가 들게 만드는 독특한 조형물 3. 아이들과 신나게 자전거를 타기도 하고 느긋하게 걸으며 산책을 즐기기에 좋다. 4. 하늘의 별자리를 그대로 옮겨 놓은 특별한 공간

건물이 곧 예술작품인 책 테마파크의 건물 곳곳을 살펴보는 묘미가 쏠쏠하다.

다양한 먹을거리

율동공원 인근에 자리한 **타임포타이(031-702-1123)**는 태국의 각종 권위 있는 요리 대회에서 수상한 경력이 많은 전문 요리사들이 직접 만들어 주는 태국 음식을 맛볼 수 있는 곳이다.

카페)' 벽면에 장식된 한글의 책도 이색적이긴 마찬가지이다. 녹슨 철판으로 형성된 벽면 가득 철판을 뚫어 만든 《훈민정음》이 담겨 있다.

한글의 책 오른편으로는 시간의 책이 이어진다. 책의 역사를 13장면으로 나누어 표현한 곳으로 벽면마다 그림과 글씨, 만화, 상형문자, 수학공식 등이 다양한 방식으로 빼곡하게 담겨 있어 보는 재미가 쏠쏠하다. 책 테마파크는 설치미술가 임옥상 씨가 설계한 파격적인 디자인으로도 유명한데 시간의 책을 접하다 보면 그 이유를 절로 알게 된다. 건물 가장자리가 ㅁ자 형식의 나선형 구조로 되어 있어 작품을 감상하며 빙글빙글 돌아 한 걸음 한 걸음 옮기다 보면 어느새 건물 옥상에 들어서게 되는 재미있는 길이다.

건물 옥상에서 연결되는 뒷동산으로 접어들면 별자리와 12간지를 새겨 놓은 하늘의 책(야외공연장), 하늘과 구름, 나무가 투영되는 물의 책(명상공간), 자연과 바람이 빚어내는 음악의 책(조형물) 등이 줄줄이 모습을 드러낸다. 이처럼 다양한 얼굴을 지닌 책 테마파크는 공간의 책에서 책을 빌려 어느 곳에서든 자유롭게 볼 수 있다는 것도 큰 장점이다. 이곳에서는 상반기와 하반기로 나눠 주말을 이용해 다양한 체험학습 프로그램도 운영한다.

12
월미도
서울에서 가까운 인천 앞바다를
마음껏 누리는 곳

1
인천

월미도 〉〉 섬의 모양이 반달 꼬리 같다고 하여 이름 붙은 월미도는 개항기 당시 일본과 러시아가 전쟁을 벌였던 곳이자 6·25전쟁 중 인천상륙작전의 전초 기지로 군사적 요충지였다. 그러나 지금은 문화의 거리로 지정되면서 놀이공원을 비롯한 볼거리와 놀거리, 먹을거리가 다양해 수도권 여행지로 각광받고 있다.

월미테마파크에서 놀이기구를 타고 부둣가에서 인천 앞바다를 감상할 수 있어 여러 세대에게 사랑받는 여행지이다.

서울에서 가장 가까운 바다를 만나는 곳

바닷가를 따라 1km 정도 이어진 산책로에는 6·25전쟁 당시 인천상륙작전을 수행할 때 상륙지점을 표시한 기념비를 비롯해 분위기 좋은 카페와 횟집, 놀이동산이 갖춰져 있다. 또한 작약도, 용유도, 팔미도 등 인천 앞바다를 둘러보는 유람선을 탈 수 있어 평일에도 찾는 사람이 많다. 주말이면 월미도 안쪽 야외무대에서 다양한 공연이 펼쳐져 흥겨움을 더한다. 월미도 입구에는 해발 102m의 야트막한 월미산을 중심으로 조성된 월미공원도 있다. 공원 정문은 월미도에 들어서기 전 초입에 있지만 월미도 선착장 문화의 거리 뒤편으로도 들어가는 통로가 있다. 곳곳에 산책로와 자전거도로가 나 있는 공원에 들어서면 탁 트인 바닷가 분위기와 달리 싱그러운 숲 향기를 맡으며 아기자기하게 산책하기에 좋다. 특히 공원 입구에 자리한 한국전통공원은 창덕궁 후원에 있는 애련지와 애련정, 부용지와 부용정을 비롯해 담양 소쇄원 등 조선 시대의 대표적인 정원들과 양반가옥인 양진당, 전통민가 등을 곳곳에 재현해 놓아 산책을 하며 우리 고유의 멋을 엿볼 수도 있다. 공원 안에 한국이민사박물관도 자리하고 있고 산책로를 따라 1.5km가량 오르면 정상에 23m 높이의 월미전망대크도 있다. 유리로 꾸며진 전망대는 저녁이면 환상적인 조명등이 비춰져 연인들의 데이트 장소로도 인기 있는 곳이다.

연안부두

월미도 인근에는 진한 갯내음과 뱃고동 소리가 어우러진 연안부두가 있다. 연안부두는 인근 섬을 연결하는 출항지이기도 하지만 배를 타지 않더라도 즐길거리가 많다. 부두 옆, 목재데크로 조성된 해양광장에는 7개의 테마별 음악분수대가 있어 리듬을 타고 춤을 추는 물줄기를 볼 수 있고 해 질 무렵 물살을 가르며 오가는 배들과 어우러진 해넘이 풍경이 아기자기하다. 부두 앞의 해수탕이 곳곳에 자리해 해수탕 거리로도 불린다. 염도가 높아 사이다병도 동동 뜬다는 인천 앞바다는 신경통, 관절염, 피부병에 효과가 좋다는 짠물목욕으로도 유명하다. 아울러 연안부두 앞에 대규모의 인천종합어시장이 있어 싱싱한 해산물과 젓갈을 시중보다 10~20% 정도 싸게 구입할 수 있다. 이곳에서 회를 떠다 해양광장에서 바다를 보며 먹는 맛도 일품이다. 매년 10월경에는 연안부두에서 연안어시장축제도 열린다.

월미도 내 담쟁이덩굴로 뒤덮인 2층 건물로 구성된 레스토랑 예전(032-772-2256)은 고풍스러운 분위기와 함께 통유리로 꾸며져 음식과 와인, 차를 마시며 바닷가 풍경을 차분하게 감상할 수 있는 곳이다. 아울러 월미도 내에는 조개구이촌이 있어 싱싱한 조개구이와 더불어 칼국수를 맛볼 수 있는 곳이 많다.

월미공원 안에는 전통적인 멋을 살린 공간이 있어 도심 속 답답함을 잊게 한다.

구곡폭포 봉화산(525m) 기슭에 자리한 구곡폭포는 아홉 굽이를 돌아서 떨어지는 폭포라 하여 붙여진 이름이다. 50m 높이에서 떨어지는 웅장한 물줄기가 장관으로 여름에는 땀기저 나오는 물보라가 시원함을 안겨 주고 겨울에는 거대한 빙벽이 형성되어 빙벽 등 반객들에게 인기가 높다. 뿐만 아니라 매표소를 지나면서부터 계곡을 끼고 폭포에 이르는 숲 오솔길 경관이 아기자기하고 아름다워 연인들이 즐겨 찾는다.

13
구곡폭포 & 문배마을

우렁찬 물줄기를 바라보며
가슴까지 시원해지는 길

경춘
강촌

빙벽등반의 묘미를 제대로 느낄 수 있는 곳

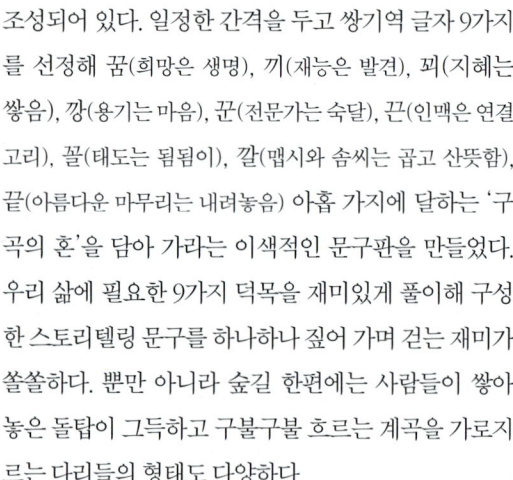

매표소에서 구곡폭포에 이르는 거리는 970m이다. 도보로 15분 정도 걸리는 길목은 구곡폭포의 특징을 살린 이야기가 담긴 '스토리텔링 테마거리'로 조성되어 있다. 일정한 간격을 두고 쌍기역 글자 9가지를 선정해 꿈(희망은 생명), 끼(재능은 발견), 꾀(지혜는 쌓음), 깡(용기는 마음), 꾼(전문가는 숙달), 끈(인맥은 연결고리), 꼴(태도는 됨됨이), 깔(맵시와 솜씨는 곱고 산뜻함), 끝(아름다운 마무리는 내려놓음) 아홉 가지에 달하는 '구곡의 혼'을 담아 가라는 이색적인 문구판을 만들었다. 우리 삶에 필요한 9가지 덕목을 재미있게 풀이해 구성한 스토리텔링 문구를 하나하나 짚어 가며 걷는 재미가 쏠쏠하다. 뿐만 아니라 숲길 한편에는 사람들이 쌓아놓은 돌탑이 그득하고 구불구불 흐르는 계곡을 가로지르는 다리들의 형태도 다양하다.

아기자기한 계곡길을 따라 800m가량 들어가면 등산로 종합안내도가 있는데 이곳에서 오른쪽 길로 1km 가면 문배마을, 150m 정도 직진하면 구곡폭포가 나온다. 대개 폭포는 물줄기가 시원스럽게 흘러내려야 제맛이라지만 구곡폭포는 얼어야 제맛이다. 한겨울에 흐르던 물이 멈추고 수직으로 꽁꽁 얼어붙은 폭포 빙벽에 붙어 한 발 한 발 빙벽을 올라가는 사람들의 모습은 보는 것만으로도 아슬아슬하고 스릴감 넘친다.

구곡폭포에서 내려와 문배마을 이정표를 따라 오르는

보너스 볼거리

강촌유원지&레일바이크

구곡폭포 인근에 옛 강촌역을 중심으로 강촌유원지가 형성되어 있어 더불어 돌아보기에 좋다. 강변을 따라 음식점과 카페, 놀이시설을 갖춘 유원지에는 자전거와 스쿠터, 사륜오토바이 대여점이 여러 곳 있어 강변산책로와 자전거도로를 신나게 달려볼 수도 있다. 1939년 개통되었던 강촌역은 2010년 경춘선 전철이 개통되면서 폐역사가 되어 지금은 김유정역~강촌역 구간(8km)이 레일바이크로 활용되고 있다.

문의 033-245-1000~2

1,2. 구곡폭포의 빙벽은 겨울철 등반가들에게 최고의 인기 여행지이다. 3,4,5. 아기자기한 푯말과 그림들이 계곡길을 걷는 재미를 더해 준다.

산길은 다소 가파르지만 길이 잘 단장되어 있어 오르는 데 그리 어렵지는 않다. 산허리를 타고 구렁이가 똬리를 틀듯 구불구불 휘감아 오르는 길을 한 구비 올라 고갯마루에 서면 산으로 에워싸인 아늑한 분지에 자리한 문배마을이 내려다보인다. 해발 430m 산자락에 폭 파묻혀 6·25전쟁도 모르고 비껴갔다는 문배마을은 200년 전에 형성되었으며, 산에서 자생하는 돌배보다는 크고 과수원에서 재배하는 배보다는 작은 문배나무가 많아서, 혹은 마을의 생김새가 짐을 가득 실은 배 형태라 해서 이름 붙여졌다고 한다. 강원도 산골 마을 모습을 엿볼 수 있는 마을 안에는 아홉 가구가 드문드문 흩어져 있는데 모두 토속음식을 파는 식당으로 운영되고 있다.

14
남이섬

섬 속에 숨겨진
아름다운 동화 속 나라 여행

경춘
가평

지하철로 가는 길

1. 경춘선 가평역에서 내려 200m 걸어 나오면 남이섬 이정표가 보이는데 이곳에서 1.2km가량 들어가면 남이섬 입구 가평선착장이 나온다.(도보로 약 20분 소요)
2. 가평역 앞에서 10-4번 버스를 타고 가평선착장에서 내린다.

남이섬 배 이용 안내

운항 시간 08:00~09:00, 18:00~21:00(30분 간격)
입장료 일반 19,000원, 청소년 16,000원, 36개월~초등학생 13,000원(배 탑승료 포함)
문의 031-580-8114

남이섬 » 북한강의 잔잔한 수면 위에 떠 있는 남이섬은 청평댐이 건설되면서 섬(둘레 6km, 넓이 14만 평)으로 변신하였다. 남이섬은 1970~80년대 대학생들의 단합대회 장소로 인기를 끌었는데 당시에는 그저 넓은 잔디밭과 방갈로 몇 채만 달랑 놓여 있을 뿐 딱히 즐길 만한 것이 없어 썰렁했다. 하지만 지금의 남이섬은 그 모습이 확 달라지면서 보기 드문 생태관광지로 부상했다.

사람과 자연이 어우러진 파라다이스

남이섬 곳곳에서 굴러다니던 나무토막들은 다양한 얼굴의 장승으로 다시 태어났다. 또 사진을 찍다 보면 늘 '찬조 출연'하던 전봇대와 전깃줄은 모두 시야 방해죄(?)로 추방되거나 땅속에 갇히고 말았다. 반면 자연의 섬을 만들기 위해 우리에 가두었던 동물들은 섬 안에 죄다 풀어놓았다. 아닌 게 아니라 남이섬을 거닐다 보면 빨간 눈의 토끼, 오리, 거위, 타조를 비롯해 어쩌다 나타나는 숲의 귀족 사슴까지 곳곳에서 자유롭게 다니는 동물들의 모습을 볼 수 있다. 그동안 '생태계의 말썽꾸러기'로 지목되어 해마다 체포됐던 청설모도 면죄부를 얻어 남이섬의 귀염둥이로 제 역할을 톡톡히 해 내고 있다.

특히 드라마 〈겨울연가〉 이후 일본, 중국, 대만 등 아시아권 관광객들의 발길이 끊이지 않는 남이섬은 언제 가더라도 맛깔스러운 분위기가 난다. 파릇파릇 잔디가 고개를 내밀기 시작하는 봄, 녹음이 우거진 여름, 낙엽이 쌓이는 가을과 눈으로 덮인 겨울이 다르고 새벽 물안개가 필 때, 저녁에 지는 노을, 별밤, 달밤의 풍경이 다 다르다. 이곳은 떨어진 낙엽, 꽃잎 하나

겨울 남이섬에서는 온통 하얀 눈으로 뒤덮인 순수한 자연을 만날 수 있다.

라도 쓸어 버리는 법이 없다. 그 자체만으로도 아름다운 그림이 되기 때문이다.

남이섬 안의 길은 어디든 나름대로 운치를 지니고 있다. 남이섬에 도착하면 가장 먼저 반기는 것이 400m가량 이어지는 잣나무길이다. 하늘을 찌를 듯 곧게 뻗은 모습은 언제 봐도 당당하다. 잣나무길 오른쪽에 펼쳐진 넓은 잔디밭 곳곳에 들어선 단풍나무는 가을이면 수줍은 듯 발그스름한 얼굴로 맞이한다. 잣나무길 끝은 은행나무길이다. 가을이면 노랗게 물든 은행잎이 바람에 흩날리는 모습이 환상적이다. 은행나무길 오른쪽으로는 드라마〈겨울연가〉로 유명해진 메타세쿼이아길로, 웅장하게 치솟은 나무들이 이국적인 분위기를 자아낸다. 섬을 한 바퀴 돌며 강변 풍경을 감상하는 맛도 그만이다. 길 곳곳에 놓인 나무의자에 앉아 도란도란 얘기를 나눠도 좋고 낙엽이 쌓인 잔디밭에 누워 조각구름을 보는 맛도 좋다.

드라마〈겨울연가〉의 자취를 느낄 수 있는 사진이나 동상 등을 곳곳에서 마주하게 된다.

1. 은행나무길 위를 느긋하게 걷거나 미니카를 타고 둘러보며 가을의 정취를 만끽할 수 있다. 2. 남이섬 곳곳에는 독특한 조형물이 많아 눈을 즐겁게 해 준다. 3. 한류 열풍의 중심이 된 드라마 〈겨울연가〉의 두 주인공이 동상으로 만들어져 해외 관광객들의 필수 기념촬영 코스가 되고 있다.

다양한 먹을거리

남이섬 안에는 분위기도 맛도 다양한 식당이 여러 곳 있다. 섬향기(031-580-8054)는 장작구이 닭갈비 바비큐 식당으로 숯불에 얹은 석쇠에서 지글지글 구워 먹는 맛이 별미다. 이외에도 기호 지방 양반가의 가정식 전문점인 한식당 남문(031-580-8055), 유러피안 피자 전문점인 딴지펍(031-580-8056), 손으로 흔들어 먹는 추억의 도시락을 판매하는 연가지가(031-580-8057), 가벼운 브런치와 차를 마시기 좋은 고목(031-580-8053) 등이 있다.

남이섬에서 빼놓을 수 없는 또 다른 즐거움은 숲길 여기저기 자전거를 타고 돌아보는 것이다. 섬 안에 자전거 대여소가 있어 자전거를 타고 남이섬 길 구석구석과 강변을 따라 돌다 보면 도심에서 느꼈던 답답함이 말끔히 씻겨 나가는 기분이다. 뿐만 아니라 낡은 철로 위를 덜컹거리며 가는 재미가 그만인 낭만열차 또한 동심의 세계로 안내한다. 섬 곳곳을 산책하며 폐유리와 소주병 등을 활용해 기발하게 변신한 예술작품을 구경하는 재미도 쏠쏠하다. 자연과 사람, 동물이 하나 되어 낭만 가득한 추억을 만들 수 있는 남이섬. 이곳이야말로 도심에서 가까운 지상낙원이 아니겠는가.

초록빛으로 물든 봄의 남이섬에서 손을 맞잡고 산책하는 연인의 모습이 아름답다.

15
성남 모란장

대한민국을 대표하는
5일장의 명소

8 모란 · 분당 모란

성남 모란장》 성남시 중원구 성남동에서 열리는 모란장은 1960년대부터 수십 년간 매월 끝자리 수 4일 9일에 열리던 전국 최대 규모의 5일장이었다. 수도권과 가까운 지리적 입지를 통해 시간이 지나면서 급속도로 성장해 지금은 상설화되어 평일에도 시장입구부터 장사진을 이룬 사람들로 북새통을 이루는 재래시장이다.

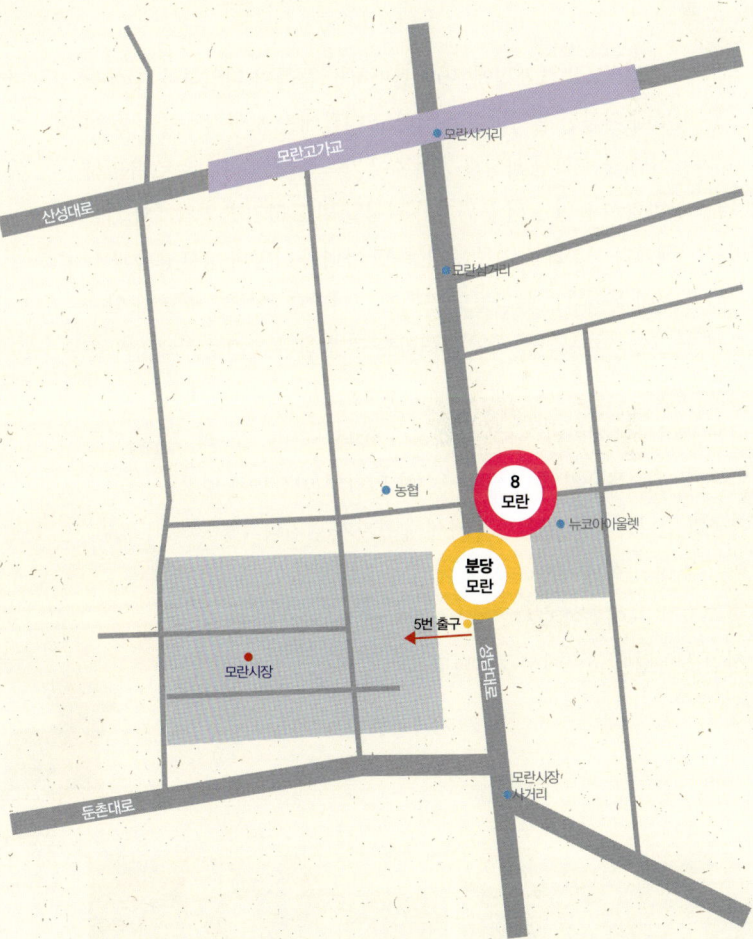

지하철로 가는 길

8호선, 분당선 모란역 5번 출구로 나오면 출구부터 모란장이 장사진을 이룬다.

도심과 가까운 곳에서 만나는 시골 장터

모란시장은 계절에 따라 판매하는 품목이 다양하다. 봄에는 화초를 비롯해 다양한 봄나물이 푸짐하고 여름에는 보양식품이 주를 이룬다. 가을이면 갓 수확한 과일과 농산물이 가득한데, 특히 고추로 유명하다. 겨울 찬바람이 불면 장터 분위기가 썰렁할 법도 하지만 한약재와 겨울 별미인 과메기가 등장해 활기를 띤다. 뿐만 아니라 다양한 생활 용품과 사시사철 추억이 묻어나는 물건들도 가득해 그야말로 없는 것 빼고 다 있는 만물시장으로, 굳이 물건을 사지 않더라도 구경 삼아 둘러보는 재미가 쏠쏠한 곳이다.

장터에 들어서면 저마다 "싸다, 싱싱하다, 좋다." 하며 "골~라, 골~라!"를 외치는 상인들 특유의 추임새에 구수한 입담의 약장수와 엿장수, 쿵짝쿵짝 신나는 품바 공연까지 가세해 활기가 넘친다. "뻥~이요~" 소리와 함께 뿌연 연기 속에서 구수한 강냉이 냄새가 솔솔 풍기는 이곳이 도시인지, 시골인지 구분되지 않을 만큼 정겨운 풍경이 곳곳에서 묻어난다.

길 한편에서 관상이나 사주를 보는 사람들도 종종 만날 수 있다.

개고기로 유명한 모란시장에는 개고기를 사려는 사람뿐만 아니라 개나 동물들을 사기 위해 찾는 사람들도 있다.

풍바 공연 등 서울에서 좀체 보기 어려운 풍경들이 이곳에서는 곳곳에서 펼쳐져 가는 발걸음을 붙잡는다.

모란시장은 1960년대부터 개고기 시장으로도 유명했던 곳이다. 당시 시장 안쪽에는 수십 곳의 건육점과 도축 시설이 있어 철장 안에 빼곡하게 앉아 죽음을 기다리는 개들과 까맣게 그을린 채 유리관 안에 진열된 충격적인 모습들이 눈살을 찌푸리게 했지만 2018년을 마지막으로 도축장이 전부 철거되면서 모란시장의 개 도축은 역사 속으로 사라지게 됐다. 그로 인해 훨씬 쾌적해진 모란시장은 이제 가격도 저렴하고 종류도 다양한 음식들을 찾아 추억의 '먹방'을 즐기면서 SNS에 올리는 젊은 층이 유난히 많아진 새로운 핫 플레이스가 되었다.

다양한 먹을거리

장터에서 먹을거리가 빠지면 섭섭하다. 모란시장 한복판에 형성된 <mark>먹을거리 장터</mark>에는 맷돌에 녹두를 갈아 부쳐 내는 두툼한 녹두빈대떡과 파전, 즉석에서 썰어 고물을 묻혀 주는 말랑말랑한 인절미, 팥죽 등 토속적인 음식들로 가득하다. 그중에서도 가장 인기 있는 메뉴는 매콤하면서도 담백한 김치 왕만두와 기계가 아닌 손으로 썰어 면발의 굵기가 들쭉날쭉한 못난이칼국수이다. 그릇이 넘칠 정도로 푸짐하게 담아 주는 인심까지 덤으로 맛볼 수 있다.